Heike Diederich | Monika Beck

So können wir uns besser verständigen – Band 2
Gebärden in alltäglichen Situationen und Projekten

Heike Diederich | Monika Beck

So können wir uns besser verständigen – Band 2
Gebärden in alltäglichen Situationen und Projekten

Unser Buch-Shop im Internet
www.verlag-modernes-lernen.de

 Anhang 1 (Kopiervorlagen) auch als Download unter:
https://www.verlag-modernes-lernen.de/permalink/v3657

Externe Links
Der Verlag weist ausdrücklich darauf hin, dass eventuell im Text enthaltene externe Links vom Verlag nur bis zum Zeitpunkt der Buchveröffentlichung eingesehen werden konnten. Auf spätere Veränderungen hat der Verlag keinerlei Einfluss. Eine Haftung des Verlages ist daher ausgeschlossen.

© 2019 by SolArgent Media AG, Division of BORGMANN HOLDING AG, Basel

Veröffentlicht in der Edition:
verlag modernes lernen Borgmann GmbH & Co. KG
Schleefstraße 14 • D-44287 Dortmund

Gesamtherstellung in Deutschland: Löer Druck GmbH, Dortmund

Bestell-Nr. 3657   ISBN 978-3-8080-0829-4

Urheberrecht beachten!
Alle Rechte der Wiedergabe dieses Fachbuches zur beruflichen Weiterbildung, auch auszugsweise und in jeder Form, liegen beim Verlag. Mit der Zahlung des Kaufpreises verpflichtet sich der Eigentümer des Werkes, unter Ausschluss der § 52a/b und § 53 UrhG., keine Vervielfältigungen, Fotokopien, Übersetzungen, Mikroverfilmungen und keine elektronische, optische Speicherung und Verarbeitung (z. B. Intranet), auch für den privaten Gebrauch oder Zwecke der Unterrichtsgestaltung, ohne schriftliche Genehmigung durch den Verlag anzufertigen. Er hat auch dafür Sorge zu tragen, dass dies nicht durch Dritte geschieht. Der gewerbliche Handel mit gebrauchten Büchern ist verboten.

Zuwiderhandlungen werden strafrechtlich verfolgt und berechtigen den Verlag zu Schadenersatzforderungen. (Die Kopiervorlagen ab Seite 43 und der Download stehen dem Käufer dieses Buches für den *nichtgewerblichen* Gebrauch zur Verfügung.)

Inhalt

Vorwort 9

Teil 1: Gebärden – ein starkes Ausdrucksmittel 11

1.1 Gebärden in der Unterstützten Kommunikation 11
1.2 Hinweise zur Vermittlung von Gebärden 12
1.3 Von Gebärden profitieren 13
1.3.1 Kinder mit Down-Syndrom 13
1.3.2 Kinder mit Autismus-Spektrum-Störungen (ASS) 14
1.4 Mit Gebärden Sätze bilden 15

Teil 2: Gebärdenkarten – ein wichtiges methodisches Element 19

2.1 Unsere Gebärdenkarten 19
2.2 Themenübergreifende Einsatzmöglichkeiten 19
2.2.1 Wortschatzaufbau und Wortschatzsicherung 20
2.2.2 „Bedeutungsvollmachung" 21
2.2.3 Sprechen in Sätzen 22
2.3 Situations- und projektbezogene Anregungen zum Einsatz von Gebärden und Gebärdenkarten 23
2.3.1 Mein Zuhause 24
2.3.2 Meine Kleidung 26
2.3.3 Mein Körper und meine Gesundheit 27
2.3.4 In meiner Umgebung 28
2.3.5 Im Jahreskreislauf 30
2.3.6 Projekt „Komm mit nach Afrika" 31
2.3.7 Projekt „Wir entdecken Musikinstrumente" 33
2.4 Benutzung der Gebärdenkarten des Buches 35
2.4.1 Allgemeine Hinweise 35
2.4.2 Umsetzung der Gebärdenkarten in Bewegung 37

Literatur 41

Anhang 1	**Kopiervorlagen**	43
Kopiervorlage 1.1	Gebärdenkarten „Rund ums Gebäude"	44
Kopiervorlage 2.1	Gebärdenkarten „Wohnbereiche"	46
Kopiervorlage 3.1	Gebärdenkarten „Küche"	48
Kopiervorlage 4.1	Gebärdenkarten „Bad"	55
Kopiervorlage 5.1	Gebärdenkarten „Kinderzimmer"	59
Kopiervorlage 6.1	Gebärdenkarten „Wohnzimmer"	63
Kopiervorlage 7.1	Gebärdenkarten „Elektronische Geräte"	66
Kopiervorlage 8.1	Gebärdenkarten „Meine Kleidung"	68
Kopiervorlage 9.1	Gebärdenkarten „Körper/Körperpflege"	74
Kopiervorlage 10.1	Gebärdenkarten „Beim Arzt"	83
Kopiervorlage 11.1	Gebärdenkarten „Im Straßenverkehr"	89
Kopiervorlage 12.1	Gebärdenkarten „Einkaufen"	96
Kopiervorlage 13.1	Gebärdenkarten „Institutionen"	101
Kopiervorlage 14.1	Gebärdenkarten „Jahreszeiten/Monate"	104
Kopiervorlage 15.1	Gebärdenkarten „Im Frühling"	108
Kopiervorlage 16.1	Gebärdenkarten „Im Sommer"	109
Kopiervorlage 17.1	Gebärdenkarten „Im Herbst"	113
Kopiervorlage 18.1	Gebärdenkarten „Im Winter"	116
Kopiervorlage 19.1	Gebärdenkarten „Weihnachten"	119
Kopiervorlage 20.1	Gebärdenkarten „Komm mit nach Afrika"	125
Kopiervorlage 21.1	Afrika-Lied: Noten zum Text	138
Kopiervorlage 22.1	Zuordnungsmaterial „Bei uns und in Afrika"	140
Kopiervorlage 23.1	Satzstreifen mit Gebärden	143
Kopiervorlage 24.1	Rezept Hirsebrei mit Gebärden, Zutaten	144
Kopiervorlage 24.2	Rezept Hirsebrei mit Gebärden	146
Kopiervorlage 25.1	Beispiel Tierlexikon mit Gebärden	147

Kopiervorlage 26.1 Gebärdenkarten „Wir entdecken Musik-
                    instrumente" 148

Kopiervorlage 27.1 Beispiel vereinfachter Text „Tierbegegnungen"
                    mit Gebärden 160

Kopiervorlage 28.1 Verszeilen mit Gebärden 161

Kopiervorlage 29.1 Refrain Schildkrötensong mit Gebärden 162

Kopiervorlage 30.1 Gebärdenkarten „Kernvokabular" 163

Kopiervorlage 31.1 Legetafel 184

Anhang 2   **Alphabetisches Wörterverzeichnis** 185

Vorwort

Mit den Händen sprechen, singen, beten und lesen – in unserer Schule mittlerweile eine Selbstverständlichkeit.

Als wir vor 25 Jahren mit einzelnen Gebärden anfingen, haben wir nicht mit einer solchen Begeisterung gerechnet, nicht mit der Welle, die wir in Gang setzten: bei den Kindern, bei uns selbst, bei den Kollegen und bei den Eltern. Die Kinder lernten von uns und wir lernten von den Kindern.

Je authentischer, freier und lustbetonter wir die Gebärden vollzogen und je konsequenter wir neben anderen Kommunikationshilfen im Unterrichtsalltag Schlüsselwörter unterstützend zur Lautsprache gebärdeten, umso mehr nichtsprechende Kinder fanden zu dieser Mitteilungsmöglichkeit. Gebärden entwickelten sich zu einem wichtigen Baustein individueller Kommunikationssysteme, wenn es bei der Förderplanung darum ging, alle Möglichkeiten eines Schülers voll auszuschöpfen. Wir erlebten, wie grundlegend die Erfahrung verstanden zu werden ist für die Persönlichkeitsentwicklung und wie sich damit auch problematische Verhaltensweisen verringerten. Wir waren erstaunt, wie viele Kinder sich für die von Frau Diederich gezeichneten Gebärdenkarten interessierten. Mit der Vielfalt der Lernmöglichkeiten, die sie eröffneten, gewannen die Gebärdenkarten an Bedeutung.

Die positiven Erfahrungen drängten nach Weitergabe und so veröffentlichten wir 2007 unser mittlerweile in der 4. Auflage (2018) erschienenes Buch: „So können wir uns besser verständigen. Gebärden als Hilfe zum Spracherwerb und zur Förderung der Kommunikationsfähigkeit bei nichtsprechenden Kindern". Es war uns neben methodischen Anregungen ein Anliegen, an der Arbeit mit Gebärden interessierten Menschen die Gebärdenkarten als Kopiervorlagen an die Hand zu geben.

Seitdem erreichten uns zahlreiche Anfragen von anderen Einrichtungen nach weiteren Gebärdenkarten – ein Bedarf, der sich natürlich auch in unserer eigenen Schule zeigte, sodass Frau Diederich ganz nebenbei, jedoch kontinuierlich Gebärden zeichnete. So reifte unsere Motivation ein zweites Gebärdenbuch zu verfassen.

Hinzu kamen folgende uns sehr wichtig erscheinende Erfahrungen, die sich erst in den letzten Jahren immer deutlicher herauskristallisierten. Viele Kinder fanden über Gebärden zur Lautsprache, sogar soweit, dass die Gebärden mit zunehmender Lautsprache nach und nach überflüssig wurden. Doch nicht alle: Für nicht wenige Kinder blieben die Gebärden ihre Mitteilungsmöglichkeit. Dies veranlasste uns dazu, der Hinführung zum Mehrwortsatz noch größere Beachtung zu schenken. Hierbei erwiesen sich unsere Gebärdenkarten als ausgesprochen hilfreich.

Mit diesem Buch möchten wir Eltern, Förderschulpädagogen, Lehrkräften in der Inklusion, Pädagogischen Fachkräften, Erziehern, Logopäden und anderen Interessierten
- Gebärdenkarten als Kopiervorlagen für den Wortschatz in weiteren alltäglichen Situationen in Elternhaus, Kindergarten und Schule bereitstellen
- verbunden (wie auch in Band 1) mit vielfältigen Anregungen zur Nutzung der Gebärdenkarten in den ausgewählten Situationen

Darüber hinaus liegt es uns diesmal besonders am Herzen
- aufzuzeigen, wie die Bildung von Sätzen angeregt werden kann
- gezielte Einsatzmöglichkeiten von Gebärdenkarten für die Satzbildung zu beschreiben
- Kernvokabular für die Satzbildung in den ausgewählten Situationen zusammenzustellen

Die Bandbreite der Einsatzmöglichkeiten für Kindergarten und Schule veranschaulichen wir, indem wir exemplarisch zwei Projekte ausführlich beschreiben:
- „Komm mit nach Afrika"
- „Wir entdecken Musikinstrumente" (anhand eines für die Inklusion geeigneten Bilderbuches)

Auch in diesem 2. Band basieren alle Gebärdenzeichnungen weiterhin auf der umfangreichen Gebärdensammlung der Deutschen Gebärdensprache (DGS): den vier DGS-Gebärden-Lexika (den sogenannten „blauen Büchern" von Maisch & Wisch) sowie dem großen Wörterbuch der deutschen Gebärdensprache von 2017 (DVD-ROM, Version 3, Verlag Kestner).

Wir wünschen viel Freude beim Gebärden!

Teil 1: Gebärden – ein starkes Ausdrucksmittel

1.1 Gebärden in der Unterstützten Kommunikation

Gebärden sind jederzeit verfügbar, ermöglichen spontane Mitteilungen und schnelle Antworten und erlauben einen direkten und ausdrucksstarken Austausch. Gebärden entwickelten sich zunehmend neben anderen Kommunikationshilfen wie Gegenständen, Bildkarten, Symbolen, Tafeln, Talkern in der Praxis der Unterstützten Kommunikation zu einem wichtigen Baustein. Eine aktuelle Studie bestätigt: „Die Nutzung von Gebärden als körpereigene Kommunikationsform kann in der Unterstützten Kommunikation mittlerweile als etabliert gelten" (Appelbaum; Schäfer; Braun, 2017, 4).

Zu unterscheiden ist zwischen den vier zur Verfügung stehenden Gebärdensystemen (vgl. Appelbaum, 2016, 20 f.):

- DGS: Die Deutsche Gebärdensprache stellt ein eigenständiges Sprachsystem mit eigenen Gesetzmäßigkeiten dar, die sich in einzelnen Elementen von der Lautsprache unterscheiden und ist als vollwertige Sprache neben der Lautsprache anerkannt
- LBG: Bei Lautsprachbegleitenden Gebärden stellt die Lautsprache das Bezugssystem dar, und es wird beim Sprechen jedes Wort eines Satzes begleitend gebärdet
- LUG: Bei Lautsprachunterstützenden Gebärden ist ebenfalls die Lautsprache das Bezugssystem, wobei beim Sprechen nur die zentralen Aussagen eines Satzes, sogenannte Schlüsselwörter, gebärdet werden
- Taktile Gebärden: Beim Taktilen Gebärden erfühlt der Empfänger mit seinen Händen die mittels Gebärden vollzogene Äußerung des Senders. Taktiles Gebärden wird hauptsächlich bei Menschen mit Hörsehbeeinträchtigungen eingesetzt

Bei Menschen, die zwar hören, jedoch nicht sprechen, bildet die Lautsprache das Bezugssystem. In der Unterstützten Kommunikation kommen hauptsächlich Lautsprachunterstützende Gebärden zur Anwendung, da sie eine unkomplizierte Alltagskommunikation eröffnen. „Welche und wie viele Wörter eines Satzes gebärdet anzubieten sind, hängt von Auffassungsvermögen, Gebärdenerfahrung, Entwicklungsstand und Alter des Kindes ab. Entscheidend ist, Gebärden niemals ohne Lautsprache einzusetzen. Im Gegenteil: Zielt der Gebrauch von Gebärden auf die sprachanbahnende Funktion, sollten auch die Gebärden der nichtsprechenden Kommunikationspartner nochmals mit Lautsprache „gespiegelt" werden" (Köhnen; Roth, 2018, 18).

In Anbetracht der Bedeutung positiver Kommunikationserfahrungen für die Persönlichkeitsentwicklung ist es wichtig, dass Gebärden frühzeitig einbezogen werden und zwar sobald sich zeigt, dass ein Kind Schwierigkeiten mit dem Lautspracherwerb hat. Gebärden können bei der Sprachanbahnung helfen und das Sprechenlernen unterstützen, indem sie Sprachverständnis, Begriffsbildung und die Entwicklung sprachlicher Strukturen fördern. Erst mit der Verwendung von Gebärden zeigt sich, auf welche Funktion hin sie sich entwickeln. Für Kinder, die keine Lautsprache erlernen oder nur wenig oder schwer verständlich sprechen, stellen Gebärden auch eine gute Möglichkeit dar, Lautsprache zu ersetzen oder zu ergänzen (vgl. Köhnen; Roth, 2018, 11 f.).

In der Praxis der Unterstützten Kommunikation wurden im Hinblick auf die jeweilige Zielgruppe unterschiedliche Gebärdensammlungen entwickelt. Unsere Entscheidung für die DGS Gebärden hat sich auch über die Jahre hin bewährt, da das unvergleichlich große Vokabular den Kommunikationssituationen sowie dem heterogenen Personenkreis unserer Schule voll entspricht.

1.2 Hinweise zur Vermittlung von Gebärden

Die Haltung der Bezugsperson zu Gebärden und die Begeisterungsfähigkeit für die Möglichkeiten, die sie eröffnen, beeinflusst die Motivation der Kinder. Bedächtig, deutlich und akzentuiert vorgemachte Bewegungen fesseln die Aufmerksamkeit und reizen, diese zu imitieren. Bei der Vermittlung von Gebärden sind folgende Aspekte zu beachten (vgl. Köhnen; Roth, 2018, 18 f.):
- Gebärde und gesprochenes Wort müssen simultan erfolgen. Hierauf ist besonders dann zu achten, wenn in einem Satz nur ein oder zwei Schlüsselwörter gebärdet werden, damit das Kind erkennen kann, zu welchem Wort die Gebärde gehört
- Mimik und Intonation müssen der Gebärde entsprechen
- Je nach den Voraussetzungen eines Kindes kann der Bewegungsablauf einer Gebärde schrittweise erlernt werden: führen der Hände, mitvollziehen (zeitgleiche Imitation), nachvollziehen (zeitversetzte Imitation), aus dem Gedächtnis wiederholen, spontaner Gebrauch
- Die erste Gebärde eines Kindes sollte nicht anders als das erste gesprochene Wort einen Freudenausbruch auslösen

- Der Wortschatzaufbau erfolgt nach der Bedeutsamkeit für das Kind und berücksichtigt zudem Aspekte wie Einsatzhäufigkeit und Kommunikationssituationen
- Das Ziel, im Elternhaus oder in einer Einrichtung durchgängig Schlüsselgebärden anzubieten kann erreicht werden, indem man zunächst mit einer Alltagssituation beginnt und alle für diese Situation ausgewählten Wörter konsequent gebärdet. Sukzessive können dann weitere Situationen hinzukommen

Es gibt Kinder, die Gebärden schnell aufgreifen, aber es gibt auch Kinder, die sie schwerer erlernen. „Hier sind die Beharrlichkeit des sozialen Umfeldes und die beständige Motivation, die es ausstrahlt, die wichtigsten Größen" (Schmidt-Pfister, 2016, 14).

1.3 Von Gebärden profitieren

Unsere Erfahrung, dass viele Kinder – wenn auch auf unterschiedliche Weise – von Gebärden profitieren, wird durch die schon eingangs erwähnte Studie bekräftigt. „Verschiedene Untersuchungen bestätigen, dass Kinder und Erwachsene mit unterschiedlichen Störungsbildern (Down-Syndrom, Autismus-Spektrum-Störung, Kinder mit Lernbehinderung, Kinder mit Fetalem Alkoholsyndrom, Erwachsene mit geistiger Behinderung) durch den Einsatz von LUG in ihrer kommunikativen, lautsprachlichen/linguistischen und allgemeinen Entwicklung profitieren" (Appelbaum; Schäfer; Braun, 2017, 9). Es lohnt sich genauer hinzusehen, daher soll anhand von zwei der erwähnten Störungsbilder exemplarisch veranschaulicht werden, worin die positiven Wirkungen von Gebärden liegen.

1.3.1 Kinder mit Down-Syndrom

Nach Wilken (2014) eignen sich Gebärden für Kinder mit Down-Syndrom besonders gut als frühe Kommunikationsform und bilden häufig eine Brücke zur Lautsprache, sodass mit zunehmender Lautsprache die Gebärden schrittweise überflüssig werden. Dies deckt sich mit unserer Erfahrung, und wir beobachten immer wieder, dass Kinder mit Down-Syndrom von sich aus gerne gestikulieren und somit gut auf Gebärden reagieren. Wilken (vgl. 2002, 229) betont, dass Gebärden früher und leichter zu lernen sind als Lautsprache und die entwicklungstypische Verständigungsform durch Gesten erweitern. Der von Wilken geprägte Begriff der Gebärdenunterstützten

Kommunikation (GuK) entspricht dem System der Lautsprachunterstützenden Gebärden (LUG).
Bei der sprachfördernden Wirkung von Gebärden sind vor allem folgende Aspekte von Bedeutung:
- Gebärden sprechen zusätzliche Informationskanäle an und bieten „zur flüchtigen sequenziellen Struktur von Lautsprache eine räumlich-visuelle und simultan erfassbare Sprache" (Wilken, 2016, 8)
- Gebärden fungieren „in ihrem motorischen Anteil als Mnemotechnik (Merkhilfe)" (Wilken, 2016, 8)
- „Da die Bewegungssteuerung der Hände und des Mundes in benachbarten Hirnarealen repräsentiert sind, kann davon ausgegangen werden, dass die Aktivität der Hände beim Gebärden auch Bewegungsabläufe des Mundes anzuregen vermag" (Wilken, 2016, 8)
- „Beim Gebärden spricht man automatisch langsamer, betonter und verwendet einfachere Satzstrukturen, auch so wird das Verstehen erleichtert" (Köhnen; Roth, 2018, 15)
- Gebärden unterstützen sprachgebundene Leistungen, indem sie beispielsweise nicht nur „eine quantitative Zunahme von Wissen (Vergrößerung des Wortschatzes)", sondern auch „eine qualitative Reorganisation des Wissens (Oberbegriffe, Vergleiche, Relationen) fördern" (Wilken, 2016, 9)

Die aufgezeigten Vorteile von Gebärden zeigen sich nach Wilken und nach unserer Erfahrung nicht nur bei Kindern mit Down-Syndrom, sondern auch bei vielen anderen kognitiv beeinträchtigten Kindern oder bei Kindern mit Wahrnehmungsschwächen.

1.3.2 Kinder mit Autismus-Spektrum-Störungen (ASS)

Autismus-Spektrum-Störungen sind gekennzeichnet durch Auffälligkeiten in der Kommunikation, in der sozialen Interaktion und im Verhalten. „Von außen nicht erkennbar, von den Betroffenen selbst jedoch als Hauptproblem hervorgehoben, ist die Besonderheit der Wahrnehmungsverarbeitung: Sinnesreize werden anders gefiltert und bewertet und wirken unzureichend zusammen" (Bildungsserver Rheinland-Pfalz). Wenn Hintergrundgeräusche nicht ausgeblendet werden können, werden visuelle Angebote besser aufgenommen als akustische Informationen. „Seine visuelle Betonung ließ ein Wort aus dem rauschenden Meer aufsteigen und verwandelte es in ein Rettungsboot, in das man sich vertrauensvoll setzen konnte, weil es Verstehen schenkte – und das inmitten all der Nebengeräusche, die sich in einer Schule nicht vermeiden ließen" (Beck, 2018, 26). Diese Beschreibung, was

Gebärden für einen Jungen mit frühkindlichem Autismus bedeuteten, gilt auch für viele andere Kinder mit ASS, so unsere Erfahrung.
Kinder mit ASS haben oft Schwierigkeiten, die Bedeutung von Betonung, Mimik und Gestik zu erfassen. Auch hier hilft die Gebärde als zuverlässig gleichbleibendes Zeichen, um sich den Inhalt einer sprachlichen Mitteilung besser zu erschließen.

Menschen mit frühkindlichem Autismus ist es aufgrund von Störungen in der Willkürmotorik häufig nicht möglich geplante Handlungsabläufe umzusetzen. Ihre Handlungsstörung kann so ausgeprägt sein, dass Sprechen nicht oder nur ansatzweise gelingt, obwohl innere Sprache (Denken in Sprache) vorhanden ist (vgl. Zöller, 2001). Wir erlebten, dass Gebärden hier Lautsprache ersetzen konnten, selbst wenn eine gezielte Zeigebewegung auf Bild- oder Wortkarten nicht möglich war. Manche Kinder lernten nur einzelne ihnen wichtige Gebärden, andere wiederum lernten rasch, setzten Gebärden spontan und geschickt sogar in Mehrwortsätzen ein und gaben uns so auch eine Ahnung ihrer kognitiven Fähigkeiten. Meist war es nötig, über wiederholtes Führen die Bewegungsspur zu verankern, ehe die Bewegung alleine vollzogen werden konnte.
Darüber hinaus konnten wir bei Schülern mit ASS besonders gut folgende Wirkungen von Gebärden beobachten:
- Gebärden fokussieren die Aufmerksamkeit
- Gebärden fördern den Kontaktaufbau
- Der Bewegungsablauf mancher Gebärden wirkt beruhigend
- Gebärden lenken den Blick auf das, was zu tun ist
- Mit Gebärden können Kinder in starker Erregung besser erreicht werden als mit der Stimme

Die meisten Kinder mit ASS, die wir kennenlernten, zeigten wie viele andere nichtsprechende Kinder problematische Verhaltensweisen. Mittels Gebärden konnten wir, wie in Band 1 ausführlich beschrieben, zielführender „Halt und Orientierung" geben.

1.4   Mit Gebärden Sätze bilden

Nach Michel kann immer wieder beobachtet werden, „dass unterstützt kommunizierende Kinder mit Gebärden nicht über die Verwendung von Ein-Wort-Äußerungen hinauskommen" (2016, 32). Wenn auch besonders, doch nicht nur im Hinblick auf die Kinder, die Gebärden als lebenslange Kommunikationsform nutzen, ist es wichtig, die Bildung von Sätzen gezielt und frühzeitig anzuregen. Hierbei kommt der Auswahl des angebotenen

Wortschatzes besondere Bedeutung zu. Ein Blick auf die Sprachentwicklung kleiner Kinder ist wegweisend.

Kleine Kinder haben einen Wortschatz von 15–50 Wörtern, wenn sie mit Zwei-Wort-Äußerungen beginnen. Semantische Beziehungen bilden beispielsweise: Handelnder und Handlung, Handlung und Handlung Erleidender, Handlung und Ort, Besitzer und Besitz. Semantische Beziehungen bei Drei-Wort-Äußerungen bilden u. a. Handelnder und Handlung und Handlung Erleidender, Handelnder und Handlung und Ort (vgl. Tetzchner; Martinsen, 2000, 283). Umfasst der Wortschatz in erster Linie Nomen können die Kinder nur unzureichend ihre Botschaft zum Ausdruck bringen, ohne dass der Kommunikationspartner geduldig nachfragt.

Mama kocht. Tasse leer. Mama im Haus. – Bereits Verben und Adjektive, später auch Präpositionen helfen weiter. Zur satzbezogenen Wortschatzerweiterung bieten sich alle Tätigkeiten und Adjektive an, die sich mit vielen Personen oder Gegenständen kombinieren lassen: mögen, haben, holen, geben, essen, trinken, groß, klein, dick, dünn, schnell, langsam, leer, voll, … (siehe Kopiervorlagen 30). Beginnt man in ausgewählten Alltagssituationen mit Gebärden, wählt man natürlich das dazu passende Vokabular aus.

Was? Wann? Wer? Wo? Warum? – Wer fragt, bestimmt die Situation. Fragen treten in der Sprachentwicklung schon sehr früh auf. Sobald ein Kind entdeckt hat, dass Dinge einen Namen haben, erfragen sie diesen, indem sie darauf zeigen. Mit diesem ersten „Frage-und-Antwort-Spiel" entsteht ein Interaktionsmuster, in dem das Kind aktiv wird und die Situation bestimmt (vgl. Petersen, 2003, 87). Da Fragen einen großen Teil unserer Alltagssituation ausmachen, dürfen auch die Fragewörter im angebotenen Gebärdenwortschatz nicht fehlen (Kopiervorlage 30.15).

Da, für, auch, nicht. – Der Wert kleiner nützlicher Wörter ist unbestritten. Neben den Schlüsselwörtern, den bedeutungstragenden Wörtern einer Mitteilung, gewinnt für die frühe Hinführung zur Satzbildung das sogenannte Kernvokabular (Kopiervorlagen 30) an Bedeutung. „Kernvokabular bezeichnet die häufigsten Wörter der Alltagssprache. Dies sind vor allem situationsunspezifische Funktionswörter, die u. a. unabhängig vom Alter und dem Gesprächsthema genutzt werden können, z. B. nochmal, stopp, fertig, weiter" (Appelbaum; Schäfer; Braun, 2017, 6). Es reicht nicht, mit einigen wenigen, aber häufig vorkommenden Wörtern zu beginnen, sondern „Kernvokabular in den Fokus zu stellen bedeutet auch, seine Sprache anzupassen" (Michel, 2016, 33), d. h. die Sprachsituation entsprechend zu gestalten.

Paul da. Peter nicht. – Anwesende oder abwesende Personen müssen benannt werden können. Namensgebärden haben eine ganz hohe Bedeutung, sie werden nach unserer Erfahrung schnell gelernt und oft eingesetzt. Da es hierfür keine Vorlagen in Gebärdensammlungen gibt, haben wir „Bezeichnungen gesucht, die etwas mit der Person zu tun haben, z. B. deren Lieblingstätigkeit" (Köhnen; Roth, 2018, 19).

Beim Lautsprachunterstützenden Gebärden werden keine grammatikalischen Merkmale transportiert, d. h. Pluralformen oder die Konjugation von Verben werden beispielsweise nicht sichtbar. Es versteht sich von selbst, dass im Sprachvorbild alle grammatikalischen Merkmale verwendet werden. Wann immer es sinnvoll oder möglich ist, ohne dass Lebendigkeit und Freude in der Sprachsituation verloren gehen, können die Gebärdenmitteilungen des Kindes nochmals grammatikalisch korrekt mit Lautsprache gespiegelt werden.
In der aktuellen Literatur (Appelbaum, 2016, 20 f./Appelbaum; Schäfer; Braun, 2017, 12 f.) finden sich interessante Anregungen, wie LUG durch ausgewählte non-manuelle oder orale Komponenten des Sprachsystems der DGS ergänzt werden könnte. Da wir bisher über keinerlei Erfahrung damit verfügen, kann jedoch nur darauf verwiesen werden.

Gebärden stellen ein starkes Ausdrucksmittel dar – vorausgesetzt das Umfeld geht den Weg mit, denn Gebärden sind nur für Eingeweihte verständlich. Und nur mit Begeisterung kann man auch Begeisterung wecken. Wenn die Bezugspersonen mit Gebärden so lebendig „sprudeln" (Schmidt-Pfister, 2016, 16) wie mit Worten, können die Kinder selbst sich die für sie interessanten Gebärden herauszusuchen. Nicht allein auf diesem Weg stellen Gebärdenkarten ein wichtiges methodisches Element in der Praxis des Gebärdens dar.

Teil 2: Gebärdenkarten – ein wichtiges methodisches Element

2.1 Unsere Gebärdenkarten

Unsere Darstellungen der Gebärden im Anhang sind als Kopiervorlagen zur Herstellung von Gebärdenkarten gedacht. Die Zeichnungen haben eine hohe Kopierqualität und können je nach Verwendungszweck vergrößert oder verkleinert werden. Die Gebärdenkarten stehen zusätzlich als Download zur Verfügung (s. Link auf Seite 4 dieses Buches).
Gebärden sind kontrolliert ausgeführte Bewegungen der Finger, Hände und Arme. Die Bewegungskomponenten werden durch Pfeilzeichnungen verdeutlicht und mit Erläuterungen ergänzt (siehe 2.4.2). Mit etwas Erfahrung lassen sich die Gebärdendarstellungen in Bewegung umsetzen, wobei es auch sehr hilfreich sein kann, zum Lernen der Gebärden auf zusätzliche Hilfen zurückzugreifen, z. B. auf die Beschreibung der Bewegungsausführung zu jedem Bild in den blauen Büchern oder auf das große multimediale Wörterbuch der Deutschen Gebärdensprache mit Videos, erweitertem und differenzierterem Wortschatz und aktualisierten Gebärden (siehe Literatur).
Unsere Gebärdenkarten können und wollen die genannten Medien nicht ersetzen, denn auch in diesen zweiten Band konnte nur ein auf die ausgewählten Situationen begrenzter Wortschatz aufgenommen werden.
Unsere Gebärdenkarten dienen dazu, die praktische Arbeit zu erleichtern und zu bereichern. Die Karten sind bereits mit Wortbildern versehen, damit die Bedeutung sofort für alle sichtbar ist. Die Zeichnungen wirken auf Kinder sehr ansprechend und sind auch für viele Kinder gut lesbar. Für die Hand des Kindes laminiert und haltbar gemacht, bieten sie neue Lernchancen. Gebärdenkarten sind in Elternhaus, Kindergarten und Schule vielfältig einsetzbar.

2.2 Themenübergreifende Einsatzmöglichkeiten

Die Gebärdenkarten können situations- oder themenübergreifend genutzt werden:
- zum Wortschatzaufbau und zur Wortschatzsicherung
- zur „Bedeutungsvollmachung"
- zum Sprechen in Sätzen

2.2.1 Wortschatzaufbau und Wortschatzsicherung

Das Lernen neuer Gebärden (Wortschatzaufbau) kann mit Gebärdenkarten spielerisch unterstützt werden durch
- Benennen der Gebärdenkarten
- Zuordnung der Gebärdenkarten zu Gegenständen, Fotos, Bildern und/oder Wortkarten (die alle zugleich für UK genutzt werden können)
- Lotto
- Memory in folgenden Varianten: Paare nur mit Gebärdenkarten, Paare mit Gebärden und Bildkarten, oder auch: auf der Vorderseite der Karten Gebärdenabbildungen und der Rückseite Abbildungen/Fotos/Symbole
- Visualisierung der Gebärdenzeichnungen auf einer Tafel/Pinnwand im Gruppen- oder Klassenraum

Zur Wortschatzsicherung eignen sich die Karten
- für individuell auf den Wortschatz einzelner Kinder abgestimmte Gebärdenmappen, kombiniert mit Bildern/Fotos (die persönliche Gebärdenmappe hilft beim Klassen- oder Einrichtungswechsel)
- als Erinnerungsstütze für Erzählungen vom Wochenende
- für Themenbücher kombiniert mit Fotos/Bildern:
  - interessenbezogen für einzelne Kinder, z. B. mein Zuhause, mein Kinderzimmer
  - je nach aktuellem Thema für die Bücherecke im Klassenzimmer oder Kindergarten, z. B. Straßenverkehr, Musikinstrumente, Tiere
  - als vielfältiges Gebärdenbücherangebot für die Schülerbücherei oder
  - für die Bezugspersonen im Umfeld (Gebärden lernen oder nachschauen)

Zur qualitativen Reorganisation von Wissen oder Verdeutlichung von Sprachstrukturen können Gebärdenkarten
- nach Oberbegriffen geordnet werden
- die Bildung zusammengesetzter Hauptwörter visualisieren, z. B. Schneemann, Sonnenschirm

Zur Anwendung von neuen Gebärden in unterschiedlichen Kontexten vereinfachen Gebärdenkarten u. a.

- die Übernahme von Aufträgen: Einzelne Gebärdenkarten mitnehmen, falls der Ansprechpartner die Gebärde nicht kennt oder die Gebärde noch nicht klar genug ausgeführt werden kann
- die Interaktion der Kinder untereinander in der Freiarbeit mit einem Gebärden-Quiz: zu einer vorgeführten Gebärde die Gebärdenkarte finden

In unterschiedlichen Medien tragen Gebärdenkarten dazu bei, Gebärden in einer Einrichtung zu implementieren (vgl. Köhnen; Roth, 2018, 23):
- Klassenbezeichnungen: kleine Schautafel mit Fotos, Gebärdenkarten und Namen von Lehrkräften und Schülern
- Raumbezeichnungen
- Gebärdenwand in der Eingangshalle
- Gebärde der Woche
- Gebärdenordner im Lehrerzimmer, in denen alle Gebärdenzeichnungen alphabetisch gesammelt werden
- Gebärden-CD: nach Themen oder alphabetisch geordnet
- Lernmittelraum: die Themenbücher aller Klassen werden auch im Lernmittelraum für jede Lehrkraft zugänglich gesammelt. In der persönlichen Gebärdenmappe eines Schülers werden beim Klassenwechsel alle mit dem Schüler/der Klasse erarbeiteten Themenbücher aufgelistet

2.2.2 „Bedeutungsvollmachung"

Unter diesem Begriff fassen Degner & Burger (2003, 143) Strategien der Strukturalisierung, Visualisierung und Individualisierung zusammen, die zum besseren Verstehen von Sprache und Situationen beitragen, und sie zeigen wichtige Elemente des TEACCH-Ansatzes für UK auf. Verstehen und Vorhersehbarkeit helfen allen Kindern, nicht nur Kindern mit Autismus-Spektrum-Störungen, sich einzulassen. Auch in den Büchern von Anne Häußler (siehe Literatur) finden sich zum TEACCH-Ansatz vielfältige Umsetzungsbeispiele. Hier lassen sich Gebärdenkarten sehr gut integrieren. Mit Gebärdenkarten (auch kombiniert mit Bildkarten, Symbolen) können u. a. visualisiert werden:
- Räumliche Strukturen: Wo findet etwas statt? Wo gehört etwas hin? (Aktivitätsbereiche im Klassenraum, Spielsachen im Regal)
- Zeitliche Strukturen: Was passiert wann? Was passiert in welcher Reihenfolge? (Tagesplan, Stundenplan, …)
- Individuelle oder allgemeine Regeln, z. B. an der Ampel: rot → stehen, grün → gehen

- Routinen, z. B. beim Ankommen: Jacke ausziehen – Jacke aufhängen
- Aufgaben, Aktivitäten, z. B.: aufräumen – fertig
- Handlungsabläufe, z. B. Toilette – Hände waschen – Hände abtrocknen
- Dienstpläne in Elternhaus, Kindergarten und Schule
- Rezepte und Bastelanleitungen
- Wenn-Dann-Pläne: (erst) Zähne putzen – (dann) Vorlesen

2.2.3 Sprechen in Sätzen

Die gezielte Hinführung vom Ein-Wort-Satz zu Zwei- oder Drei-Wort-Äußerungen kann mit Satzbaukarten, selbstverständlich immer zu Situation oder Thema passend, gezielt unterstützt werden, beispielsweise:
- Handlungen ausführen und verbalisieren/gebärden:
  — Das Kind handelt (*Anke deckt den Tisch*), die Bezugsperson legt den entsprechenden Satz und liest ihn zusammen mit dem Kind. Die Bezugsperson handelt, legt und spricht den Satz mit dem Kind
  — Ein Kind handelt (*Peter tanzt*), ein anderer Schüler legt den entsprechenden Satz und liest ihn vor
  — Ein Schüler legt einen Satz (*Paul wischt den Tisch*) und der Genannte liest und setzt ihn in Handlung um
  — Gehandelt werden kann auch mit Puppen, Playmobilfiguren, Holzfiguren
- Situationen beschreiben, indem man
  — mit Satzbaukarten legt, wer gerade was macht oder wer sich wo befindet
  — mit Satzbaukarten legt, was auf einem Bild zu sehen ist
- Sätze ergänzen:
  — Um Satzstrukturen zu üben, kann beispielsweise nur das Objekt ergänzt werden (Peter kauft ..., Susi kauft ...)
  — Sachwissen zeigen, indem man die richtige Karte ergänzt (das Zebra lebt in der ...)

Arbeitet man mit Satzbaukarten, wird jedes Wort eines Satzes mit einer Karte repräsentiert, um die Satzstruktur zu visualisieren. Zudem helfen Legetafeln (mit der entsprechenden Anzahl von leeren Kästchen in der Größe der Karten) dem Kind, die Satzstruktur zu erfassen. Die Kombination von Gebärden- und Bildkarten hat sich bewährt: Für Personen, Tiere und Gegenstände können auch gut Fotos oder Bildkarten eingesetzt werden, für „Tätigkeiten, Eigenschaften und räumliche Beziehungen kommen viele

Kinder ebenso leicht oder leichter mit Gebärdenkarten zurecht als mit Zeichen aus Symbolsammlungen. Selbstverständlich wird beim Lesen zu jeder Karte, also auch bei den Bildkarten, die entsprechende Gebärde vollzogen" (Köhnen; Roth, 2018, 40).
Und wie handhaben wir es bei den Satzbaukarten mit den Artikeln, ohne die Kinder zu überfordern? – Mit dieser Frage haben wir uns immer wieder neu beschäftigt. Im Laufe der Zeit haben sich je nach Satzinhalt und Lernvoraussetzungen des Kindes folgende Varianten entwickelt:
- a) Eigenname (Artikelvermeidung) + Verb
- b) Eigenname (Artikelvermeidung) + Verb + Nomen im Plural (Artikelvermeidung)
- c) Nomen + Verb + Nomen (die Bezugsperson spricht im Sprachvorbild den Artikel)
- d) Eigenname + Verb + Artikel + Nomen
- e) Nomen im Plural + Verb + Artikel + Nomen
- f) Artikel + Nomen + Verb + Artikel + Nomen

Bei den Varianten d – f können die Artikel-Karten (so lange wie nötig) vorgegeben und von der Bezugsperson gebärdet werden. Beim Übertragen von Satzstrukturen in den Alltag spielen die Artikel ja wieder eine untergeordnete Rolle, da sie zum Verstehen der Mitteilung nicht nötig sind.
Werden Satzbaukarten eingesetzt, arbeitet die Bezugsperson anfangs noch mit dem Kind zusammen, d. h. das Kind legt und gebärdet die Wörter, die es schon beherrscht, die Bezugsperson die anderen. Später können die Kinder mit Hilfe der Satzbaukarten selbst Sprache gestalten, indem sie Satzinhalte setzen.

2.3 Situations- und projektbezogene Anregungen zum Einsatz von Gebärden und Gebärdenkarten

Vorbemerkung
Um Lernzuwachs zu erreichen, ist es Aufgabe der Bezugsperson, die einzelnen Kommunikationssituationen zu durchdenken und so zu gestalten, dass
- für das Kind ein Bedürfnis nach Kommunikation entsteht und der Einsatz von Gebärden als sinnvoll erlebt wird, sei es um einen Wunsch zu äußern oder um Wissen kundzutun
- Wortschatzaufbau und Satzbildung gefördert werden

Die folgenden Anregungen implizieren einen sukzessiven Aufbau, so können die für das jeweilige Kind passenden Beispiele aufgegriffen werden. Auch wenn ein Kind einzelne Karten noch nicht eigenständig umsetzen kann, lassen sich diese schon als zusätzlichen Benennungsanlass nutzen, ebenso zum Erlernen von Gebärden über Führen oder Nachmachen. In Satzbeispielen sind die Wörter, die im Sprachvorbild gebärdet werden sollten, kursiv gedruckt. Bei den Beispielen zur Ergänzung von Sätzen sind die vorgegebenen Satzteile unterstrichen.

Unsere gesammelten Beispiele konkretisieren je nach Situation die vorangegangen Ausführungen (2.2) und verstehen sich als Impulse für die Entwicklung weiterer Ideen.

2.3.1 Mein Zuhause

Die Gebärdenkarten hierzu sind folgenden Oberbegriffen/Bereichen zugeordnet: Rund ums Gebäude, Wohnbereiche, Küche, Bad (siehe hierzu auch 2.3.3 Körperpflege), Kinderzimmer, Wohnzimmer, Elektronische Geräte.

Die Kommunikationsanlässe sind unbegrenzt, man kann beispielsweise darüber sprechen:
- Wo möchte/soll jemand hingehen?
- Wo hält sich jemand auf?
- Wo soll etwas hingebracht werden?
- Woher soll etwas geholt werden?
- Wo will man etwas machen?

Das Erlernen der entsprechenden Gebärden kann mit den Gebärdenkarten folgendermaßen unterstützt werden:
- Türen in der Wohnung oder im Haus mit Gebärdenkarten versehen: Bad, Küche, … (beim Betreten des Raums diesen konsequent benennen und dabei die Gebärde vollziehen)
- Die Gebäudeteile eines Puppenhauses mit Karten beschriften: Dach, Fenster, …
- Mit dem Kind ein Haus planen und mit Lego/Duplo bauen:
  — *Was* soll dein *Haus* haben? – Gebärdenkarten heraus suchen (kann das Kind die Gebärden noch nicht, die Karten nutzen, um Anleitung zu geben: erst *bauen* wir …)
  — Das Haus gemeinsam betrachten: *Wo* ist die Küche? – Räume mit Gebärdenkarten versehen
- Auch Einrichtungsgegenstände und elektronische Geräte können punktuell mit Gebärdenkarten versehen und so in den Fokus gerückt werden
- Die Karten der Einrichtungsgegenstände nach Räumen ordnen
- Beim Versteckspiel „*Wo* ist der Teddy?" werden die Gebärden von Spielsachen und Einrichtungsgegenständen ganz nebenbei geübt.

- Die Karten lassen sich als Ratehilfe mit einbeziehen: wird falsch geraten, Gebärdenkarte umdrehen (hilft den Ort einzukreisen), richtig geraten: das Kind erhält die Karte
- Im Kinderzimmer: Regale/Schrankregale mit Gebärdenkarten als Aufräumhilfe und Benennungsanlass versehen

Zwei-Wort-Äußerungen mit den „kleinen Wörtern" des Kernvokabulars provozieren:
- „Da" und „weg" – Beim Versteckspiel können diese Gebärden in den Fokus gestellt werden: *Teddy da, Teddy weg*
- „An" und „aus", „auf" und „zu" – Das bei Kindern beliebte Ausprobieren kann nerven oder (vorrübergehend) zur Förderung genutzt werden: *Licht an – Licht aus, Tür zu – Tür auf*
- „Für" – beim Tischdecken kann diese Gebärde für jede Person bei jedem Geschirrteil geübt werden, auch wenn das Kind diesen selbst (noch) nicht benennt: (einen *Teller) für Papa, für Mama, …,* (ein *Messer) für Peter, für Susi …*
- „Fertig" – bevor der Tisch abgeräumt wird: *Paul* (ist) *fertig, ich* (bin) *fertig*

Satzbildung mit Satzbaukarten unterstützen:
- In der Situation selbst und im Rollenspiel können handlungstragende Begriffe geübt und mit Satzbaukarten gelegt werden: *Mama kocht,* Papa *backt* Kuchen, *Peter hört Musik, Papa saugt* den *Teppich, Mama putzt die Küche, …*
- Sätze ergänzen: <u>Papa ist im</u> Wohnzimmer (Karten der Räume legen und benennen). <u>Das Sofa ist im</u> Wohnzimmer (Karten der der Räume ergänzen). Das Sofa <u>ist im Wohnzimmer</u> (Einrichtungsgegenstände ergänzen)

Karten zur Bedeutungsvollmachung und als Benennungsanlass:
- Aufgaben des Kindes visualisieren: Kinderzimmer aufräumen, Tisch decken
- Wer übernimmt im Haushalt, in der Schule welche Aufgabe? Neben die Fotos der Personen werden jeweils die Tätigkeiten geheftet: Tisch abräumen, Tisch decken, Mülleimer leeren, …
- Abendritual: Ein fester und visualisierter Ablauf hilft dem Kind. Beispiel: Zähne putzen, ausziehen, vorlesen/CD hören, schlafen
- Nutzungszeit des Kindes für die elektronischen Geräte visualisieren
- Erst-Dann-Plan, der bei ungeliebten Tätigkeiten die darauf folgende angenehme anzeigt: 1. Duschen, 2. Fernsehen

- Vor dem Tischdecken: Reihenfolge, in der der Tisch gedeckt wird, (vorübergehend) vorher mit den Karten legen oder diese an eine Pinnwand heften oder schon angehefteten Ablauf verbalisieren/gebärden: Teller, Glas, Gabel, ...

2.3.2 Meine Kleidung

Kleidung ist Kindern wichtig, es kann beispielsweise darüber gesprochen werden
- was man anzieht
- was zusammen passt
- was gewaschen werden muss
- wie etwas passt
- was man entsprechend der Temperatur benötigt (siehe auch 2.3.5 Jahreszeiten)

Die Gebärden der Kleidungsstücke können beispielsweise in folgenden Kommunikationssituationen geübt werden
- beim An- und Ausziehen
- beim Füllen und Leeren der Waschmaschine
- beim Auf- und Abhängen

Das Erlernen der Gebärden kann mit den Gebärdenkarten unterstützt werden:
- Zuordnung Kleidungsstücke – Gebärdenkarten
- Ordnen von Gebärdenkarten nach Winter- und Sommerkleidung (siehe hierzu auch Kopiervorlagen der Jahreszeiten 14.4)
- Unter angebotenen Karten die Sportkleidung heraussuchen, die Badekleidung heraussuchen ...
- Karten der Kleidungsstücke unter anderen Karten herausfinden

Zwei-Wort-Äußerungen anbahnen:
- Beim Sortieren: *Was ist schmutzig? – Hemd schmutzig, Hose sauber,* ...

Satzbildung mit Satzbaukarten unterstützen:
- Wer trägt heute was? – *Mama* trägt einen *Rock, Peter* trägt eine *Hose,* ...
- Sätze ergänzen: Mama bügelt (das) Hemd, (die) Hose, ...
- Sätze bilden: *Mama bügelt* das *Hemd, Mama faltet* die *Hose*

Zur Bedeutungsvollmachung und als Benennungsanlass dienen die Karten
- zur Visualisierung der Reihenfolge, in der die Kleidungsstücke angezogen werden
- um aufzulisten, was eingekauft werden muss: Hose, T-Shirt (die Karten können auch als Wegweiser zum Einkaufen mitgenommen werden)
- um gemeinsam festzulegen, welches Kleidungsstück entsprechend der Temperatur benötigt wird. Anmerkung: Dies gelingt erfahrungsgemäß mit den Karten besser als direkt vor dem mit verführerischen Sachen gefüllten Schrank. Mit den einzelnen Karten (Hose, Pulli, …) jeweils zum Schrank gehen, das Kind darf dann ein entsprechendes Kleidungsstück aussuchen

2.3.3 Mein Körper und meine Gesundheit

Die Gebärdenkarten hierzu sind folgenden Oberbegriffen/Situationen zugeordnet: Körper/Körperpflege, beim Arzt.

Kommunikationsanlässe können sein:
- Körperteile an sich selbst und anderen nicht nur zeigen, sondern auch mit Gebärden benennen
- Körperteile bewusst empfinden: *Wo fühlst du den Waschlappen (die Bürste)?* Körperteil an sich zeigen und gebärden
- Beim Eincremen Körperteile mit Gebärden benennen
- Rollenspiel „beim Arzt": Vor der Untersuchung eines Körperteils diesen erst mit Gebärden benennen
- Abbildungen von ärztlichen Hilfsmitteln in Bilderbüchern zum Thema „Arzt" entdecken und gebärden
- Wo tut es weh?

Das Erlernen der Gebärden kann mit den Gebärdenkarten unterstützt werden:
- Zu einer Gebärdenkarte den entsprechenden Körperteil zeigen und benennen
- Körperteile-Memory mit Gebärdenkarten und Abbildungen
- Körperumrisszeichnungen mit Gebärdenkarten beschriften
- Ordnen: Zum Kopf gehören …
- Miteinander einen Kopf malen und bei den Gebärdenkarten nachsehen und prüfen, ob man nichts vergessen hat
- Ordnen der Geschlechtsteile zu Mann und Frau

- Sinnesorgane und entsprechende Verben einander zuordnen, z. B. Augen – sehen, Haut – fühlen
- Ärztliche Hilfsmittel (Spritze, Pflaster) den Gebärdenkarten zuordnen

Zwei-oder Drei-Wort-Äußerungen anbahnen:
- Die Zuordnungsübung „Sinnesorgane-Verben" provoziert zugleich Zwei-Wort-Äußerungen
- Sich im Spiegel betrachten und beschreiben: *Augen blau, Haare blond*
- Andere Kinder beschreiben: *Paul* hat *braune Haare*

Satzbildung mit Satzbaukarten unterstützen:
- Der *Arzt untersucht* den *Bauch*, …
- Satz ergänzen: <u>der Arzt untersucht</u>: Bauch, …

Zur Bedeutungsvollmachung und als Benennungsanlass dienen die Karten:
- Ablauf bei der Körperpflege: Hände waschen – Gesicht waschen- Zähne putzen, …
- Ablauf beim Arzt: Anmelden – Wartezimmer – Sprechzimmer- Untersuchung – fertig

Anmerkung: Arztbesuche sind aufregend, Gebärden haben hier eine starke emotionale Komponente: langsam und bedächtig ausgeführt, wirken sie beruhigend. Nach einem Arztbesuch mit den Gebärdenkarten noch einmal zu (über-)legen, was der Arzt gemacht hat, hilft das Erlebte zu verarbeiten.

2.3.4 In meiner Umgebung

Die Gebärdenkarten hierzu sind folgenden Oberbegriffen/Situationen zugeordnet: Im Straßenverkehr, Einkaufen, Institutionen/Einrichtungen.

Es kann darüber gesprochen werden
- was man bei einem Unterrichtsgang/Spaziergang sieht: Autos, Zebrastreifen, Ampel …
- wie man sich im Straßenverkehr oder im Auto (Schulbus/Kindergartenbus/Bus) richtig verhält
- wo und was man einkauft
- an welcher Einrichtung man vorbeikommt

Das Erlernen der Gebärden kann mit den Gebärdenkarten unterstützt werden:
- Einen Verkehrsteppich mit Gebärdenkarten beschriften: Straße, Radweg ...
- Gebärdenkarten der Verkehrsteilnehmer Gehweg, Radweg oder Straße zuordnen
- Was soll ich dir vom Einkaufen mitbringen? Das Äußern eines Wunsches wird erleichtert, wenn man drei Karten zur Auswahl vorgibt
- Wunschliste schreiben: Mit Gebärdenkarten zusammenstellen, was die Mutter mitbringen soll
- Einkaufszettel mit Gebärdenkarten schreiben: Mit Klettband versehene Karten können beispielsweise auf eine kleine Teppichfliese geheftet und mitgenommen werden
- Abbildungen/Fotos der Institutionen/Einrichtungen den entsprechenden Gebärdenkarten zuordnen

Zwei-Wort-Äußerungen anbahnen:
- An der Ampel: *grün gehen, rot stehen*
- *Wer* geht auf dem *Gehweg? Mama Gehweg, ich Gehweg, ...*
- *Wer* oder *was* befindet sich *wo? Auto – Straße, Rad – Radweg, ...*
- Vor dem Einkaufen gemeinsam nachsehen, was gebraucht wird: *Butter (ist) da/nicht da*

Satzbildung mit Satzbaukarten unterstützen
- Sätze ergänzen: die Frau (das Kind, ...) geht auf dem Gehweg, das Moped (das Auto, ...) fährt auf der Straße oder das Taxi fährt auf der *Straße*
- Sätze legen: *Fußgänger gehen* auf dem *Gehweg, Fahrzeuge ...*
- Sätze legen: Wer kauft was ein? *Peter kauft Brot, Paul kauft Butter*

Zur Bedeutungsvollmachung und als Benennungsanlass dienen die Karten zur Visualisierung
- des Ziels eines Unterrichtsgangs
- der Reihenfolge bei mehreren Zielen: 1. Post – 2. Aldi
- von Regelkarten: *am Bordstein stopp*
- von Verhaltensregeln, z. B. so verhalte ich mich im Schulbus/Kindergartenbus/Auto richtig (Regelkarte): einsteigen – setzen – anschnallen – während der Fahrt angeschnallt bleiben – halten – abschnallen – aussteigen

2.3.5 Im Jahreskreislauf

Die Gebärdenkarten hierzu sind folgenden Oberbegriffen zugeordnet: Monate/Jahreszeiten, Feste und Natur im Frühling, im Sommer, im Herbst, im Winter, Weihnachten.
Anmerkung: Wetter- und Naturerscheinungen lassen sich im Zuge des Klimawandels nicht mehr so eindeutig zuordnen, es geht uns hierbei um die Idee und um die Vokabeln, die sich nach den täglichen Gegebenheiten nutzen lassen.

Das Erlernen der Gebärden kann mit den Gebärdenkarten unterstützt werden:
- Kalender mit Gebärdenkarten der Monate versehen
- Mit dem Lied „Die Jahresuhr" von Zuckowski lassen sich die Monatsnamen leicht einprägen. Wir haben die Schlüsselgebärden „Jahresuhr, Lebenslust" (Kopiervorlage 14.1) mit aufgenommen, um die Hinterlegung des bekannten Liedtextes mit Gebärdenkarten zu ermöglichen. Auch die anderen Schlüsselgebärden wie „stehen, niemals, still, wecken, anfangen" finden sich im Wörterverzeichnis
- Die Jahreszeiten können mit Tüchern (grün, rot, gelb blau) in einem Jahreszeitentücher-Kreis symbolisiert und diesem jahreszeittypische Gegenstände/Abbildungen/Gebärdenkarten zugeordnet (Naturerscheinungen, Feste …) werden
- Kleine Puppen können entsprechend der Jahreszeiten angekleidet (Jahreszeitenpüppchen) und dem Tücher-Kreis zugeordnet werden. Die Püppchen helfen auch bei der Wahl geeigneter Kleidung (siehe 2.3.2): Was haben sie an? – Gebärdenkarten der Kleidungsstücke heraussuchen
- Gebärdenkarten der Jahreszeiten den Jahreszeitenpüppchen zuordnen
- Wie ist heute das Wetter? – Mit Gebärden beschreiben und Gebärdenkarten heraussuchen
- Die „weihnachtlichen" Gebärdenkarten „Lichterkette, Stall, Krippenfiguren, …" den entsprechenden Gegenständen oder Abbildungen zuordnen

Zwei-Wort-Äußerungen anbahnen:
- Tätigkeiten benennen: *Baum schmücken, Plätzchen backen, Plätzchen ausstechen*

Satzbildung mit Satzbaukarten unterstützen:
- Sätze legen: *Mama backt Plätzchen, Papa baut* (einen) *Schneemann ...*
- Wer/Was ist im Stall?
  - Sätze legen: *Maria ist im Stall*
  - Sätze ergänzen: ... <u>ist im Stall</u>

2.3.6 Projekt „Komm mit nach Afrika"

Die Wahl dieses Themas erfolgte, als ein afrikanisches, nichtsprechendes Kind ohne Sprachverständnis für Deutsch in unsere Klasse kam und bildete anlässlich der steigenden Anzahl von Kindern mit Migrationshintergrund den Auftakt zu „Reisen" in weitere Kontinente und Kulturen.

In der beeindruckenden Begegnung mit einer traditionell gekleideten Afrikanerin entwickelte sich bei den Kindern eine gute emotionale Grundlage, um Gemeinsamkeiten und Verschiedenheiten zu erforschen: Hautfarbe, Bekleidung und Schmuck, Wohnen, Nahrungszubereitung, Spiel und Arbeit. Wir entdeckten Afrika auf dem Globus und lernten die Vegetationszonen mit ausgewählten Tieren kennen. Im Musikunterricht wurden afrikanische Rhythmen erfahren, Trommeln gebaut und im Trommelspiel Nachrichten weitergegeben. Im Kunstunterricht wurden Tukul aus Ton gestaltet, Tücher bedruckt Schalen aus Ton hergestellt.

Den Aufbau des Gebärdenwortschatzes haben wir mit einem selbst gedichteten Lied (Noten und Text siehe Kopiervorlagen 21) erleichtert. Lieder erweisen sich immer wieder als effektive Methode zur thematischen Wortschatzerweiterung sowie zur Vermittlung von Sachwissen, und sie machen einfach einen Riesenspaß. Die beim Singen erlernten Gebärden können im Unterricht aufgegriffen werden, um die Tiermodelle zu benennen oder Sachfragen zu beantworten. In der Kopiervorlage des Liedes sind alle Vokabeln unterstrichen, die im Wörterverzeichnis zu finden sind. Wie viele davon beim Singen gebärdet werden, richtet sich nach den Lernvoraussetzungen der Kinder. Die Anzahl der angebotenen Gebärden kann auch sukzessive gesteigert werden.

Das Erlernen der Gebärden haben wir mit Gebärdenkarten in folgenden Zuordnungsvarianten, bzw. Einsatzmöglichkeiten unterstützt:
- Gebärdenkarten der Tiere zu Tiermodellen, -fotos, Wortkarten
- Gebärdenkarten der Tiere zu den Gebärdenkarten der Tiereigenschaften

- Gebärdenkarten der Tiere zu den entsprechenden Lebensräumen
- Die Umrisse von Afrika mit einem Seil nachlegen, die Vegetationszonen mit Tüchern (Wüste – ocker, Savanne – gelb, Regenwald – grün, Nil – blau) symbolisieren und mit den entsprechenden Gebärdenkarten beschriften
- Tierquiz: Beispiel: Welches Tier hat Höcker? (Gebärden ausführen und die Gebärdenkarte „Höcker" zeigen). Das Kind gebärdet das entsprechende Tier oder zeigt die Gebärdenkarte unter drei bis fünf vorgelegten Karten
- Zuordnungsmaterial „Bei uns (in Europa) und in Afrika" mit Abbildungen (Kopiervorlagen 22): Erst werden die Abbildungen entsprechend zugeordnet, danach können die Abbildungen mit Gebärden benannt und Gebärdenkarten wie bei einem Lotto aufgelegt (oder daneben gelegt) werden. Zu allen Abbildungen finden sich die Vokabeln im Wörterverzeichnis

Das Thema bietet sich hervorragend an, um mit den Händen Sätze zu lesen oder zu schreiben:
- Vorgegebene Satzstreifen zu den Tieren, z. B. Giraffen fressen Blätter, mit Gebärden vorlesen (Beispiele siehe Kopiervorlage 23.1)
- Subjekt und Objekt in Satzstreifen (Legetafel) ergänzen (Verb wird hierbei vorgegeben), als Verben zu den Tieren eignen sich: fressen, leben, haben
- Zu Situationsbildern, die Tiere oder Personen aus Afrika zeigen, Zwei- oder Mehrwortsätze mit Gebärdenkarten legen und gebärden (Bildbeschreibung), z. B. (die) Frau trägt (einen) Wasserkrug
- Das Projektthema kann wie auf dem Buchcover abgebildet als Vier-Wort-Satz gebärdet werden, um das Wort „mit" zu betonen oder vereinfacht im Drei-Wort-Satz (mitkommen = kommen). Wir hatten in unserer Klasse eine Afrika-Ecke mit Matten eingerichtet, jedes Mal wenn wir dorthin „gereist" sind, erfolgte erst reihum die Einladung „Komm mit nach Afrika", so dass jedes Kind diesen „Vier-Wort-Satz" hochmotiviert üben konnte

Wir haben zudem mit den Gebärdenabbildungen ein Rezept für Hirsebrei visualisiert (Kopiervorlagen 24) und ein Tierlexikon erstellt (Beispiel siehe Kopiervorlage 25.1). Passend zum Tierlexikon haben wir für nichtsprechende Kinder, die lesen, jedoch aufgrund einer Handlungsstörung nicht schreiben konnten, Lückentexte so bereitgestellt, dass die Lücken mit verkleinerten Gebärdenkarten gefüllt werden konnten. Die Karten der Tiereigenschaften eignen sich auch als Quiz für die Interaktion der Kinder untereinander.

Da Beten verbindet und nebenbei auch zur Erweiterung von kommunikativen Kompetenzen wie „Ausbau des Wortschatzes, Wörter in Sätzen erkennen und mitsprechen, Wortfolgen behalten und nachsprechen, einen Text vortragen" (Köhnen; Roth, 2018, 34) beiträgt, haben wir in das Thema auch das Gebet „Manche Kinder sehen anders aus als ich" integriert. Interessierte finden den Gebetstext mit Gebärden in Band 1.

Fast alle aufgeführten Materialien eignen sich auch zum selbstgesteuerten Lernen. In unserer Klasse nutzten die Kinder besonders die Zuordnungsmaterialien und Satzbaukarten, um mit großer Freude ihren Gebärdenwortschatz zu festigen.

2.3.7 Projekt „Wir entdecken Musikinstrumente"

Die Begeisterung der Kinder für afrikanische Trommeln führte uns zu diesem Thema und zum Besuch eines Blasorchesters, um Instrumente während einer Probe zu erleben. Im anschließenden Kontakt mit den Musikern, die den Kindern ermöglichen, die Instrumente nicht nur aus der Nähe zu sehen, sondern auch in die Hand zu nehmen, das Gewicht zu spüren und sogar auszuprobieren, entstanden Fotos und vor allem ein Erlebnis, das eine vertiefte Beschäftigung mit den Instrumenten geradezu erforderte.

Kinder lieben Bilderbücher, und Bilderbücher eignen sich hervorragend, um beim Gebärden Mehrwortsätze einzuüben. Uns bot das musikalische Bilderbuch „Ferdinand sucht seinen Ton" von Köhnen & Hoefs nicht nur die Blasinstrumente, sondern auch die Anknüpfung an „unsere geliebten Afrika-Tiere" sowie einen gereimten Text. „Kinder mit einer Sprachentwicklungsverzögerung werden durch die Antizipationskraft von Rhythmus und Reim geradezu bis ans Ende des Satzes gezogen" (Schwarzburg-von Wedel, 2016, 29).

Bei der Erarbeitung der Geschichte haben wir eine stimmungsvolle Erzählsituation gestaltet und jedes Bild in einem Sitzkreis mit den jeweils entsprechenden Materialien eingeführt: Tiermodell, unserem Foto vom Instrument, Gebärden mit den Gebärdenkarten für das Tier und das Instrument. Nur ein Bild pro Tag, um die Schüler nicht zu überfordern. Beim Vorlesen des Textes unterstützten die ausgewählten Schlüsselgebärden das Verstehen der gestalteten Sprache. Von Anfang an hatten wir die Ausgestaltung der Geschichte als darstellendes Spiel im Blick, so dass wir jede Szene im Rollenspiel nachspielten.
Die Anzahl der beim Vorlesen angebotenen Gebärden haben wir sukzessive gesteigert (Vokabeln siehe Kopiervorlagen 26 <u>und</u> Wörterverzeichnis). Be-

sonders die sich wiederholenden Verszeilen und der Refrain des Songs boten uns eine wunderschöne Gelegenheit, um situationsunspezifische Wörter wie „kennen, müssen, bitten, kein, ohne, …" zu üben (siehe Kopiervorlagen 30).

Das Erlernen der Tier- und Instrumenten-Gebärden förderten wir mit den Gebärdenkarten in folgenden Zuordnungsvarianten:
- Tiermodelle – Gebärdenkarten der Tiere
- Fotos der Instrumente – Gebärdenkarten der Instrumente
- Tiere (Modelle/Gebärdenkarten/Wortkarten) – Instrumente (Fotos/Gebärdenkarten)

Allein mit diesen Gebärden/Gebärdenkarten konnten die Kinder schon mit unübersehbarem Stolz ihre Kenntnisse der Geschichte in folgenden Varianten zum Ausdruck bringen:
- Legen der Gebärdenkarten der Tiere/Instrumente in der dem Text entsprechenden Reihenfolge
- Fragen beantworten, z. B. welches Tier trifft Ferdinand nach dem Löwen? Welches Instrument spielt der Löwe?
- Auf der CD erkannte Instrumente mit Gebärden/Gebärdenkarten benennen

Motivation hilft Sätze zu bilden, herrliche Zweiwortsätze mit den zu den Tieren verknüpften Verben (Kopiervorlage 26.6), z. B. (der) Löwe faucht. Das wiederholende Element der Tierbegegnungen nutzten wir zur Übung von Mehrwortsätzen mit grundlegenden Vokabeln wie „laufen, fragen, sagen, hören". Hierzu haben wir den Text entsprechend verändert/vereinfacht, so dass er für jedes Tier genutzt werden konnte (siehe Beispiel Kopiervorlage 27.1). Mit den vereinfachten Texten konnten die Kinder die Geschichte nachlegen und vorlesen. Außerdem erstellten wir daraus Lückentexte zum Ergänzen, wobei die Anzahl der Lücken sich mit Karten leicht den Lernvoraussetzungen der einzelnen Kinder anpassen ließen.

„Unsere Hände besitzen eine zutiefst dialogische Ausdruckskraft" (Schwarzburg-von Wedel, 2016, 27). Das darstellende Spiel lebt nicht nur von Worten, sondern vor allem auch von Mimik, Gestik und Körpersprache, hier lassen sich Gebärden nicht nur hervorragend integrieren, sondern sie können wirkungsvoll eingesetzt werden, um Kernaussagen zu unterstreichen oder Botschaften „sichtbar" zu machen. „Im darstellenden Spiel sind Gebärden nicht nur ein mögliches Ausdrucksmittel für nichtsprechende Kinder, sondern sie eignen sich auch als Inszenierungsmittel für das Stück und als Darstellungstechnik für sprechende Kinder" (Köhnen; Roth, 2018, 42). Ge-

bärden eignen sich auch um schwer zu beschaffende Requisiten zu ersetzen, hier beispielsweise die Instrumente, die die Kinder mittels Gebärden ausdrucksstark und unverkennbar als „Luftblasinstrumente" spielten.
Somit bietet ein darstellendes Spiel eine gute Gelegenheit nicht nur in Förderschulen, sondern auch in inklusiven Kindergartengruppen und Schulklassen, um alle Kinder in einem gemeinsamen und verbindenden Projekt für Gebärden zu interessieren.
Bei unseren Proben stand auch die Erweiterung der kommunikativen Kompetenzen im Vordergrund: Sich einander zuwenden, Blickkontakt aufnehmen, den Dialog sprechen, einander aussprechen lassen.
In unserer Klasse ging die Verteilung der Rollen zufällig auf, in größeren Inklusionsgruppen sind bei der Rollenverteilung folgende Varianten denkbar:
- In jeder Szene übernimmt ein anderes Kind die Rolle von Ferdinand
- Die Tiere sind mehrfach vertreten, z. B. hinter dem Affen tummelt sich eine Affenbande (Kinder, die sich noch nicht trauen zu sprechen oder zu gebärden)
- Der zweite Teil der sich wiederholenden Verszeilen bei jedem Tier wird von zwei (auch diese können bei jeder Szene wechseln) „Erzählern" übernommen, eins spricht und das andere Kind gebärdet dazu

Zum Einüben der Rollentexte für die nichtsprechenden Kinder erwiesen sich die Gebärdenkarten als wertvolle Hilfe. Für jedes Kind stellten wir die Anzahl der Karten entsprechend seiner Kompetenzen zusammen, auch mit einer einzigen Gebärde kann erfolgreich vor Publikum aufgetreten werden. Das Erleben „Ich kann meinen Text selbst vortragen" stärkt das Selbstbewusstsein. Eine Unterstützung hierzu kann auch gegeben werden, indem der Spielleiter im Hintergrund das Bewegungsvorbild der Gebärden souffliert.

Mit der freundlichen Genehmigung der Ullmann Medien GmbH und der Autoren war es uns möglich den Text der sich im Bilderbuch wiederholenden Verszeilen (Kopiervorlage 28.1) und des Refrains des Schildkrötensongs (Kopiervorlage 29.1) abzudrucken und mit Gebärden zu versehen.

2.4 Benutzung der Gebärdenkarten des Buches

2.4.1 Allgemeine Hinweise

In den Kopiervorlagen (Anhang 1) sind die Gebärdenkarten entsprechend den situationsbezogenen Praxisanregungen angeordnet. Da diese Zuord-

nung nur beispielhaft zu verstehen ist und die meisten Vokabeln auch in anderen Situationen benötigt werden, gibt es ein alphabetisches Wörterverzeichnis (Anhang 2). Dieses befindet sich diesmal am Ende des Buches (ab Seite 185), damit schneller darauf zurückgegriffen werden kann. Die Ziffern hinter den Wörtern bezeichnen die Kopiervorlage.
Unser Kernvokabular haben wir gemäß seinem situationsunspezifischen Naturell gesondert in den Kopiervorlagen 30 zusammengestellt. Hier finden sich Verben und Adjektive, die in vielen der dargestellten Alltagsituationen oder in den Projekten gebraucht werden sowie unspezifische Funktionswörter wie Fragewörter, Pronomen, Präpositionen, Adverbien.

Auf vielfachen Wunsch haben wir dieses Mal die Gebärdenkarten mit allen Begriffen, für die eine Gebärde steht, versehen, z. B. „Besen/kehren oder „Krankheit/krank", wenn Nomen und Verb oder Nomen und Adjektiv gleich gebärdet werden. Für die Hand eines Kindes mit Lesekompetenz kann es sinnvoll sein, eine Gebärdenkarte mit nur einem Begriff zu kennzeichnen, d. h. die Beschriftung einfach auszutauschen.

Zur Auswahl des Vokabulars liegt uns eine Anmerkung am Herzen: Um die Nutzung dieses Buches unabhängig von Buch 1 zu ermöglichen, haben wir einige Vokabeln daraus übernommen, die unabdingbar für die alltäglichen Situationen wichtig sind, besonders auch um Sätze zu bilden. Ganze Themenbereiche können jedoch nicht wiederholt abgebildet werden, so dass wir bei den Nahrungsmittel-Gebärden, die in den Situationen „Zuhause" und „Einkaufen" sinnvollerweise benötigt werden, dennoch auf Buch 1 verweisen müssen. Sofern es sich bei den Vokabeln, die bereits in Buch 1 abgebildet sind, um im multimedialen Wörterbuch aktualisierte Gebärden handelt, finden Sie die aktuelle Version vor, z. B. für Zahnbürste (vorher wie Zähneputzen), Afrika (vorher wie schwarz) oder Fernbedienung (vorher wie Fernsehen). In unserer Praxis verfahren wir mit solchen Aktualisierungen folgendermaßen: Ist die alte Version bereits bei den Schülern eingeschliffen, behalten wir diese bei, führen wir Gebärden neu ein, dann natürlich in der aktuellen Version.

Wir haben eine Reihe von Begriffen durch Zusammensetzen von zwei Gebärden gebildet, z. B. Kinderzimmer, Krankenhaus, Einkaufsliste, Sonnenbrille. Analog dazu können weitere benötigte Vokabeln leicht durch Zusammenkopieren von zwei Gebärdenkarten gewonnen werden, wir denken hier beispielsweise an: Halsschmerzen, Bauchschmerzen, Adventsteller, Geburtstagsfest, Straßenverkehr. Allerdings ist zu beachten, dass nicht alle zusammengesetzten Begriffe aus zwei Gebärden bestehen, sondern auch nur aus einer, wenn diese Gebärde den Begriff eindeutig darstellen kann,

z. B. Wäscheklammer, Zahnbürste, Zahnpasta, Fernbedienung. Deshalb haben wir einige Vokabeln, die sich aus zwei Gebärden bilden lassen, ins Wörterverzeichnis aufgenommen.

Umgekehrt können aus zusammengesetzten Begriffen einzelne Vokabeln gezogen werden, z. B. aus dem Begriff „Wohnzimmer" die Vokabeln „Wohnung/wohnen" oder aus „Laubbaum" das Wort „Baum". Auch hierzu finden sich Vorschläge im Wörterverzeichnis.

Für manche Wörter der Lautsprache gibt es mehrere Gebärden, um den Begriff genauer zu beschreiben, z. B. „abtrocknen" unterscheidet sich im Bezug auf das Geschirr oder den Körper. Bei bi-direktionalen Richtungsverben wie „fragen" oder „helfen", wird durch die Bewegungsrichtung deutlich gemacht, wer das Subjekt ist. Zur Verdeutlichung ist die Gebärde „helfen" für beide Richtungen abgebildet.

Zur Unterstützung der Satzbildung haben wir in Kopiervorlage 31.1 eine Legetafel für einen Drei-Wort-Satz abgebildet. Um die Satzstruktur eines Zwei-Wort-Satzes zu verdeutlichen, muss nur ein Kästchen abgeschnitten und zur Bildung von Mehr-Wort-Sätzen die entsprechende Anzahl hinzugefügt werden.

2.4.2 Umsetzung der Gebärdenkarten in Bewegung

Bei der Umsetzung der Gebärdenkarten in Bewegung ist es wichtig auf folgende Details zu achten, denn manche Gebärden sind sehr ähnlich und es entscheiden Kleinigkeiten über die Bedeutung:
- Handstellung: Zeigt der Handrücken zu der Person hin oder von ihr weg? (vergleiche die Gebärden „Abend" und „dunkel")
- Ausführungsort: Wird die Gebärde dicht und in der Mitte des Körpers oder etwas entfernt vom Rumpf ausgeführt?
- Handform: Wie stehen die Finger? (vergleiche die Gebärden „Straße" und „verfolgen"). Liegt der Daumen an oder wird er abgespreizt? (vergleiche die Gebärden „Musik" und „feiern")
- Ausführungshäufigkeit: Wird die Bewegung nur einmal ausgeführt oder einmal bzw. sogar zweimal wiederholt? (vergleiche die Gebärden „Bank" und „Geschäft")
- Bewegung: Wie endet sie? (vergleiche die Gebärden „Pferd" und „können")

Besonders entscheidend ist naturgemäß die Bewegung der Hand. Alle Bewegungskomponenten und die Handform sind durch Pfeile gekennzeichnet:

Die folgende Tabelle (übernommen aus Band 1) erklärt die Bedeutung der unterschiedlichen Pfeile:

⇒	Die Pfeilspitze zeigt die Richtung der Bewegung an.
⇒	Ein stumpfes Pfeilende zeigt die Anfangsstelle der Bewegung an.
⇢	Ein gestrichelter Pfeil bedeutet, dass die Bewegung sehr langsam ausgeführt wird.
⇒	Die doppelte Pfeilspitze zeigt an, dass die Bewegung sehr schnell ausgeführt wird.
⇒|	Der Strich vor der Pfeilspitze zeigt an, dass die Bewegung plötzlich und abrupt endet.
⇒✻	Der Stern vor dem Pfeil gibt die Kontaktstelle an.
⇒	Die zweite Linie am Pfeil zeigt an, dass die Bewegung einmal wiederholt wird.
⇒	Die Bewegung wird zweimal wiederholt.
◎	Die Bewegung wird im Kreis ausgeführt.

⇒	Die Bewegung wird in beide Richtungen wiederholt.
→○	Der kleine Kreis in der Pfeilspitze bedeutet, dass die Hand zur Faust geballt wird.
⇔	Die geschlossenen Finger öffnen sich in Pfeilrichtung auseinander.
⇓	Die Hand ist erst offen, dann bewegen sich die Finger in Pfeilrichtung zusammen.
෴	Die Finger bewegen sich (Fingerspiel).
▽! ⚠	Die Fingerspitzen reiben am Daumen.
▼	Der mit dem kleinen schwarzen Dreieck gekennzeichnete Körperteil ist in Ruhestellung.
↝	Die Bewegung wird vom Körper weg, bzw. nach vorne ausgeführt.
↜	Die Bewegung wird zum Körper hin, bzw. nach hinten ausgeführt.

Literatur

Appelbaum, B.: „Und wie mache ich das mit Gebärden …?!". In: Unterstützte Kommunikation 2/2016, 20 – 25

Appelbaum, B.; Schäfer, K.; Braun, U.: Gebärden in der Unterstützten Kommunikation (UK) – eine Bestandsaufnahme und mögliche Perspektiven für die Forschung. In: uk & forschung _7, 2017, 4 – 17

Beck, M.: Eine Zitrone für Fabian. Roman. Hemmingen 2018

Bernhard-Opitz, V; Häußler, A.: Praktische Hilfen für Kinder mit Autismus-Spektrum-Störungen (ASS). Fördermaterialien für visuell Lernende. Stuttgart 2010

Bildungsserver Rheinland-Pfalz: https://inklusion.bildung-rp.de/informationen-fuer-schulen/behinderung/autismus/autismus.html

Braun, U.; Kristen, U.: PECS und TEACCH zwei alltagstaugliche Konzepte zum Einsatz von grafischen Symbolen. In: Unterstützte Kommunikation 2/2004, 12 – 16

Degner, M.; Burger, C.: Strukturierung, Visualisierung und Individualisierung – Unterrichtsstrategien (nicht nur) für autistisch behinderte Menschen. In: Methoden der Unterstützten Kommunikation. Karlsruhe 2003, 135 – 154

Häußler, A: Der TEACCH Ansatz zur Förderung von Menschen mit Autismus. Einführung in Theorie und Praxis. Dortmund [5]2016

Häußler, A.; u.a.: Praxis TEACCH: Herausforderung Regelschule. Plan B. Unterstützungsmöglichkeiten für Schüler mit Autismus-Spektrum-Störungen im lernzielgleichen Unterricht. Dortmund [3]2017

Häußler, A.; u.a.: Praxis TEACCH: Wenn Verhalten zur Herausforderung wird. Dortmund 2014

Kestner: Das große Wörterbuch der Deutschen Gebärdensprache Version 3, DVD-Rom. Verlag Karin Kestner OHG, 2017

Köhnen, M.; Hoefs, H.: Ferdinand sucht seinen Ton. Mein musikalisches Bilderbuch. Mit Hörspiel-CD. Ullmann 2017

Köhnen, M.; Roth, H.: So können wir uns besser verständigen. Gebärden als Hilfe zum Spracherwerb und zur Förderung der Kommunikationsfähigkeit bei nichtsprechenden Kindern. Dortmund ⁴2018

Maisch, G.; Wisch, F. H.: Gebärden-Lexika Band 1–4, verlag hörgeschädigte kinder GmbH Hamburg. (Bd. 1: Grundgebärden, Bd. 2: Mensch, Bd. 3: Natur, Bd. 4: Aufbaugebärden)

Michel, A.: Keine Angst vor Mehrwortsätzen. In: Unterstützte Kommunikation 2/2016, 32–34

Petersen, B.: „Was machst du denn da?" oder: Wer fragt, bestimmt die Situation. In: Methoden der Unterstützten Kommunikation. Karlsruhe 2003, 86–98

Schmidt-Pfister, D.: Keine Angst vor mehr Gebärden. In: Unterstützte Kommunikation 2/2016, 14–19

Schreiber, G.; Heilmann, P.: Karibuni Watoto. Spielend Afrika entdecken. Münster 1999

Schwarzburg-von Wedel, E: Warum ich Gebärden-Bilderbücher schreibe. In: Unterstützte Kommunikation 2/2016, 26–1

Tetzchner, S. von; Martinsen, H.: Einführung in Unterstützte Kommunikation. Heidelberg 2000

Wilken, E.: Möglichkeiten der Förderung von Kommunikation und Spracherwerb durch kooperatives Handeln und durch die gebärdenunterstützte Kommunikation (Guk) bei Kleinkindern. In: Unterstützte Kommunikation mit nichtsprechenden Menschen. Karlsruhe 2002

Wilken, E.: Sprachförderung bei Kindern mit Down-Syndrom. Mit ausführlicher Darstellung des GuK-Systems. Stuttgart 2014

Wilken, E.: Die Gebärden-unterstützte Kommunikation (GuK) in der Förderung kleiner (noch) nicht sprechender Kinder. In: Unterstützte Kommunikation 2/2016, 6–12

Zöller, D.: Autismus und Körpersprache. Störungen der Signalverarbeitung zwischen Kopf und Körper. Berlin 2001

Anhang 1 Kopiervorlagen

 auch als Download unter:
https://www.verlag-modernes-lernen.de/permalink/v3657

Kopiervorlage 1.1   Gebärdenkarten „Rund um Gebäude"

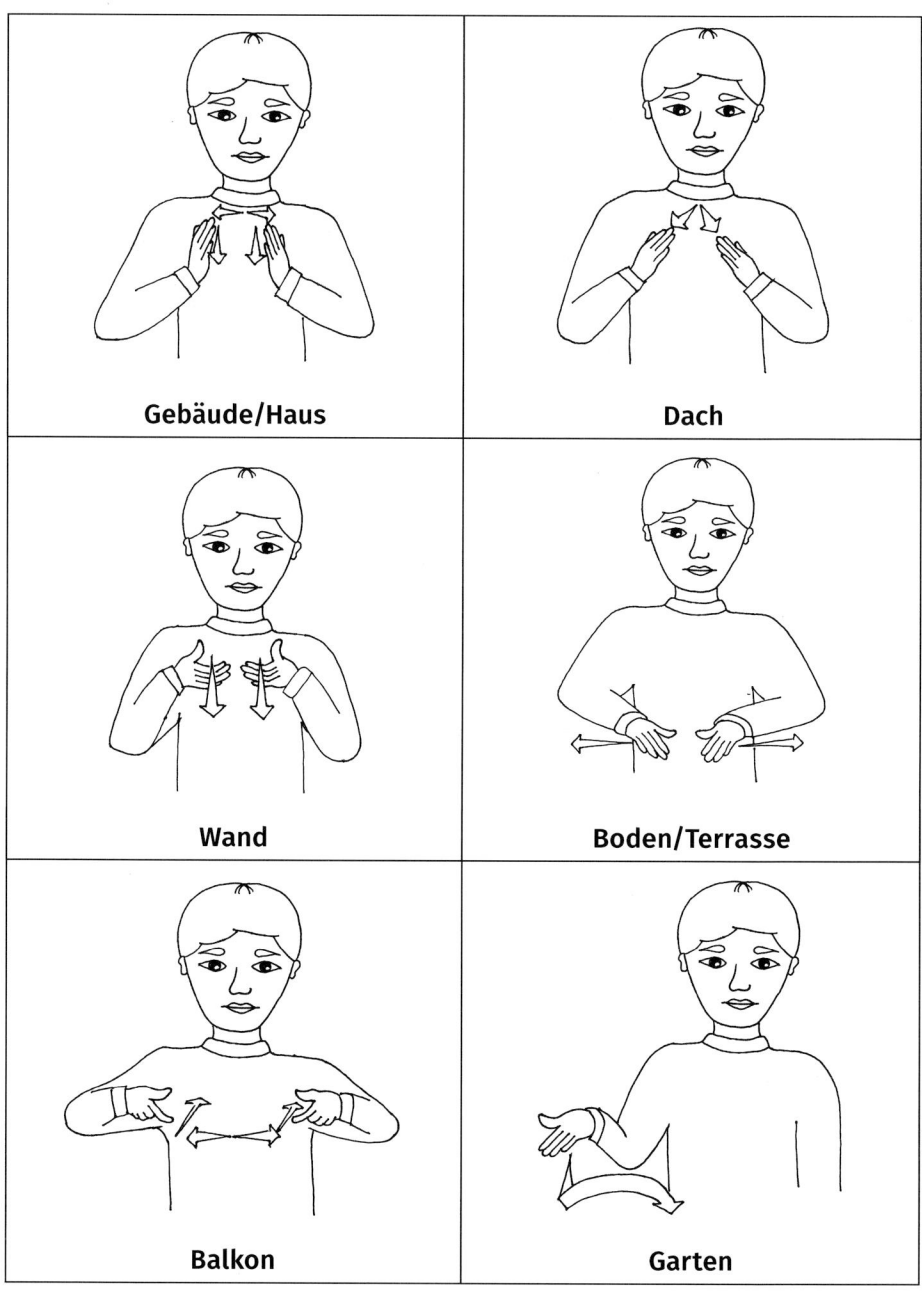

Kopiervorlage 1.2   Gebärdenkarten „Rund um Gebäude"

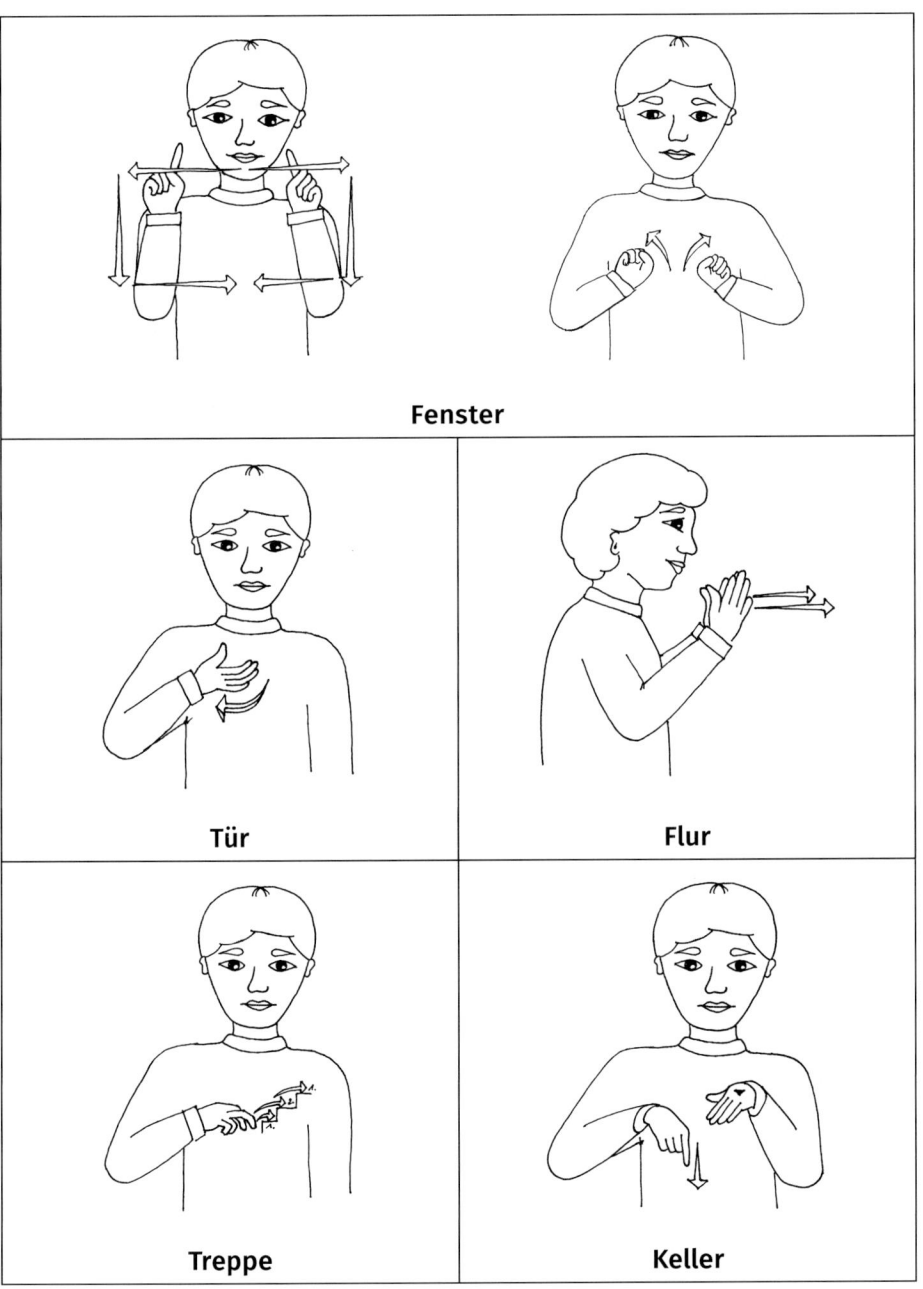

Kopiervorlage 2.1 Gebärdenkarten „Wohnbereiche"

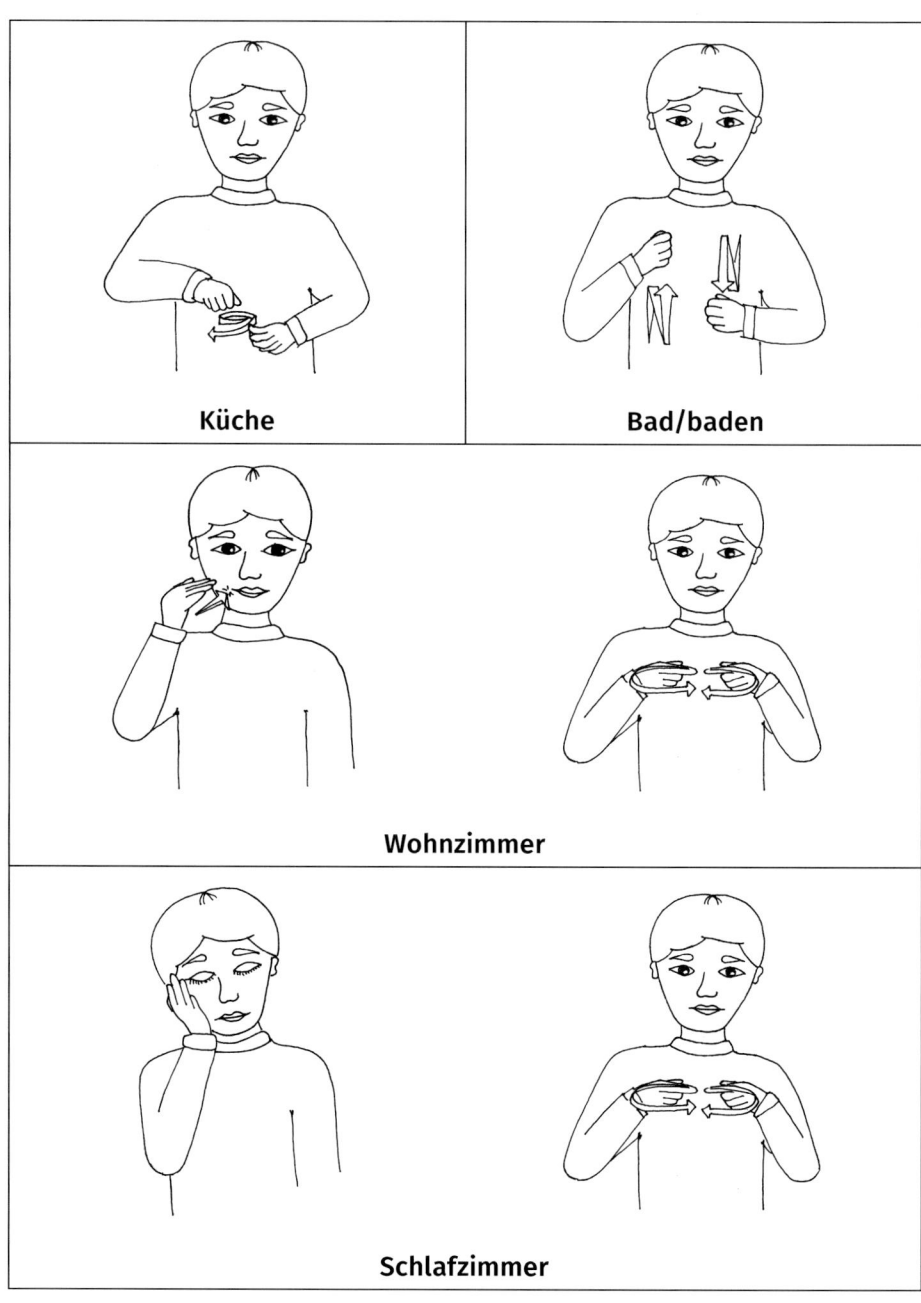

Kopiervorlage 2.2 Gebärdenkarten „Wohnbereiche"

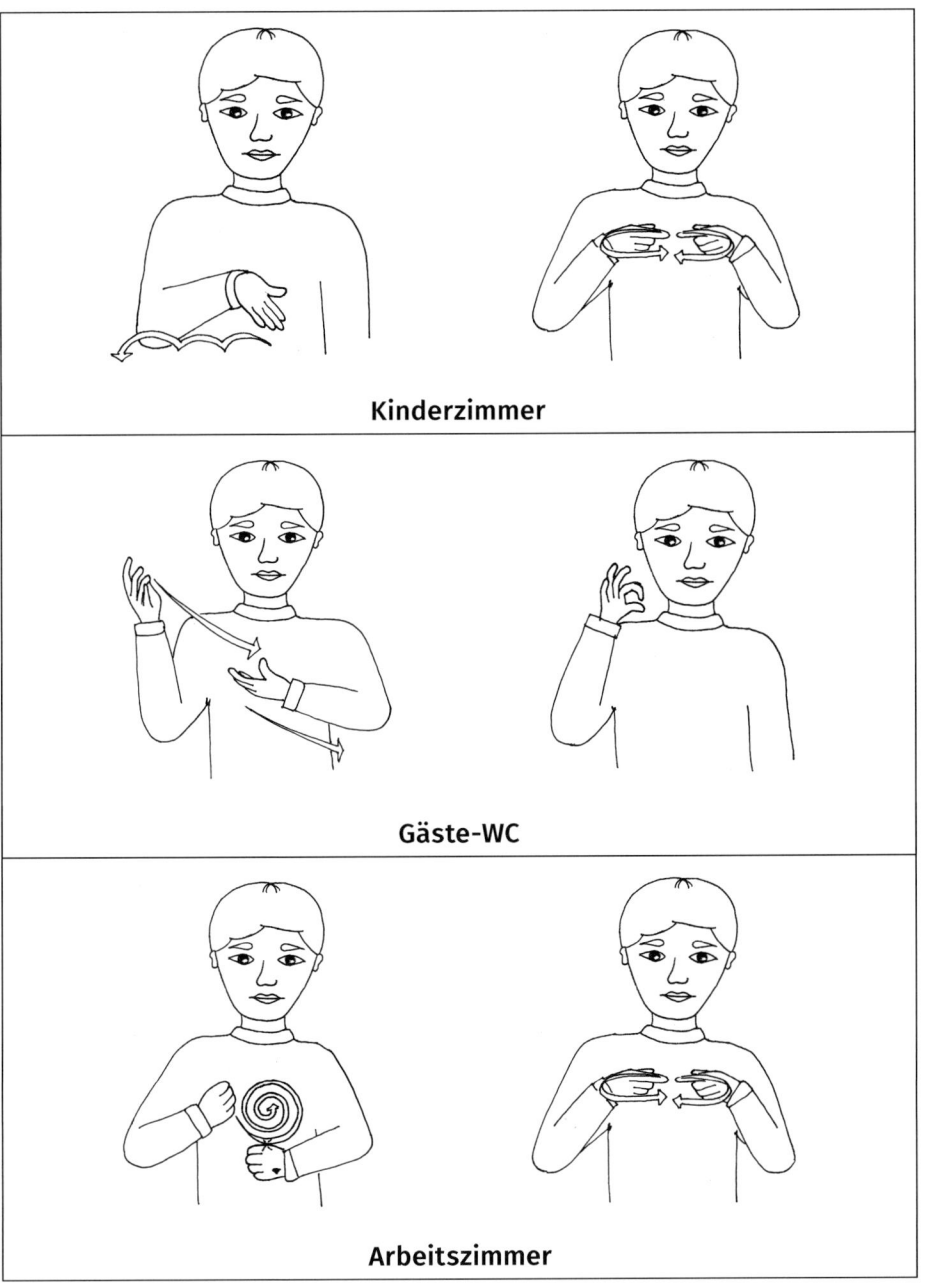

Kopiervorlage 3.1 Gebärdenkarten „Küche"

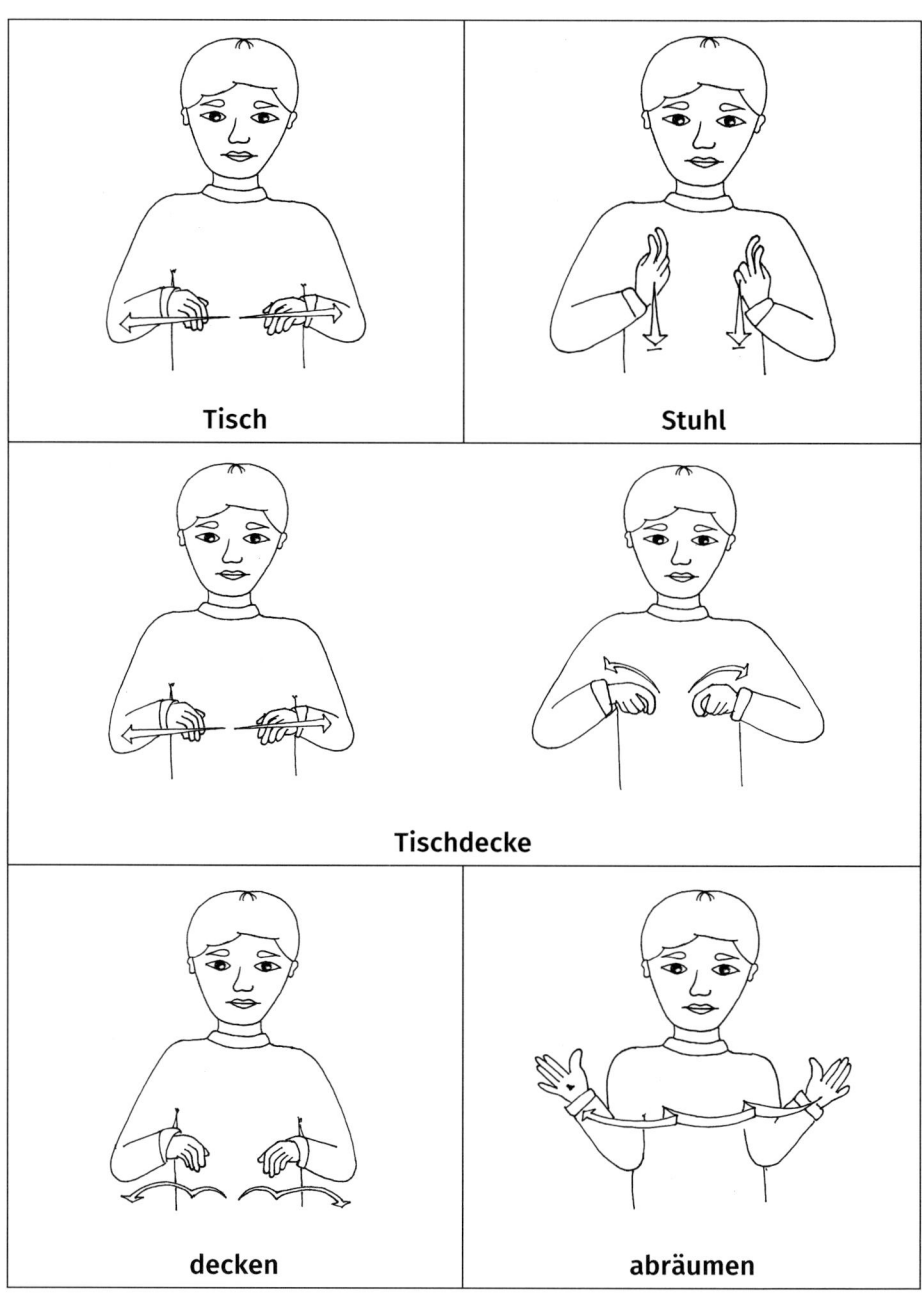

Kopiervorlage 3.2 Gebärdenkarten „Küche"

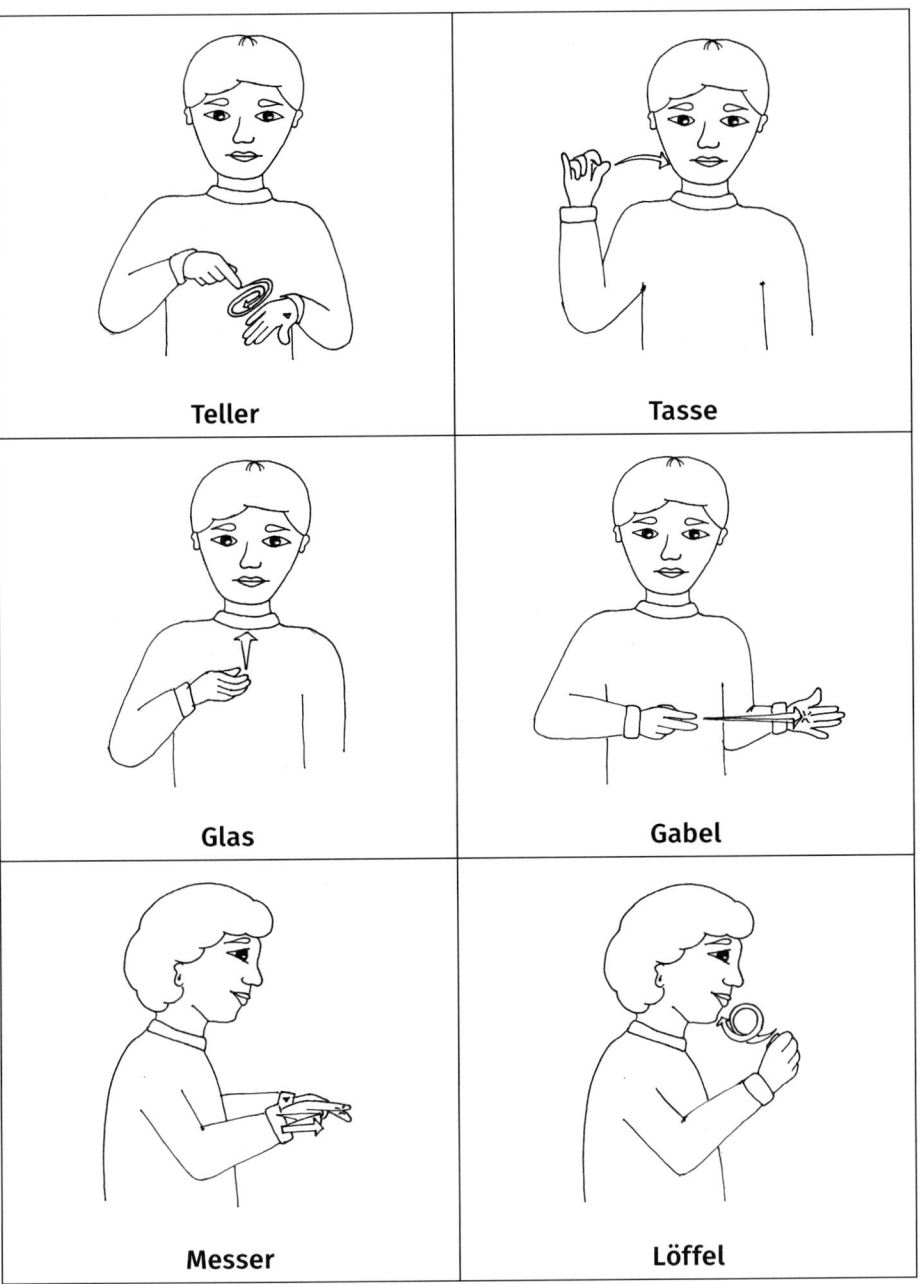

Kopiervorlage 3.3   Gebärdenkarten „Küche"

Topf

Pfanne

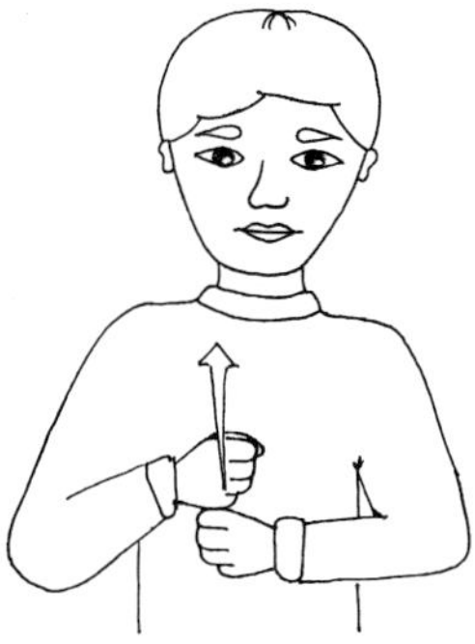

Flasche

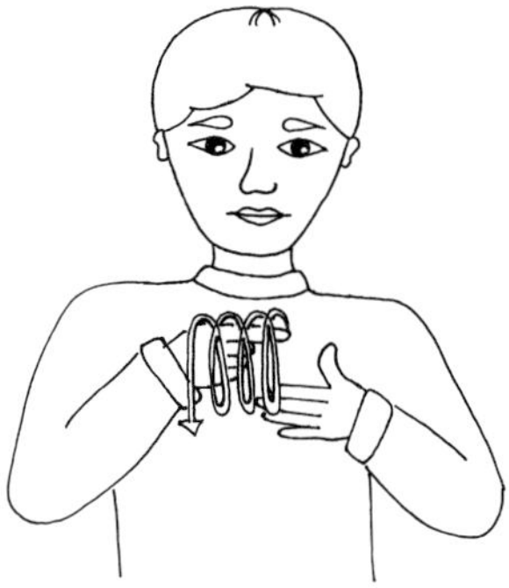

Geschirr

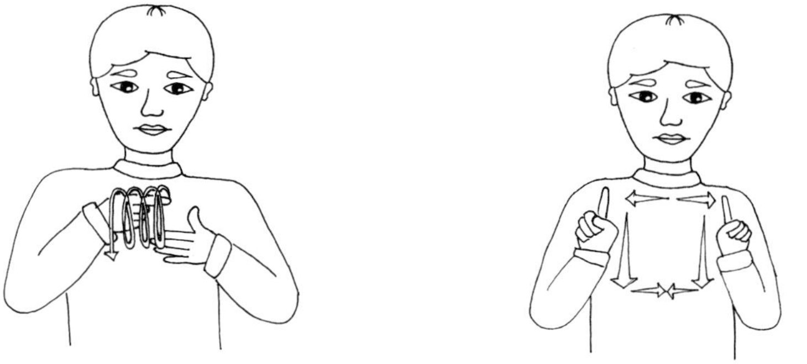

Geschirrtuch

Kopiervorlage 3.4   Gebärdenkarten „Küche"

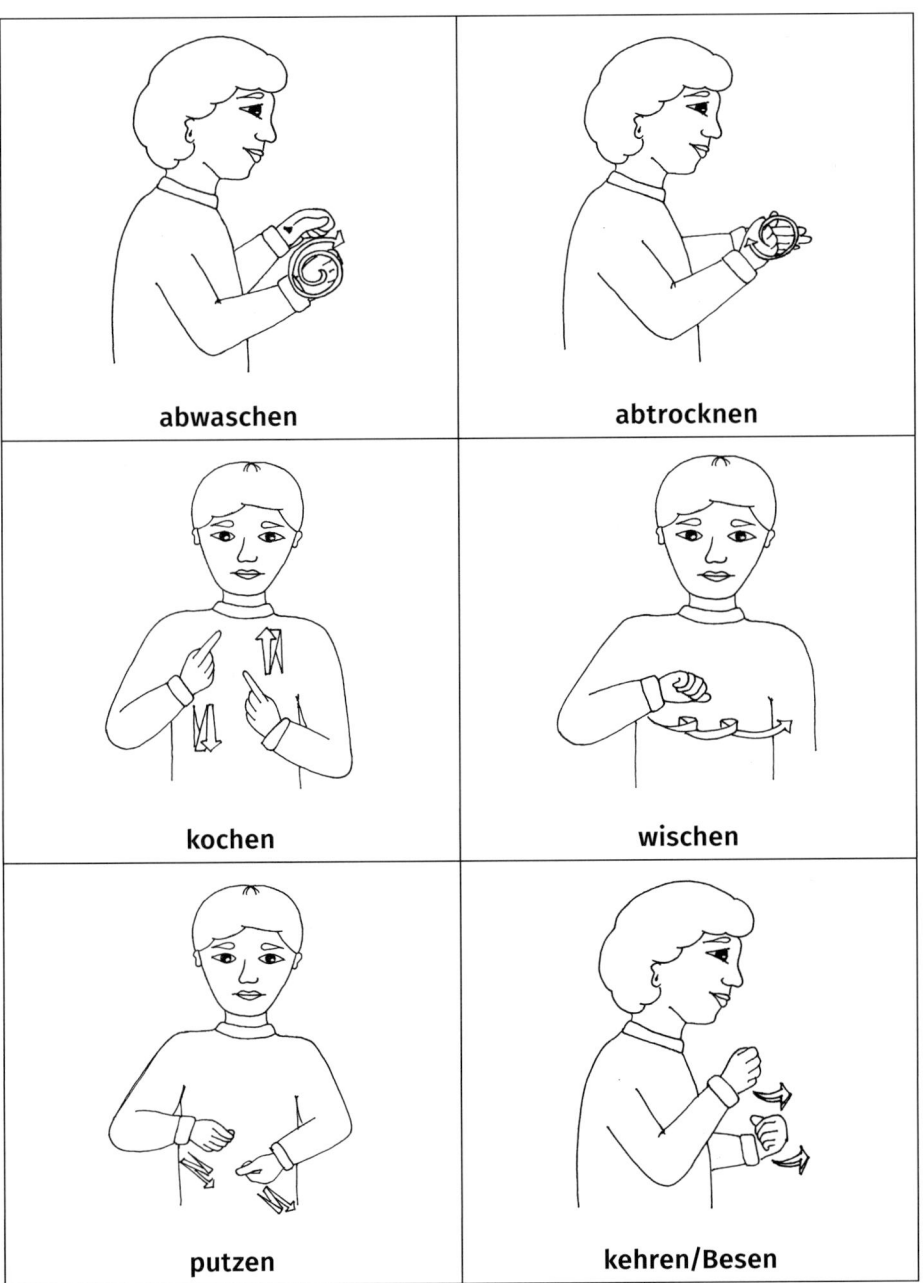

Kopiervorlage 3.5   Gebärdenkarten „Küche"

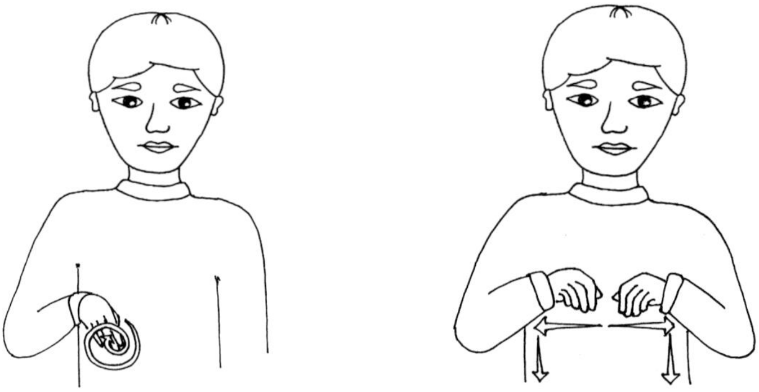

Spülmaschine

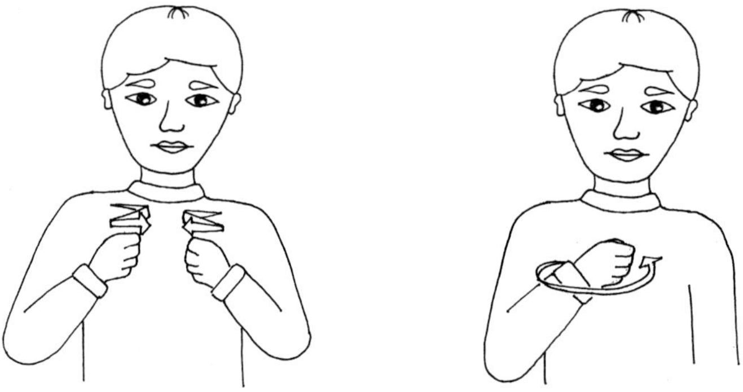

Kühlschrank

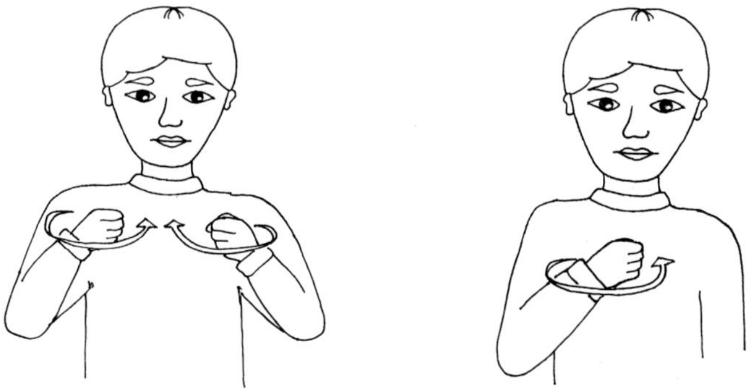

Gefrierschrank

Kopiervorlage 3.6　　Gebärdenkarten „Küche"

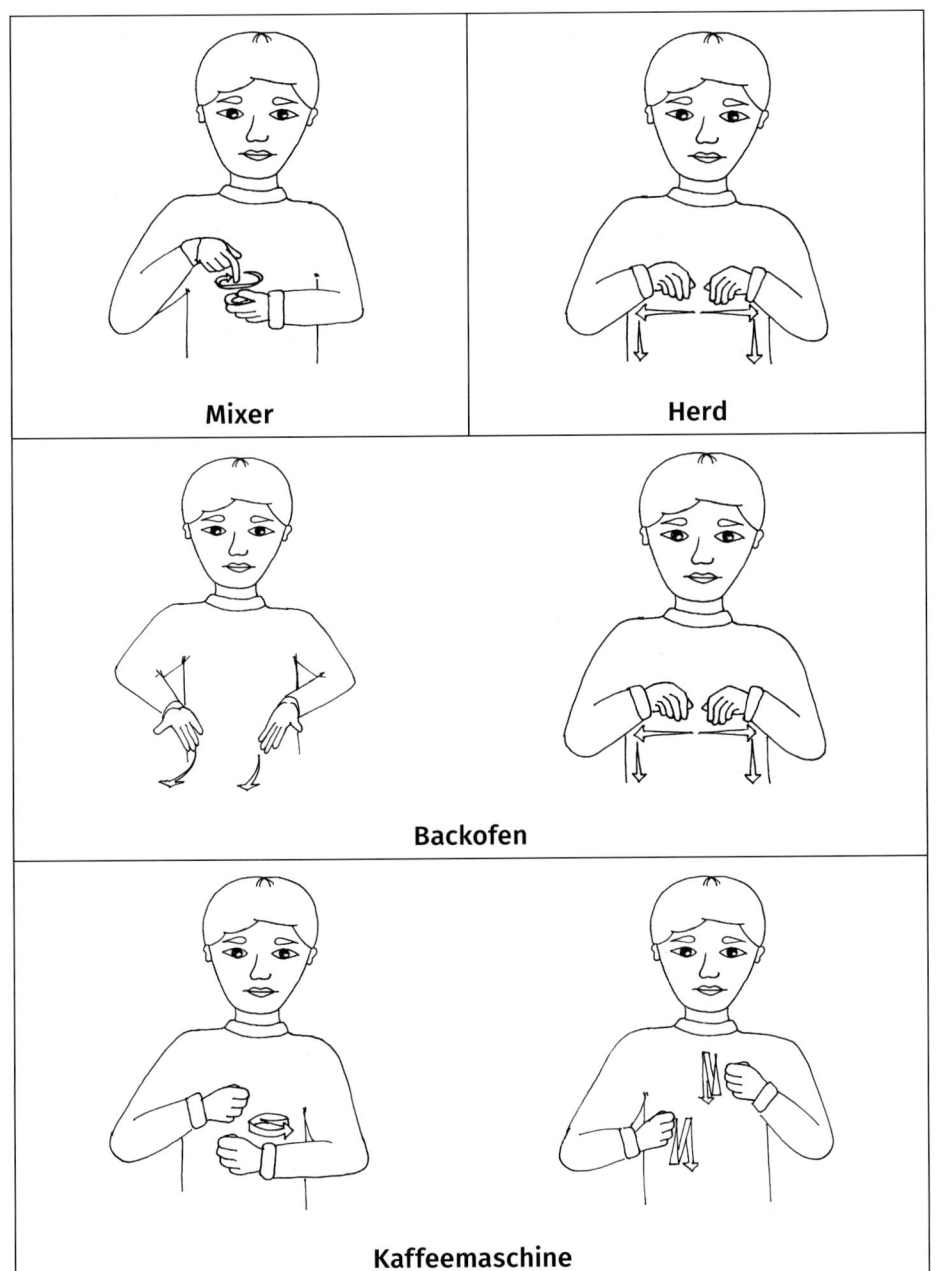

Kopiervorlage 3.7 Gebärdenkarten „Küche"

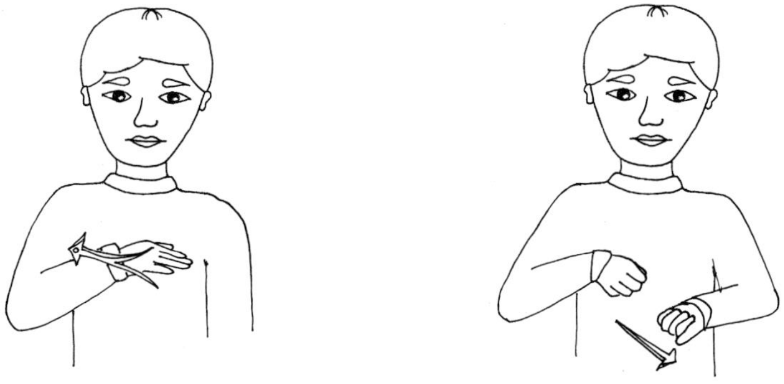

Staubsauger

Mülleimer

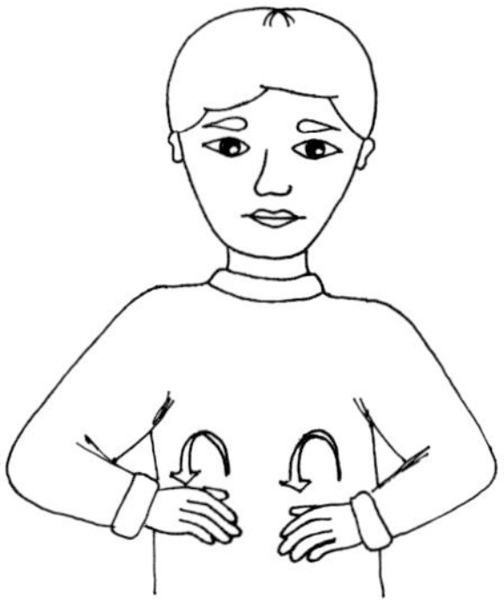

leeren

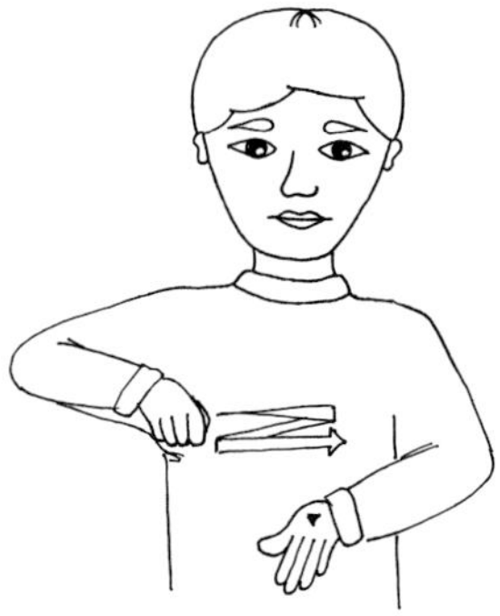

bügeln/Bügeleisen

Kopiervorlage 4.1   Gebärdenkarten „Bad"

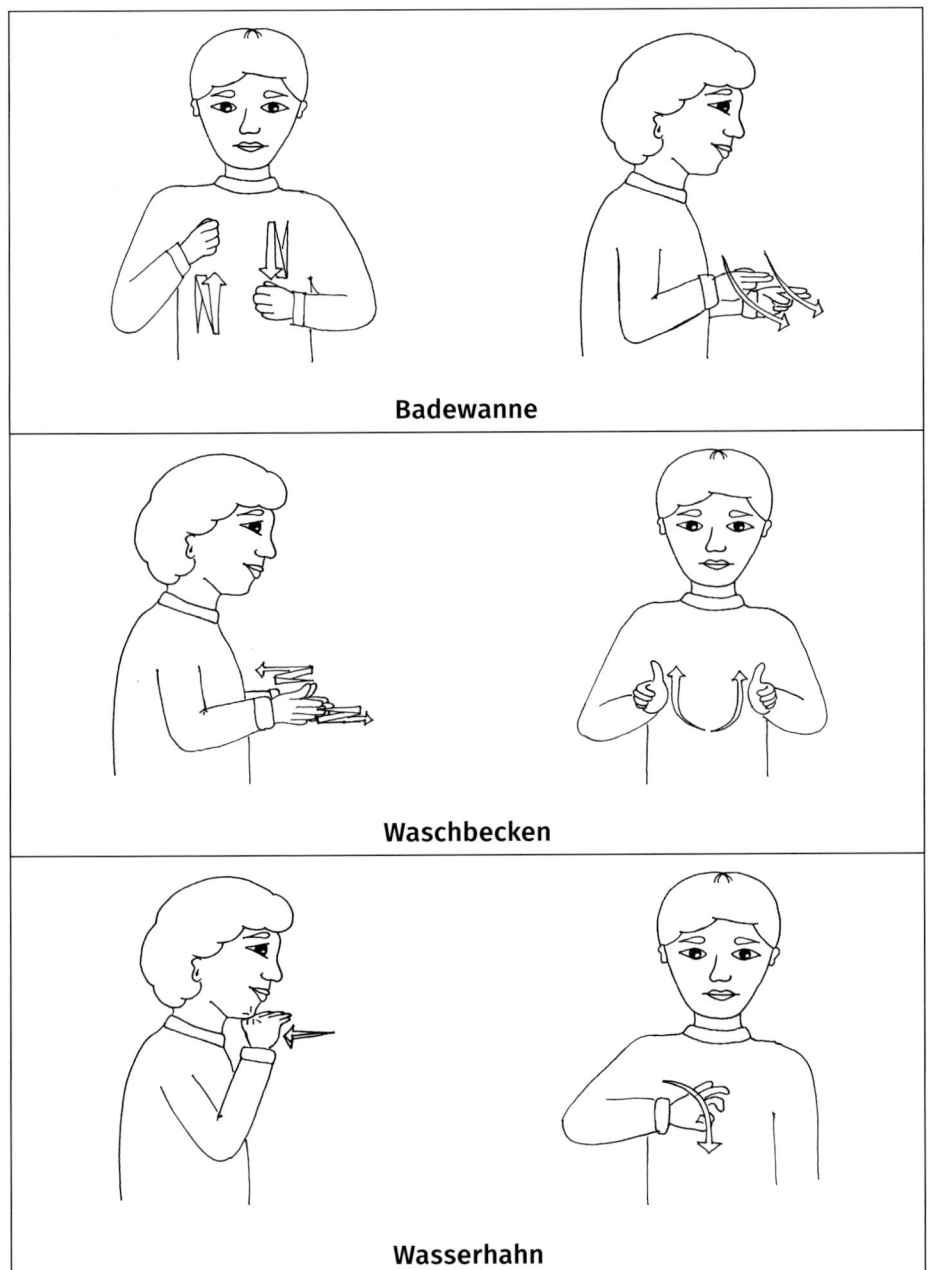

Kopiervorlage 4.2   Gebärdenkarten „Bad"

Dusche/duschen	Toilette
Spülung (Toilette)	Klopapier
Waschmaschine	

Kopiervorlage 4.3   Gebärdenkarten „Bad"

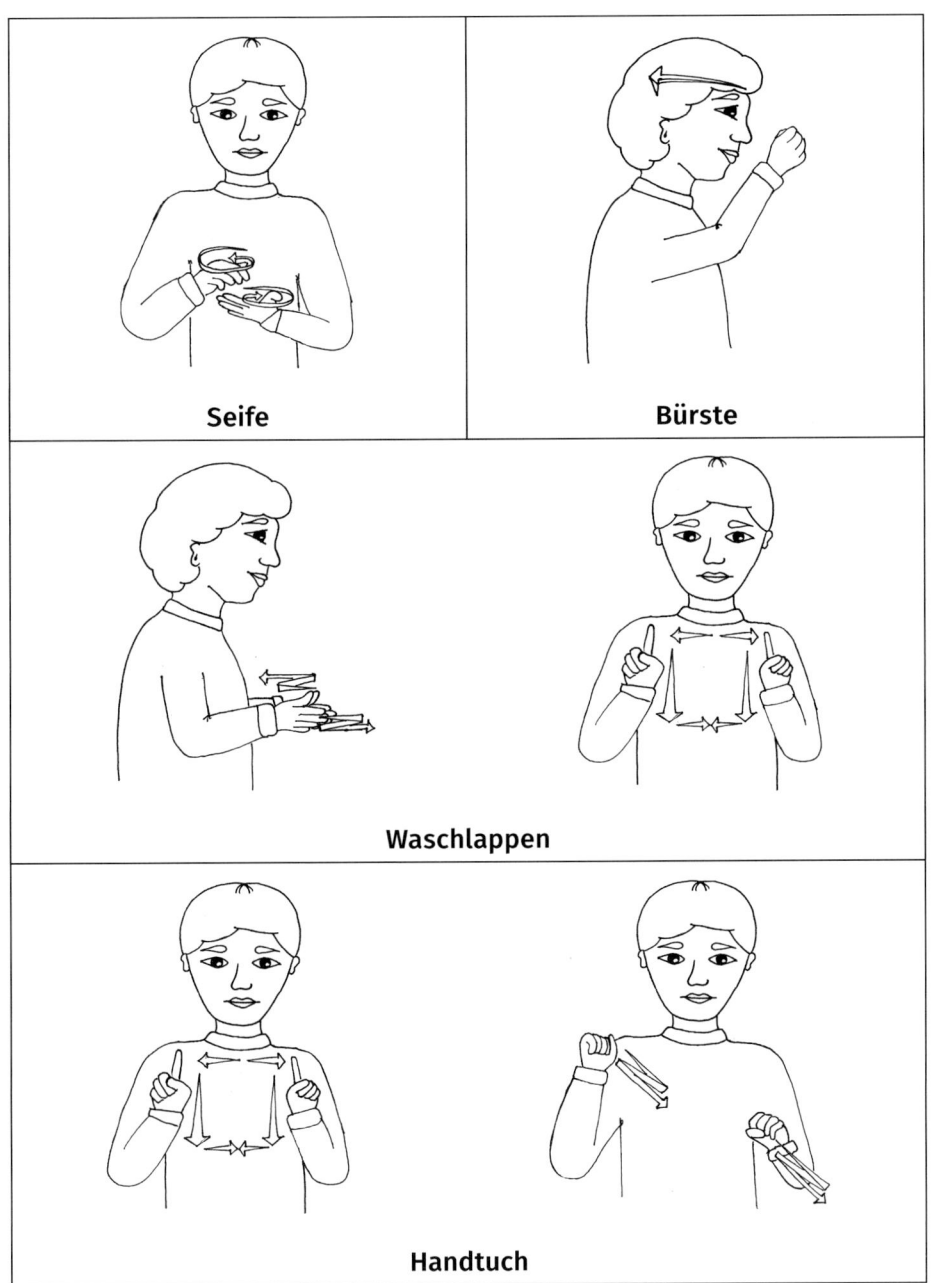

Kopiervorlage 4.4   Gebärdenkarten „Bad"

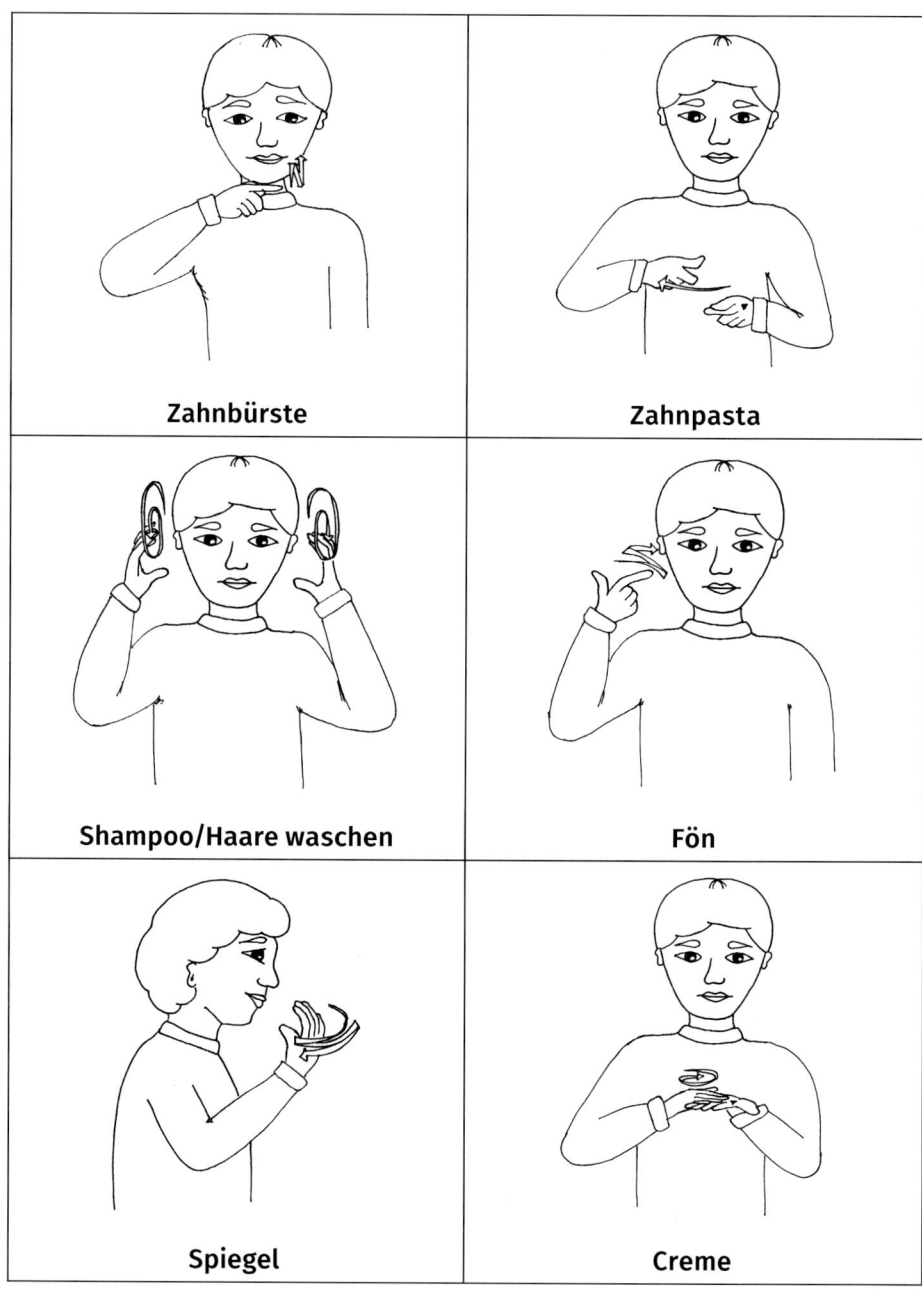

Kopiervorlage 5.1   Gebärdenkarten „Kinderzimmer"

Teddy	Puppe
Bausteine/bauen/Lego	Puzzle
Spielzeug/spielen	vorlesen

Kopiervorlage 5.2   Gebärdenkarten „Kinderzimmer"

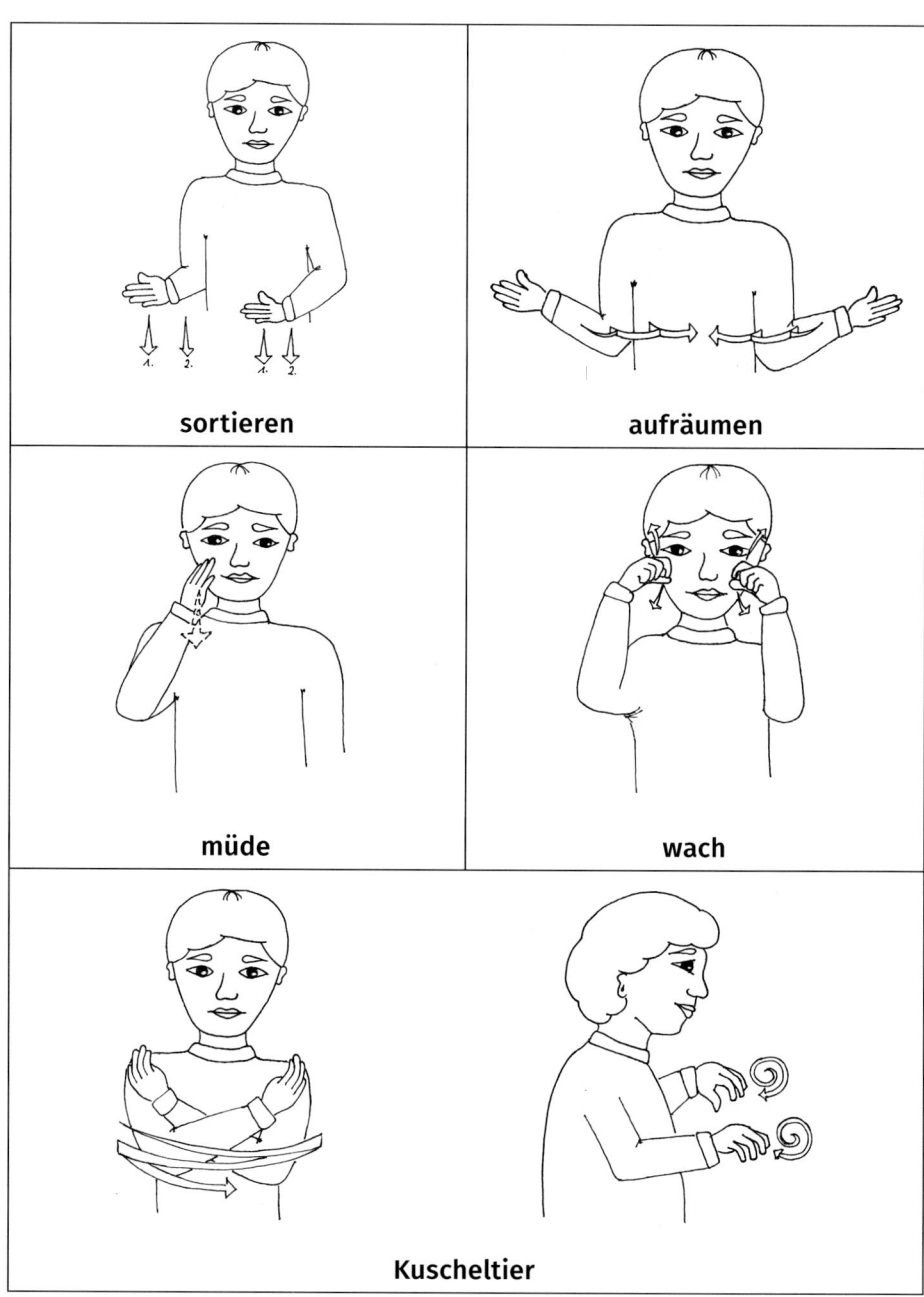

Kopiervorlage 5.3   Gebärdenkarten „Kinderzimmer"

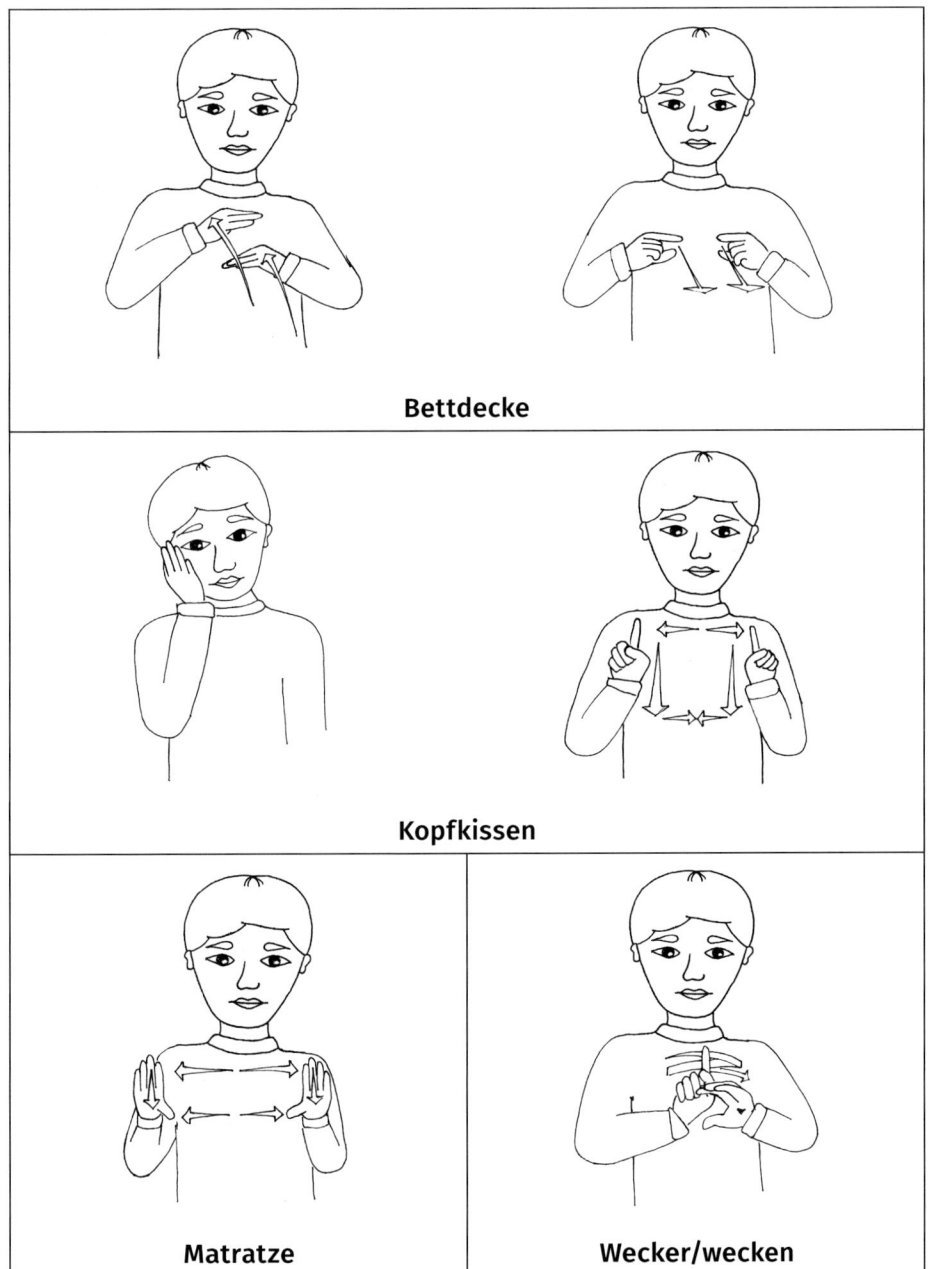

Kopiervorlage 5.4   Gebärdenkarten „Kinderzimmer"

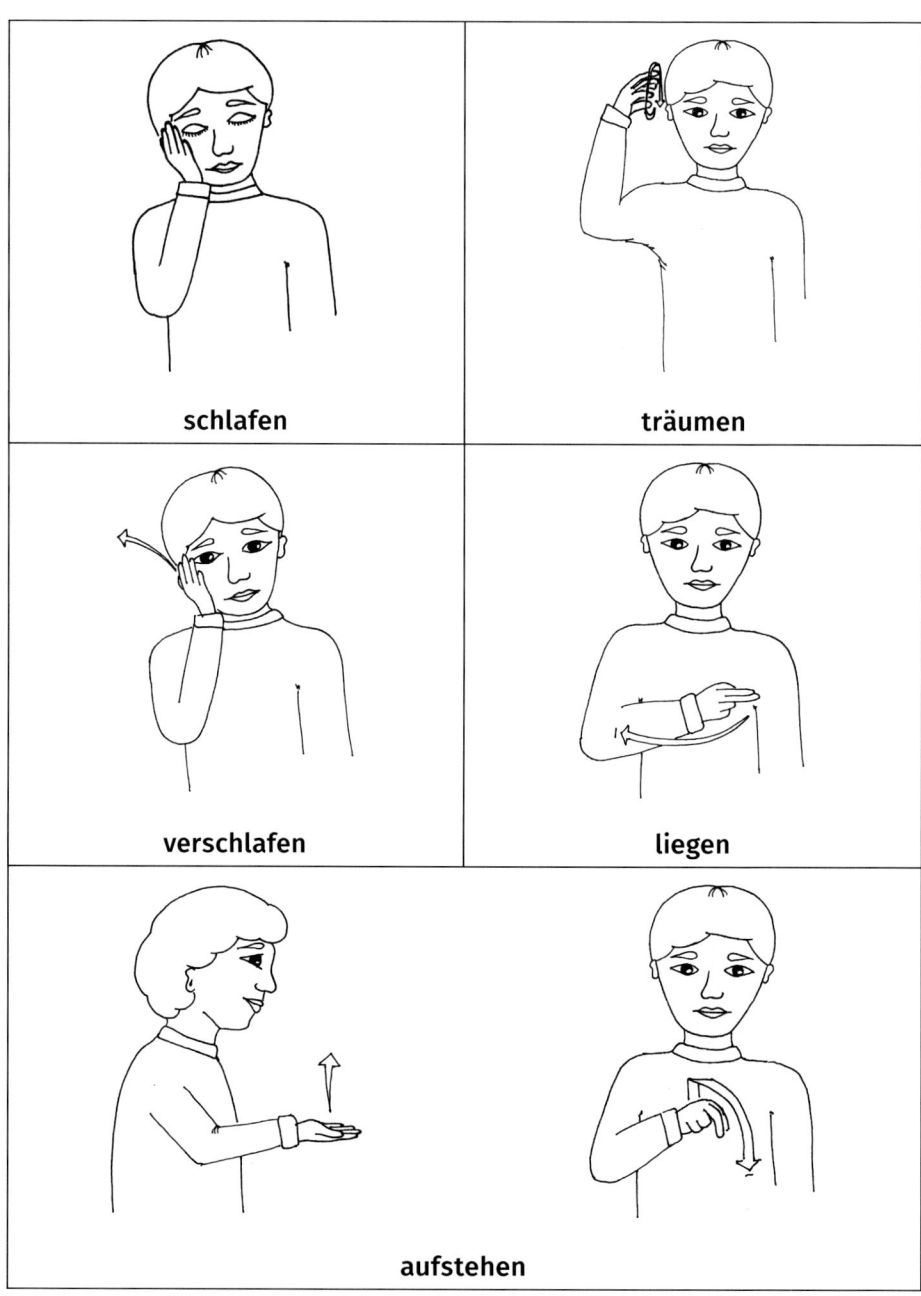

Kopiervorlage 6.1   Gebärdenkarten „Wohnzimmer"

Möbel	Schrank
Sofa	Sessel
Regal	Bild

Kopiervorlage 6.2   Gebärdenkarten „Wohnzimmer"

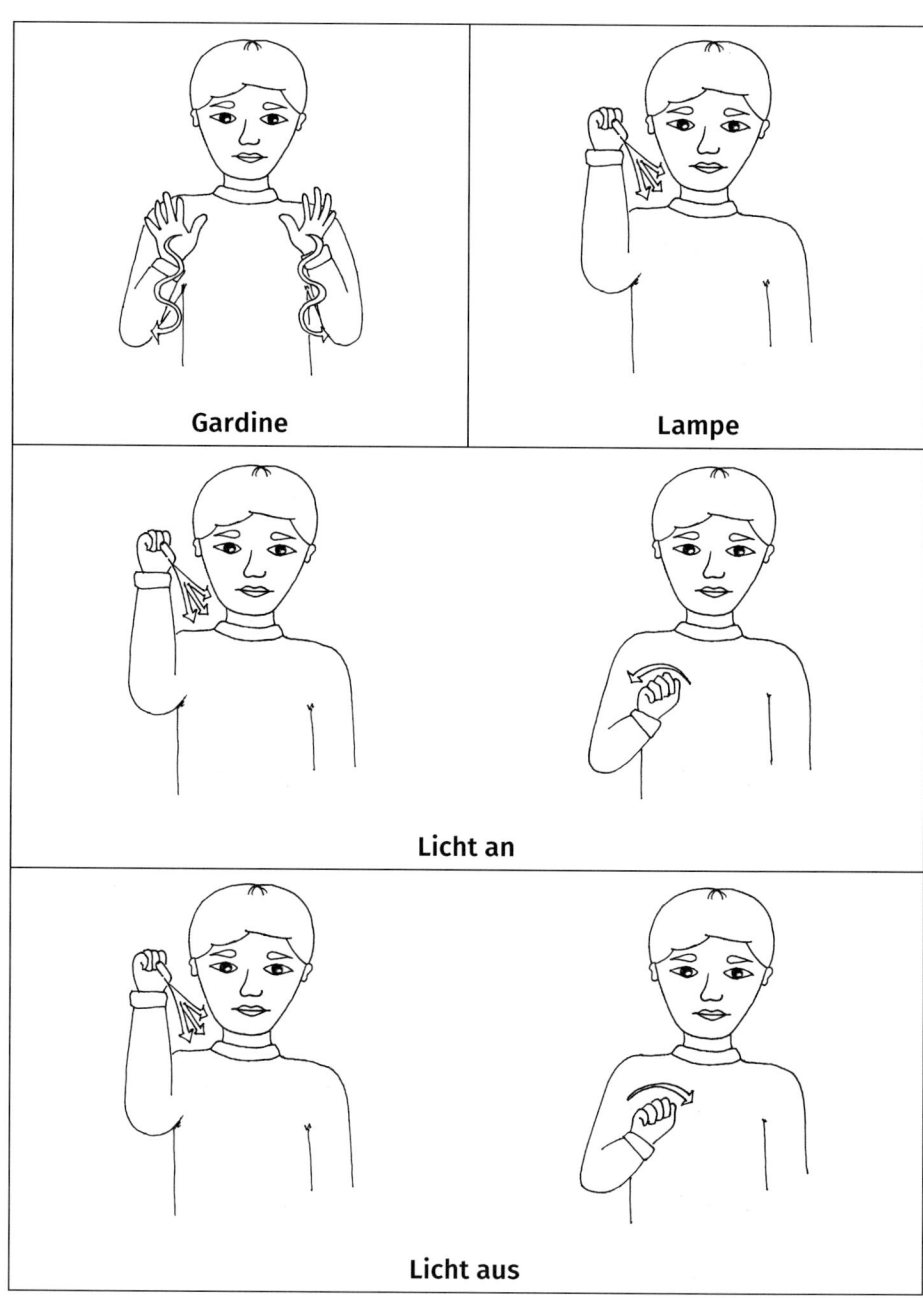

Kopiervorlage 6.3   Gebärdenkarten „Wohnzimmer"

Teppich	Uhr
Fernseher	Fernbedienung
anschalten	ausschalten

Kopiervorlage 7.1 Gebärdenkarten „Elektronische Geräte"

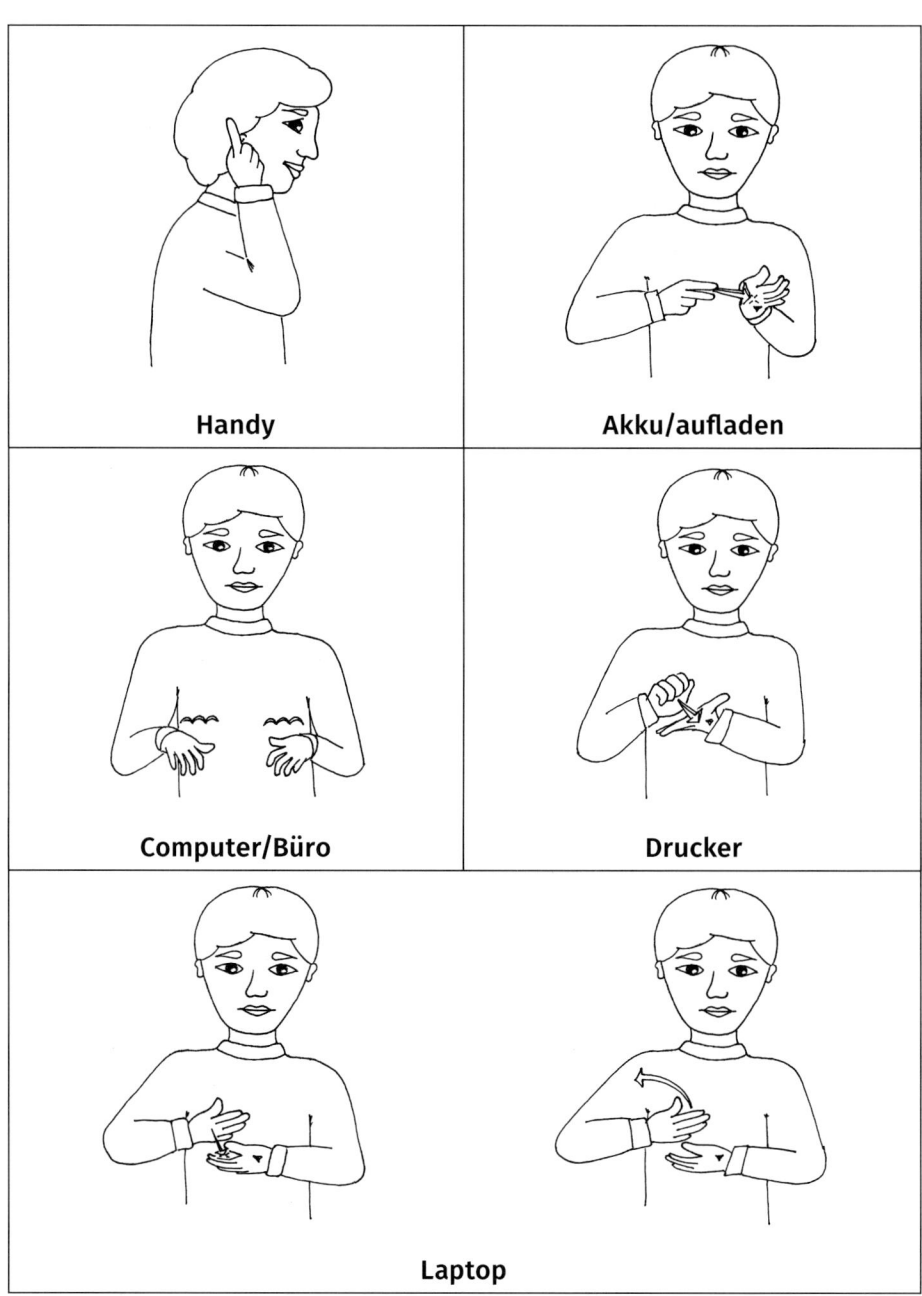

Kopiervorlage 7.2   Gebärdenkarten „Elektronische Geräte"

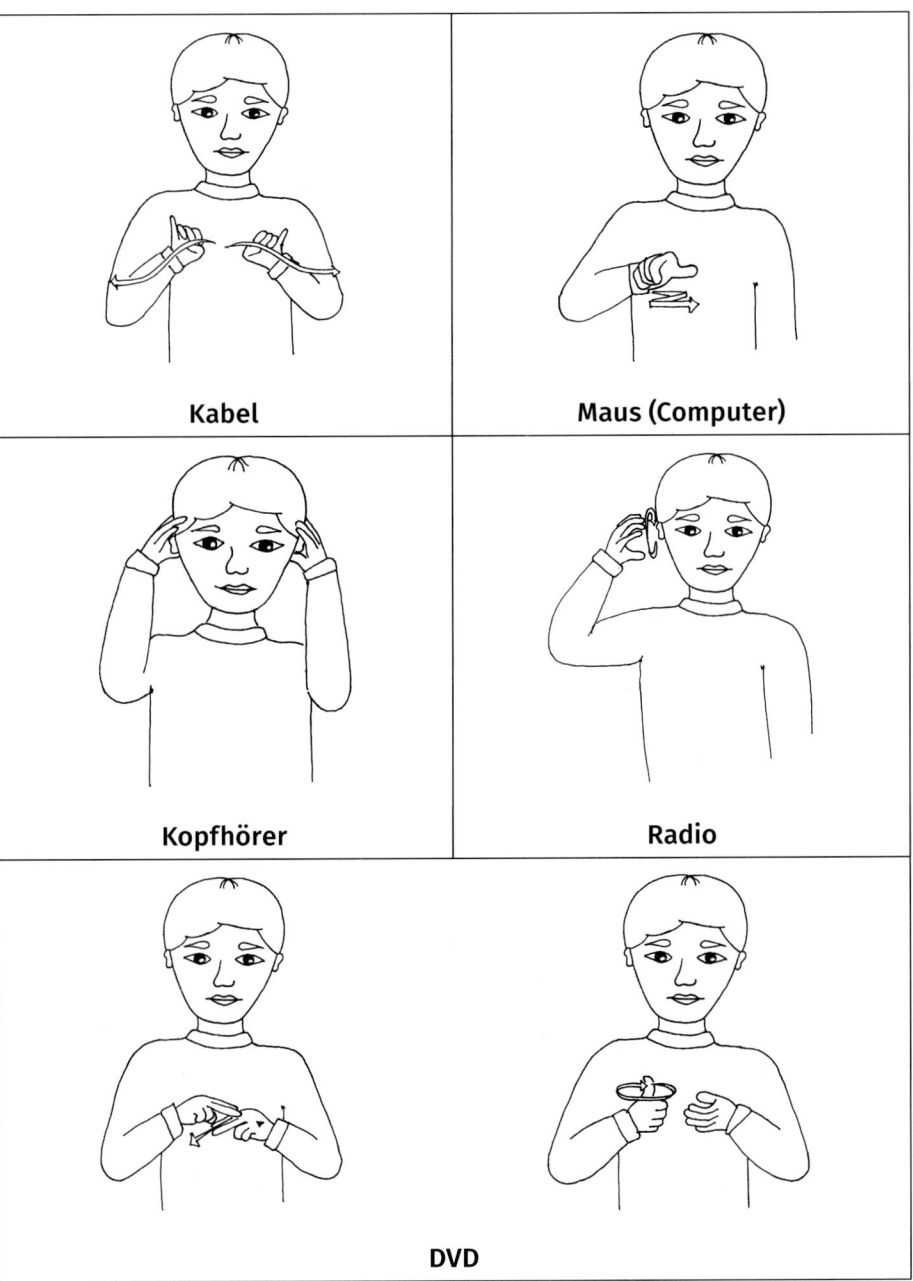

Kopiervorlage 8.1   Gebärdenkarten „Meine Kleidung"

Jacke/Mantel	Mütze
Schal	Handschuh
Pullover	Unterhemd

Kopiervorlage 8.2   Gebärdenkarten „Meine Kleidung"

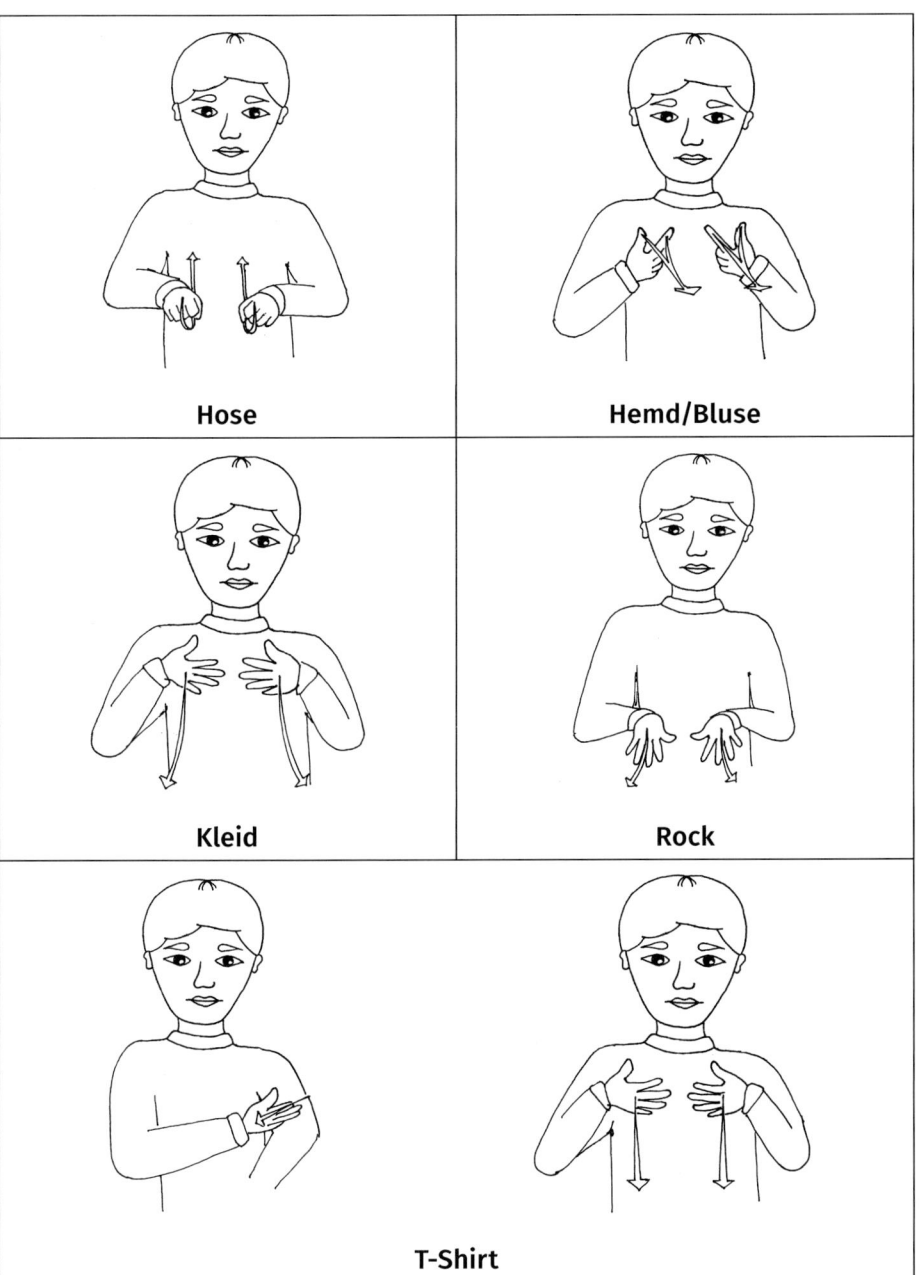

Kopiervorlage 8.3   Gebärdenkarten „Meine Kleidung"

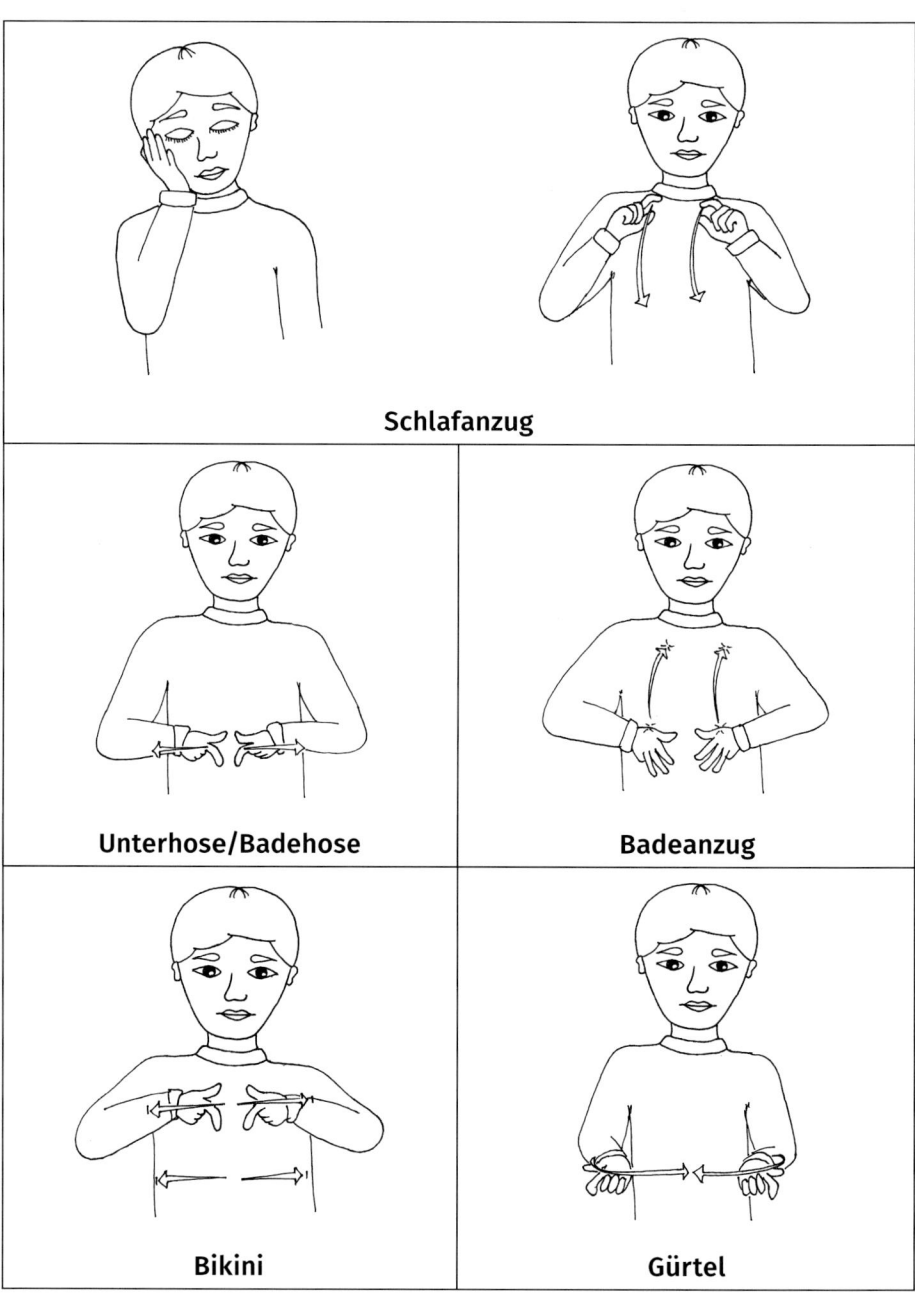

Kopiervorlage 8.4   Gebärdenkarten „Meine Kleidung"

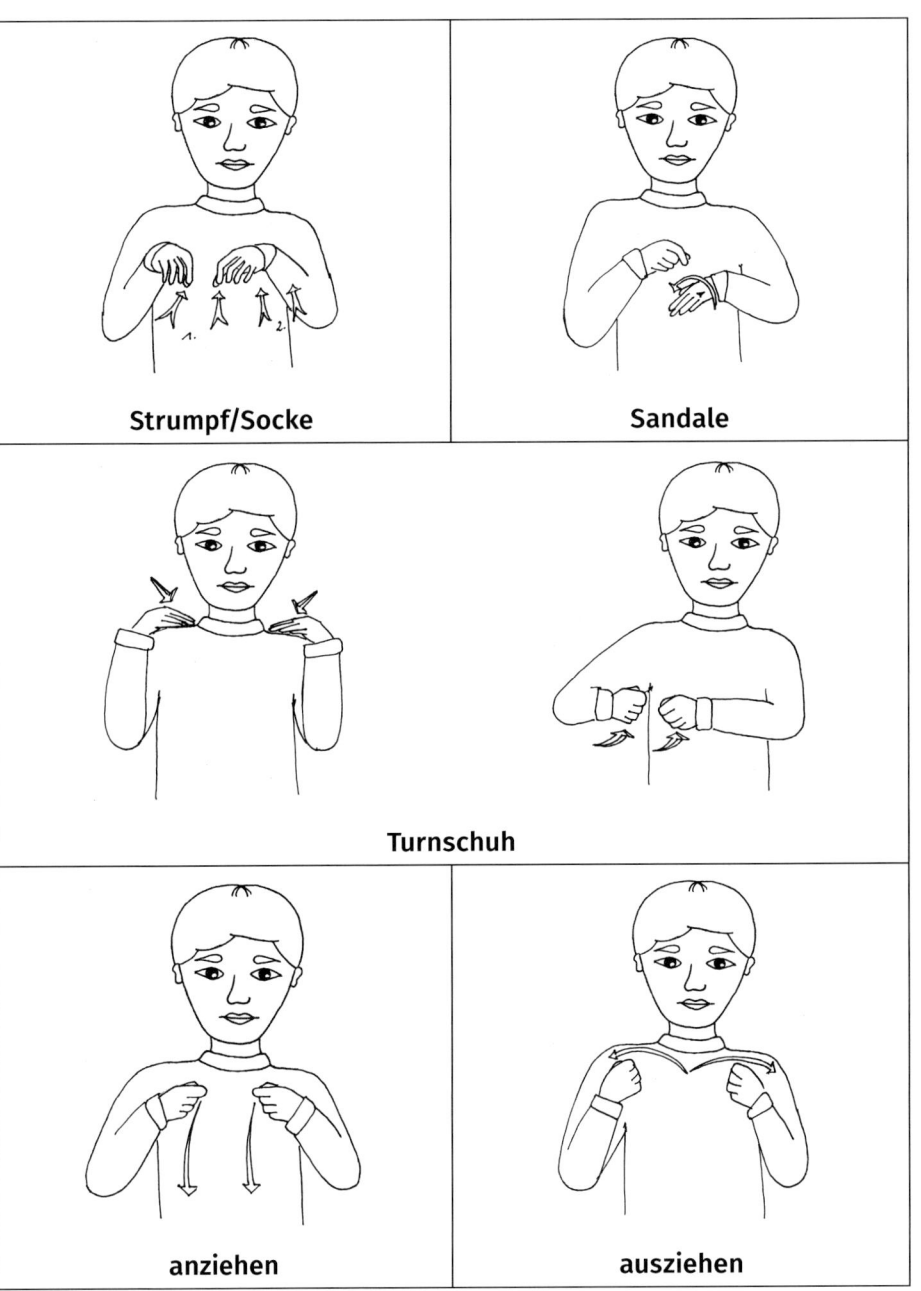

Kopiervorlage 8.5   Gebärdenkarten „Meine Kleidung"

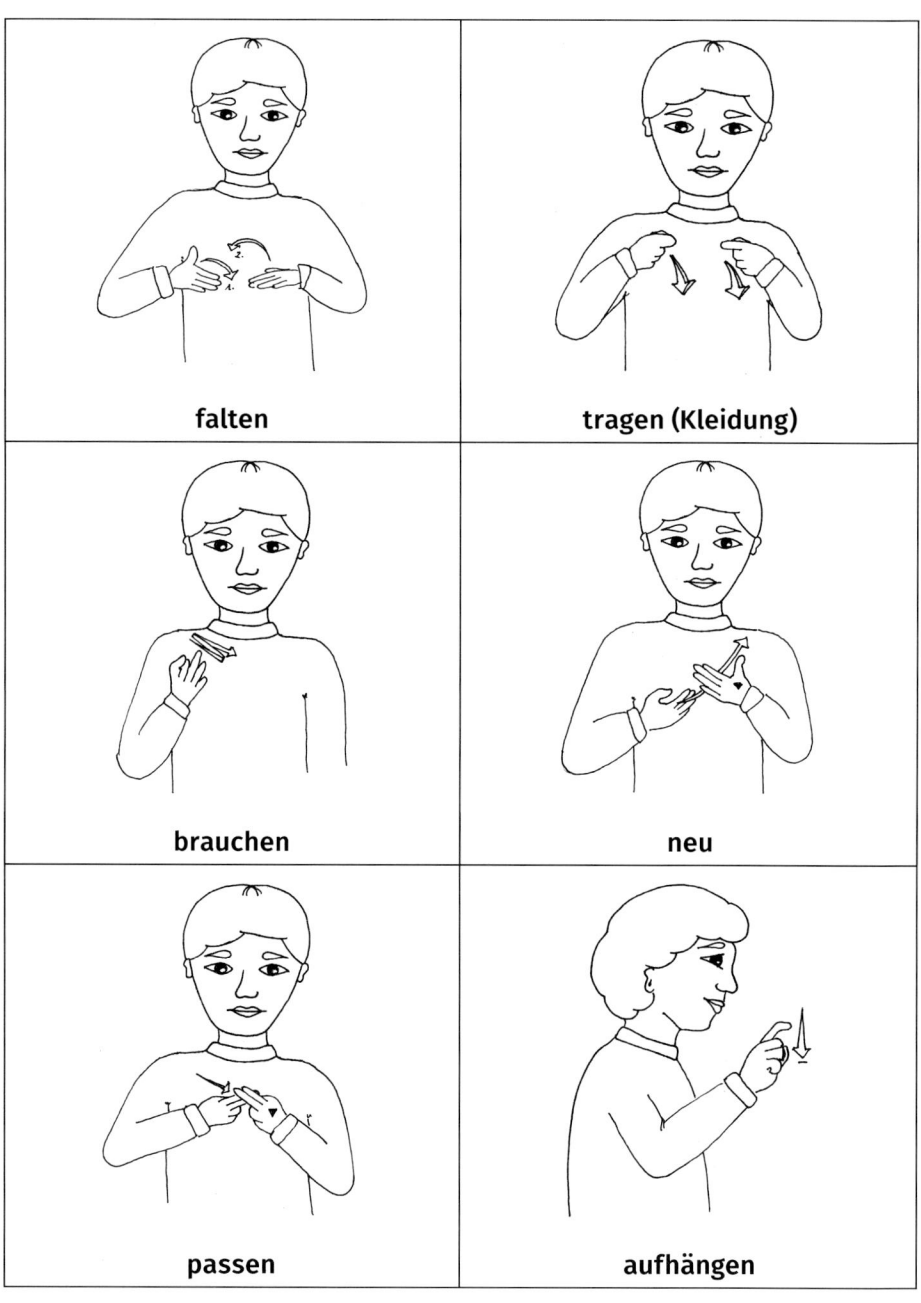

Kopiervorlage 8.6   Gebärdenkarten „Meine Kleidung"

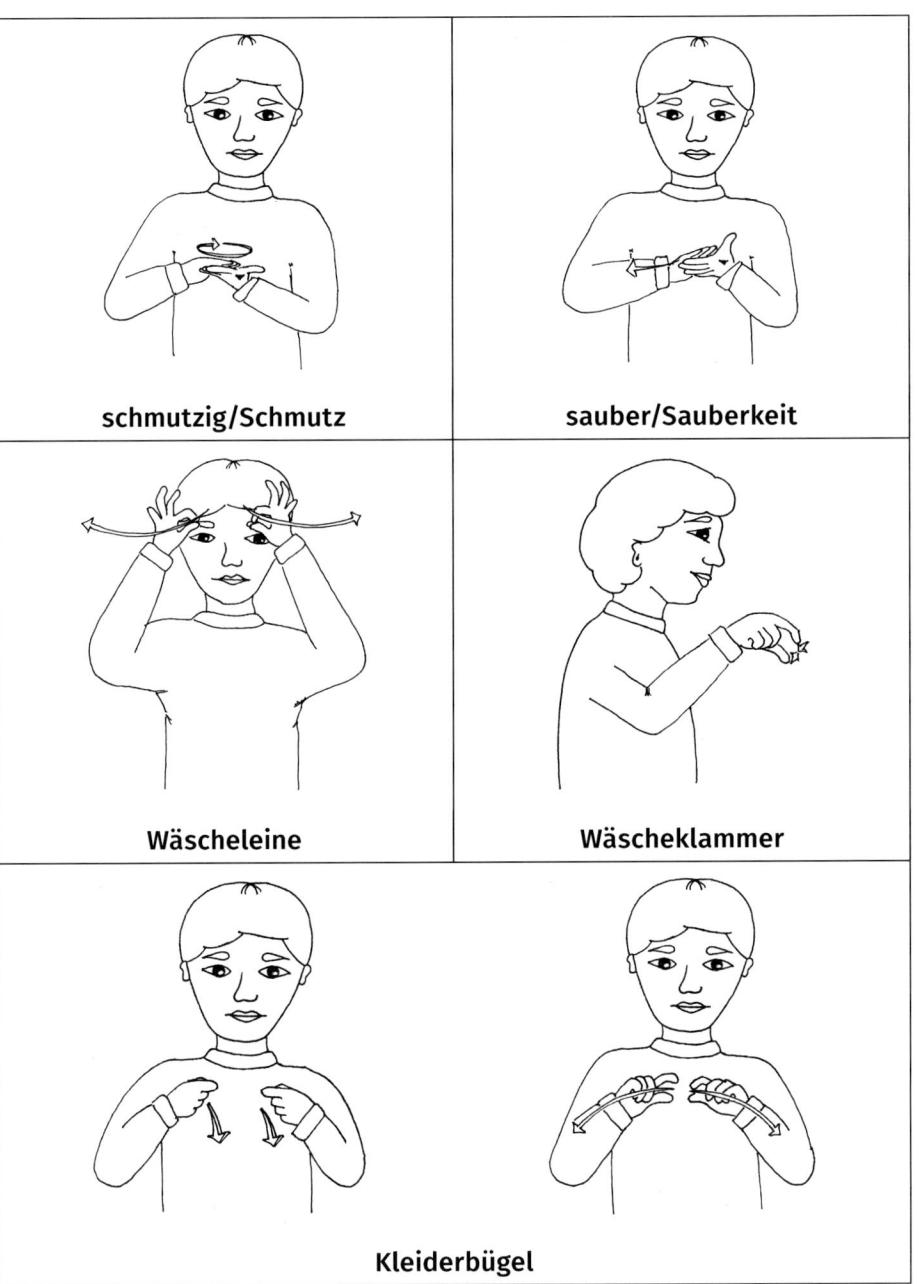

Kopiervorlage 9.1   Gebärdenkarten „Körper/Körperpflege"

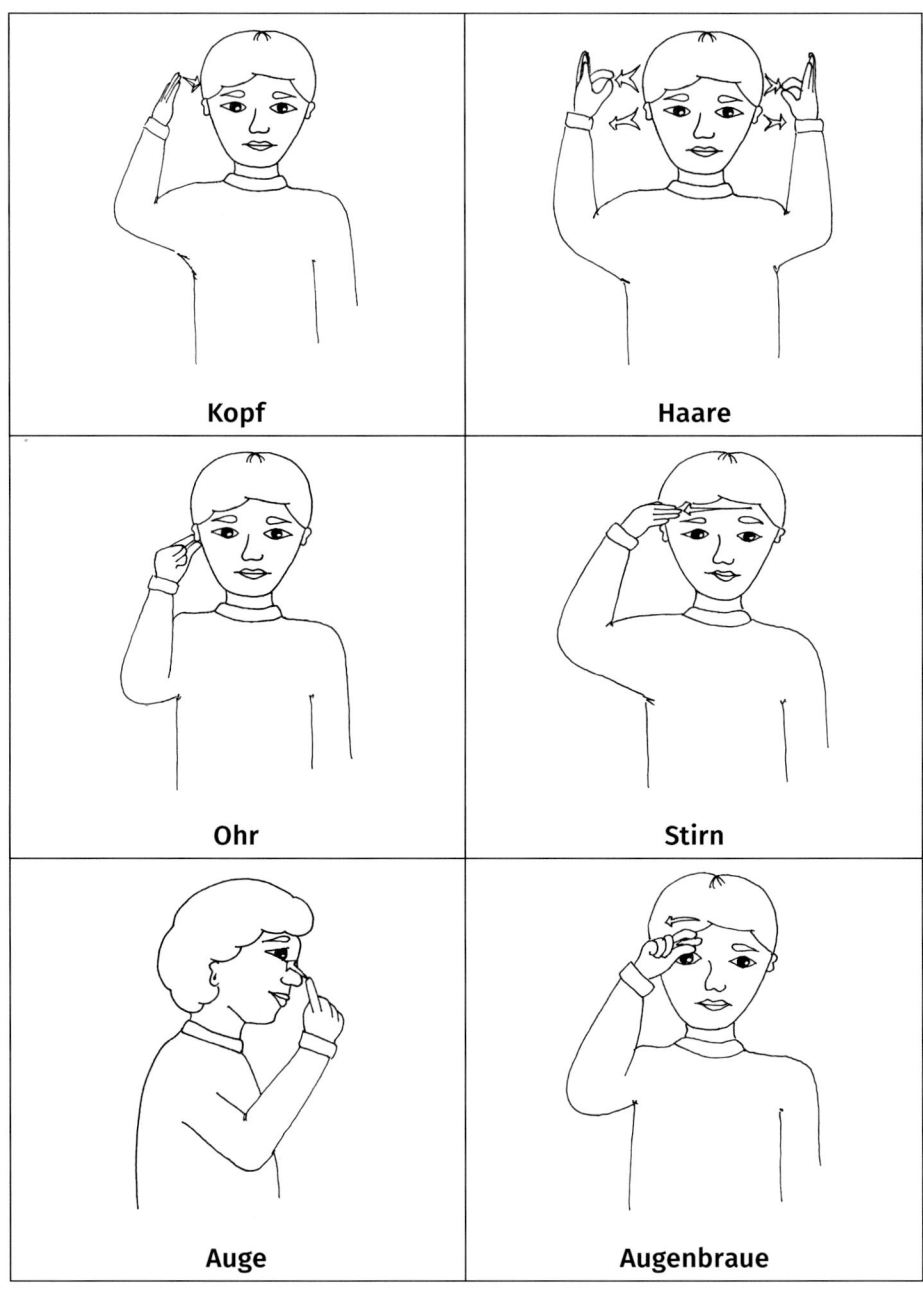

Kopiervorlage 9.2 Gebärdenkarten „Körper/Körperpflege"

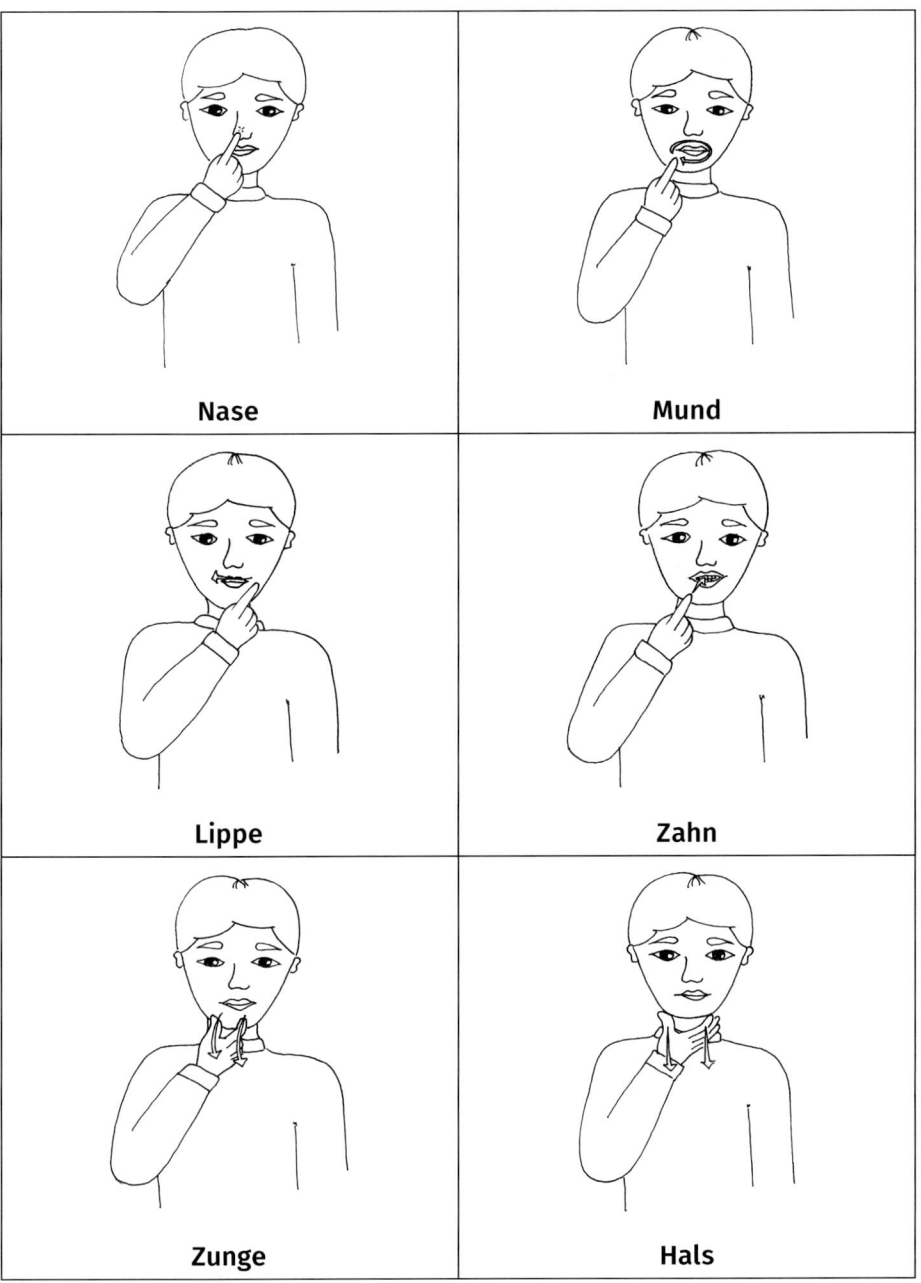

Kopiervorlage 9.3   Gebärdenkarten „Körper/Körperpflege"

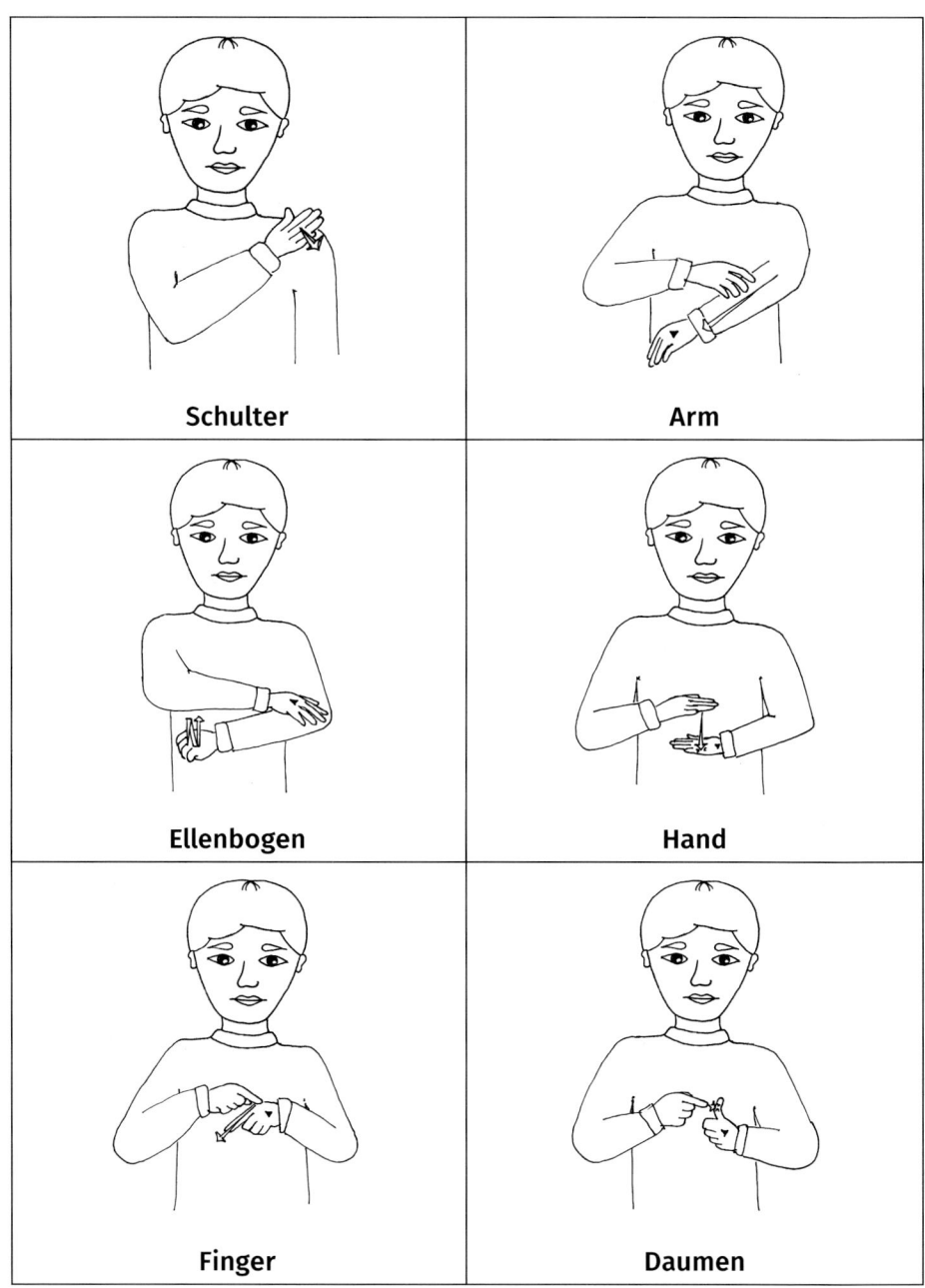

Kopiervorlage 9.4   Gebärdenkarten „Körper/Körperpflege"

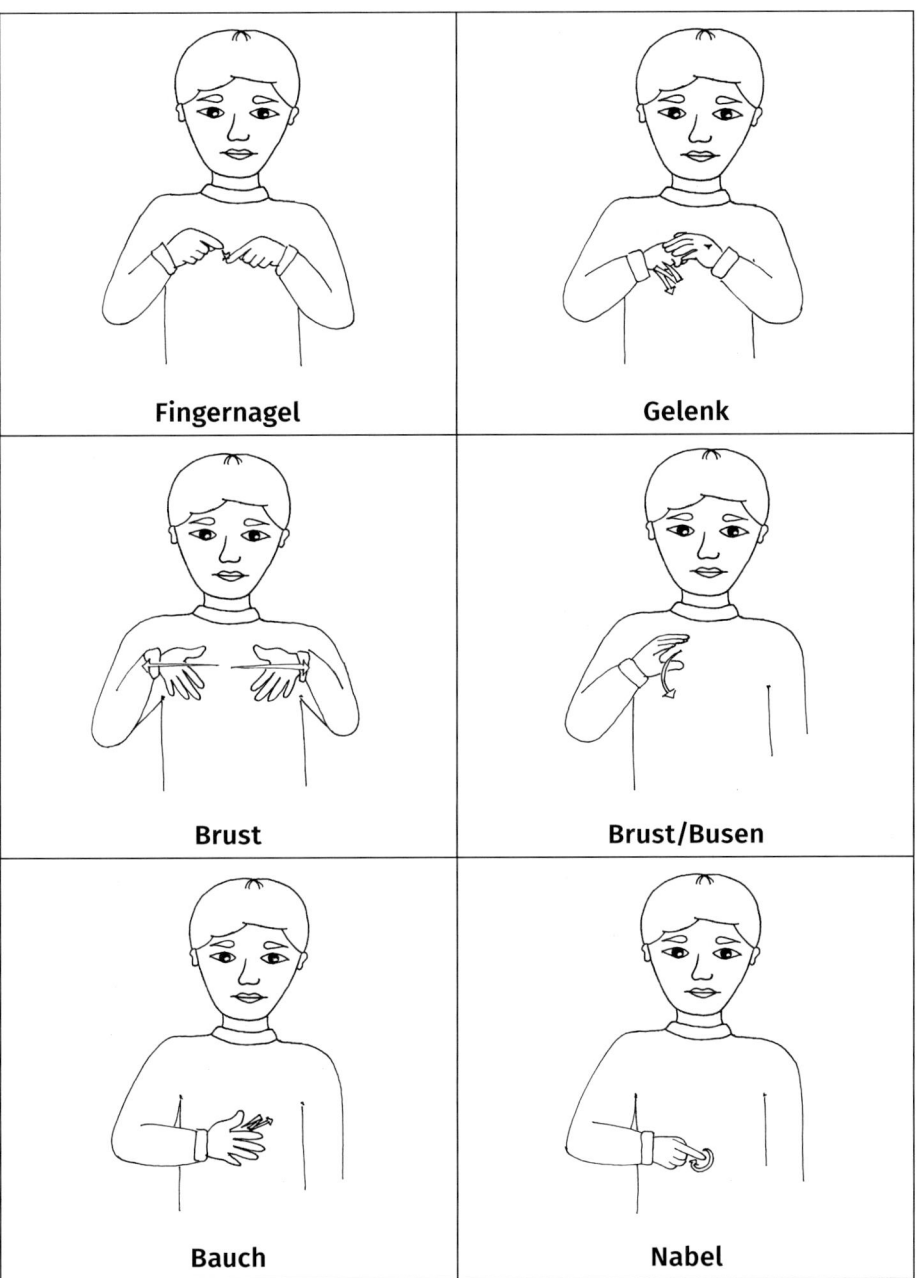

Kopiervorlage 9.5   Gebärdenkarten „Körper/Körperpflege"

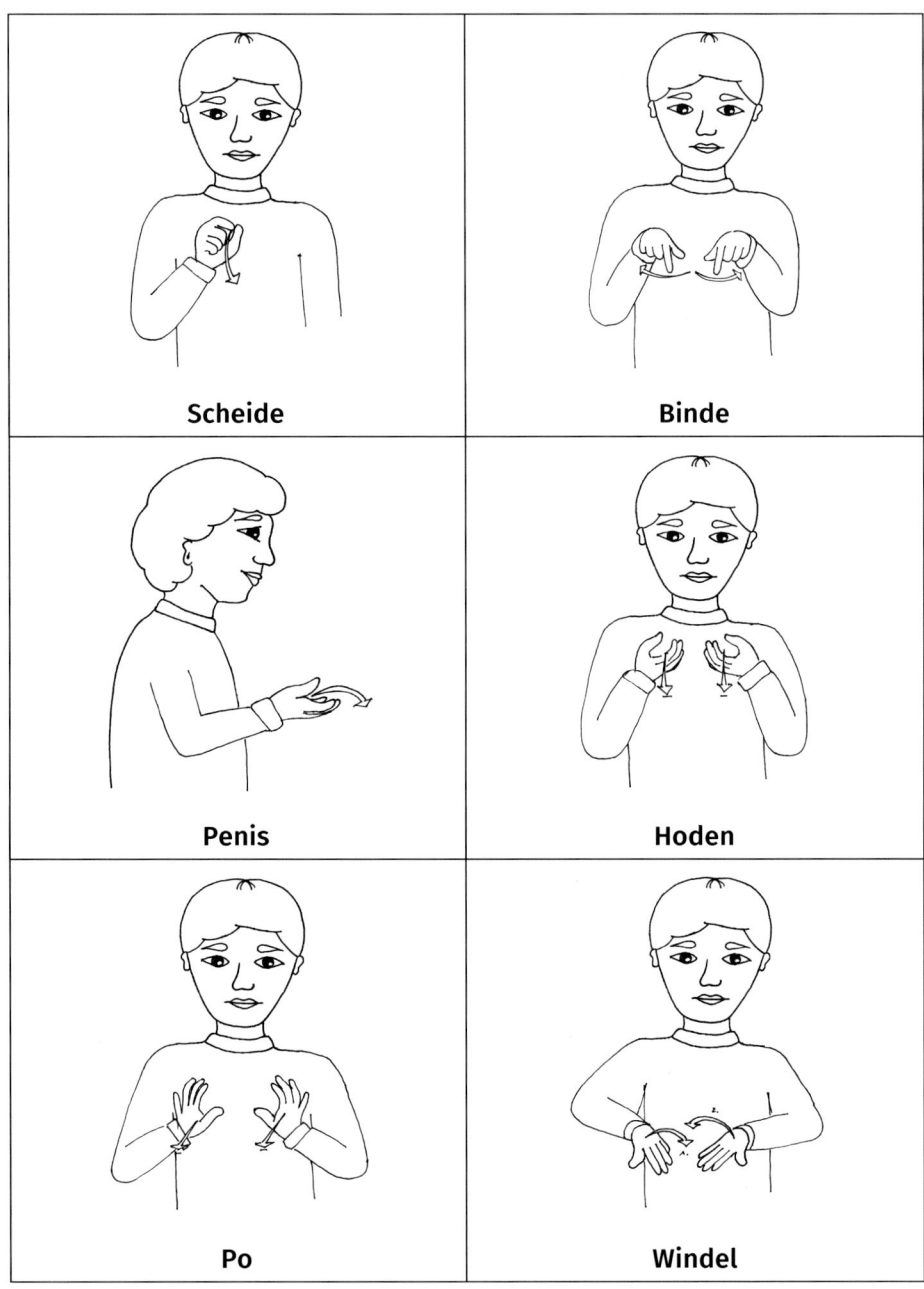

78

Kopiervorlage 9.6   Gebärdenkarten „Körper/Körperpflege"

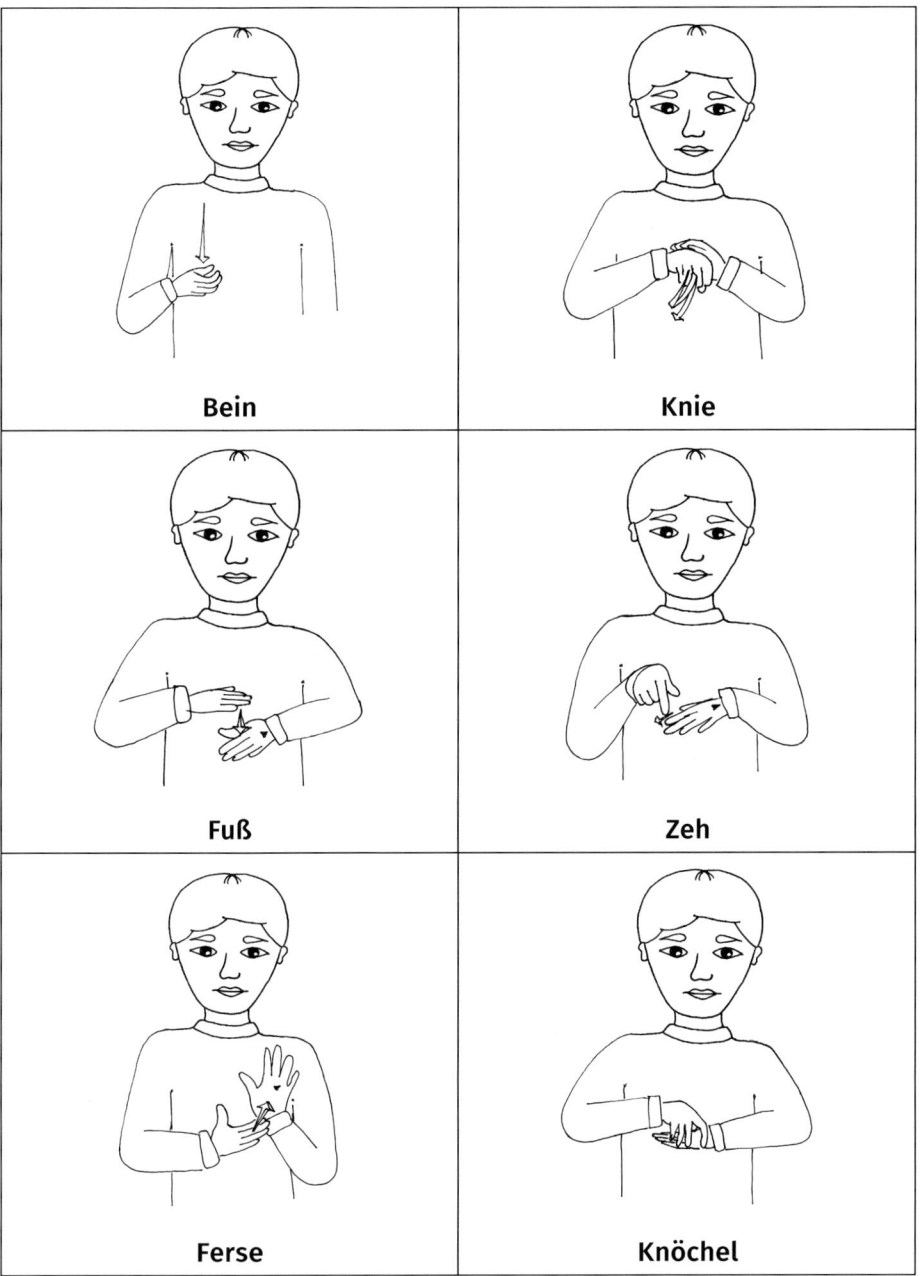

Kopiervorlage 9.7 Gebärdenkarten „Körper/Körperpflege"

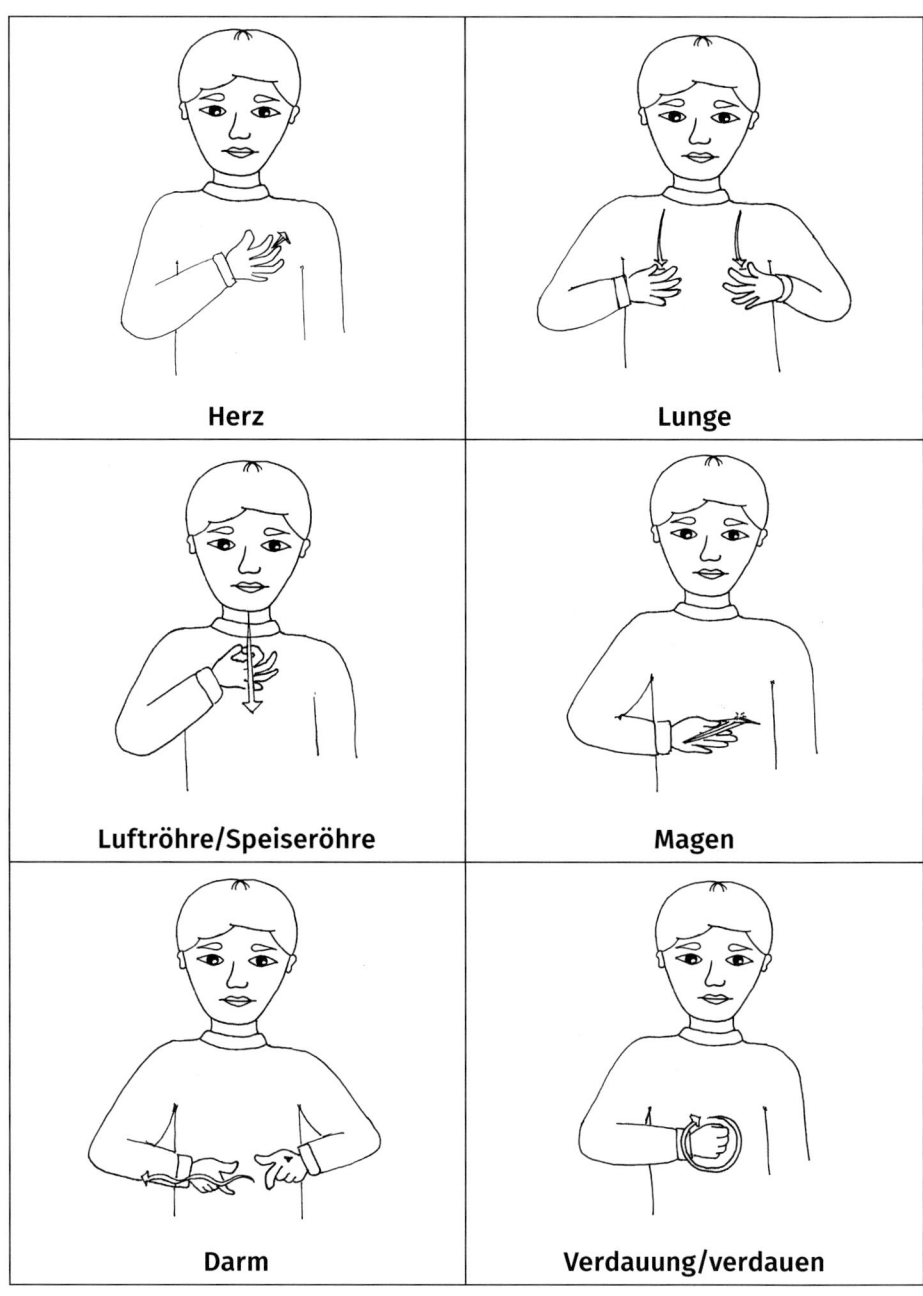

Kopiervorlage 9.8   Gebärdenkarten „Körper/Körperpflege"

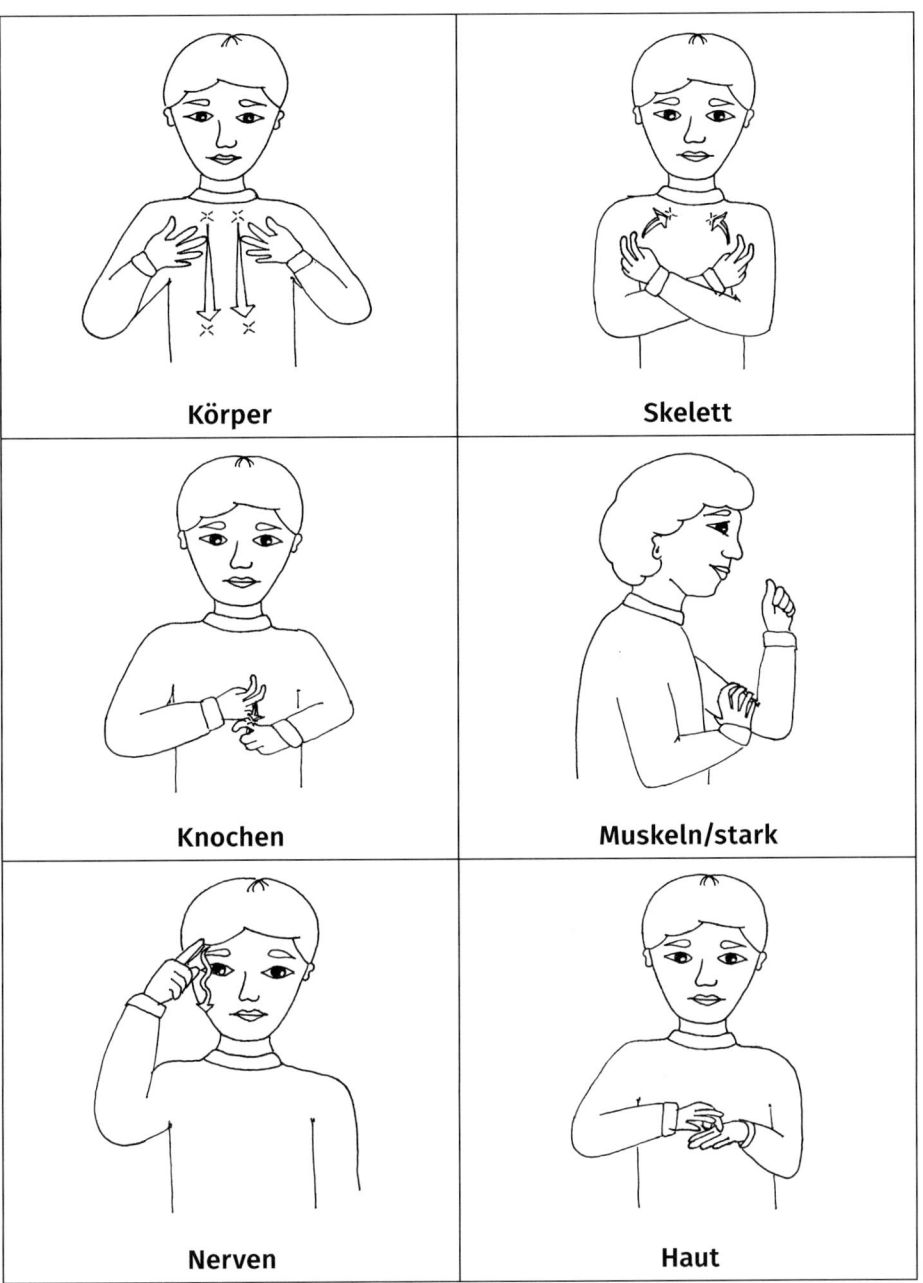

Kopiervorlage 9.9 Gebärdenkarten „Körper/Körperpflege"

Kopiervorlage 10.1 Gebärdenkarten „Beim Arzt"

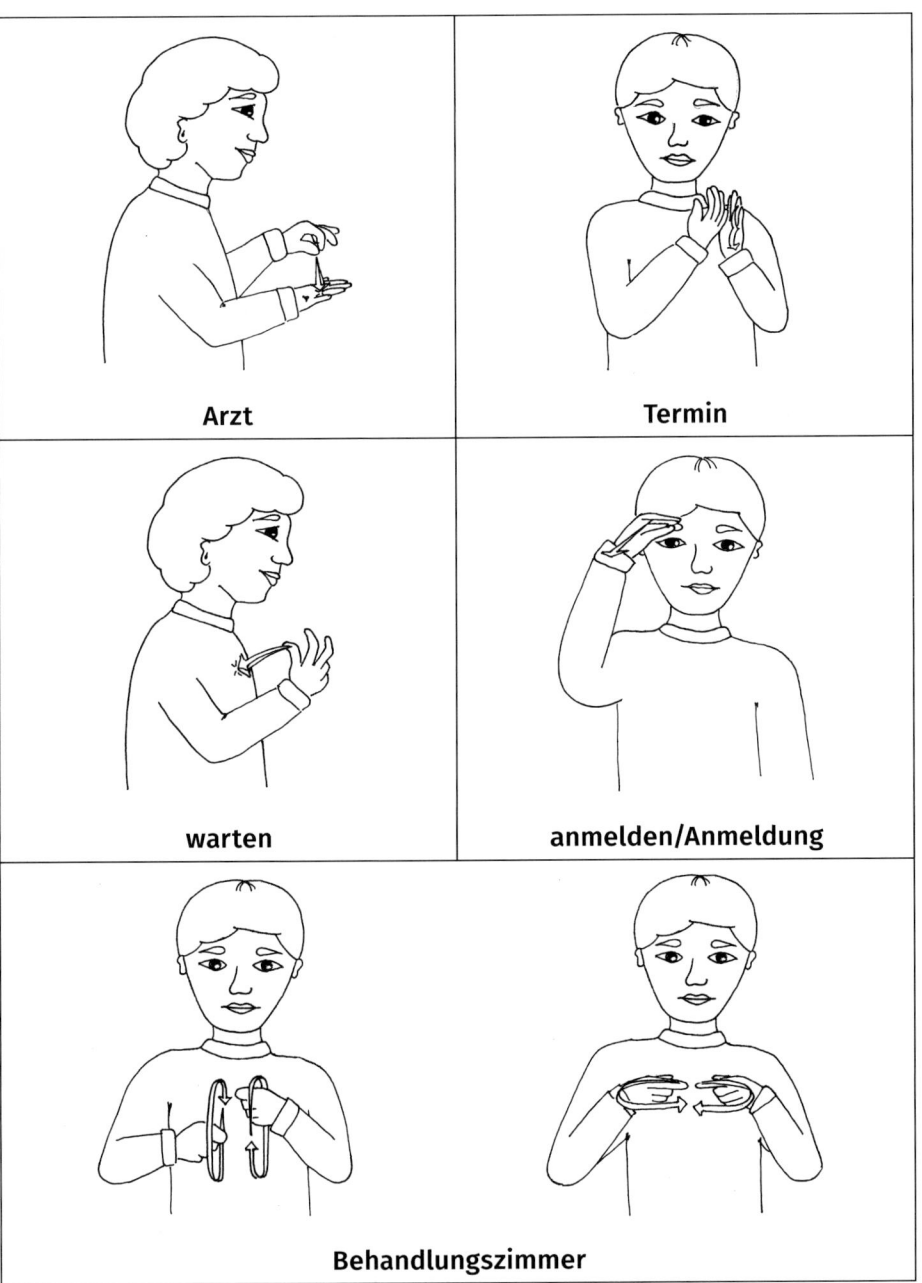

Kopiervorlage 10.2 Gebärdenkarten „Beim Arzt"

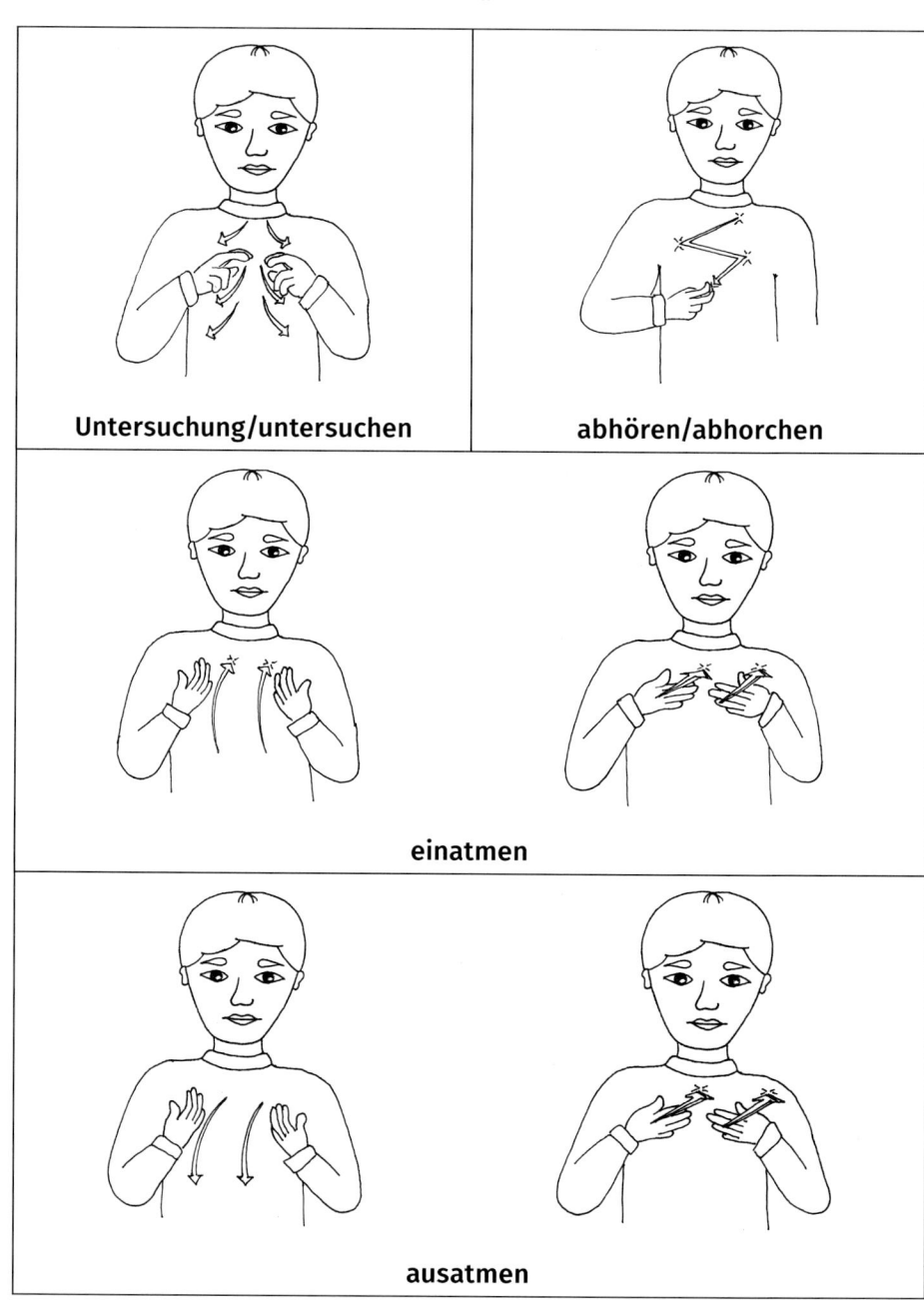

Kopiervorlage 10.3 Gebärdenkarten „Beim Arzt"

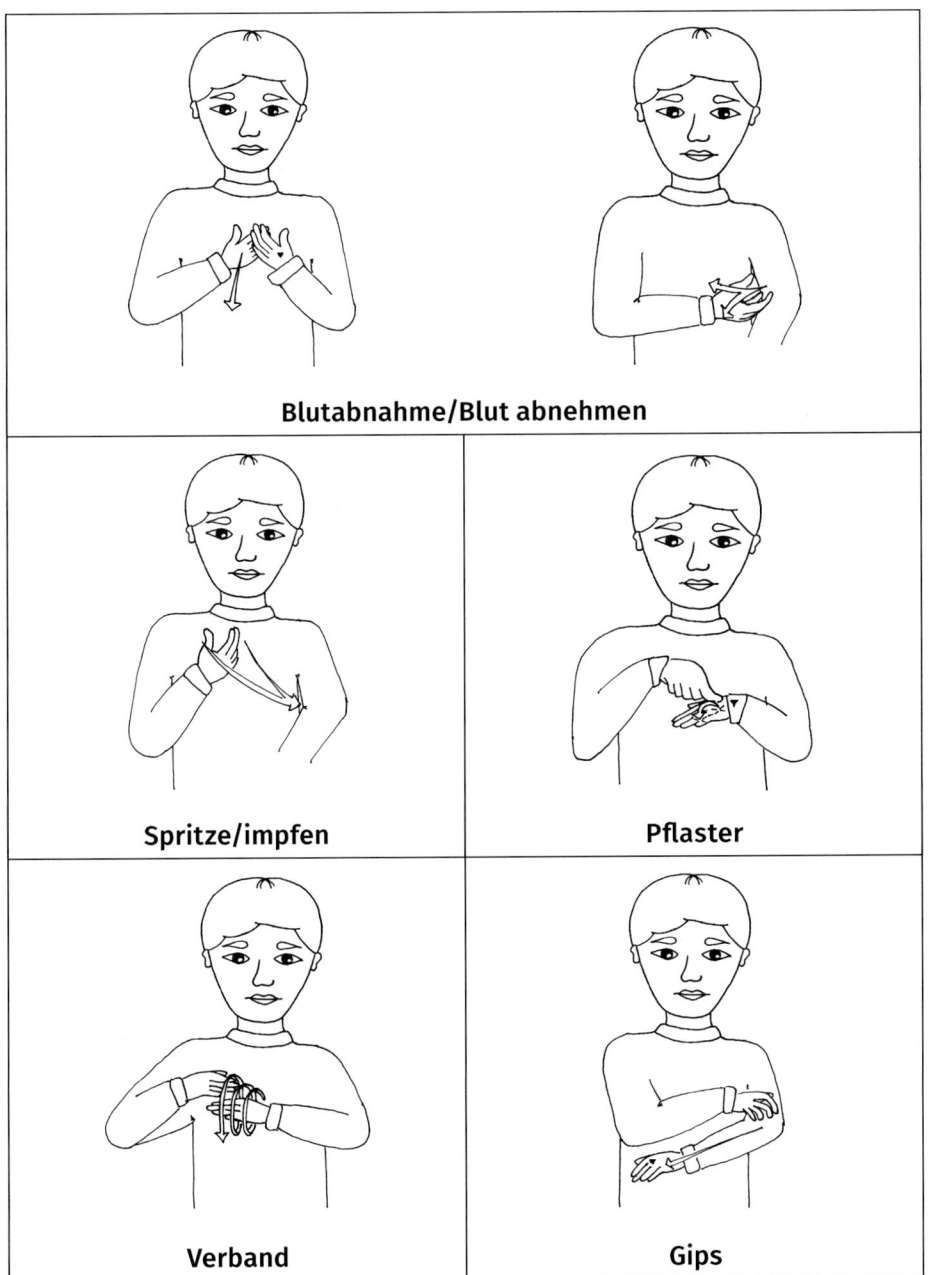

Kopiervorlage 10.4   Gebärdenkarten „Beim Arzt"

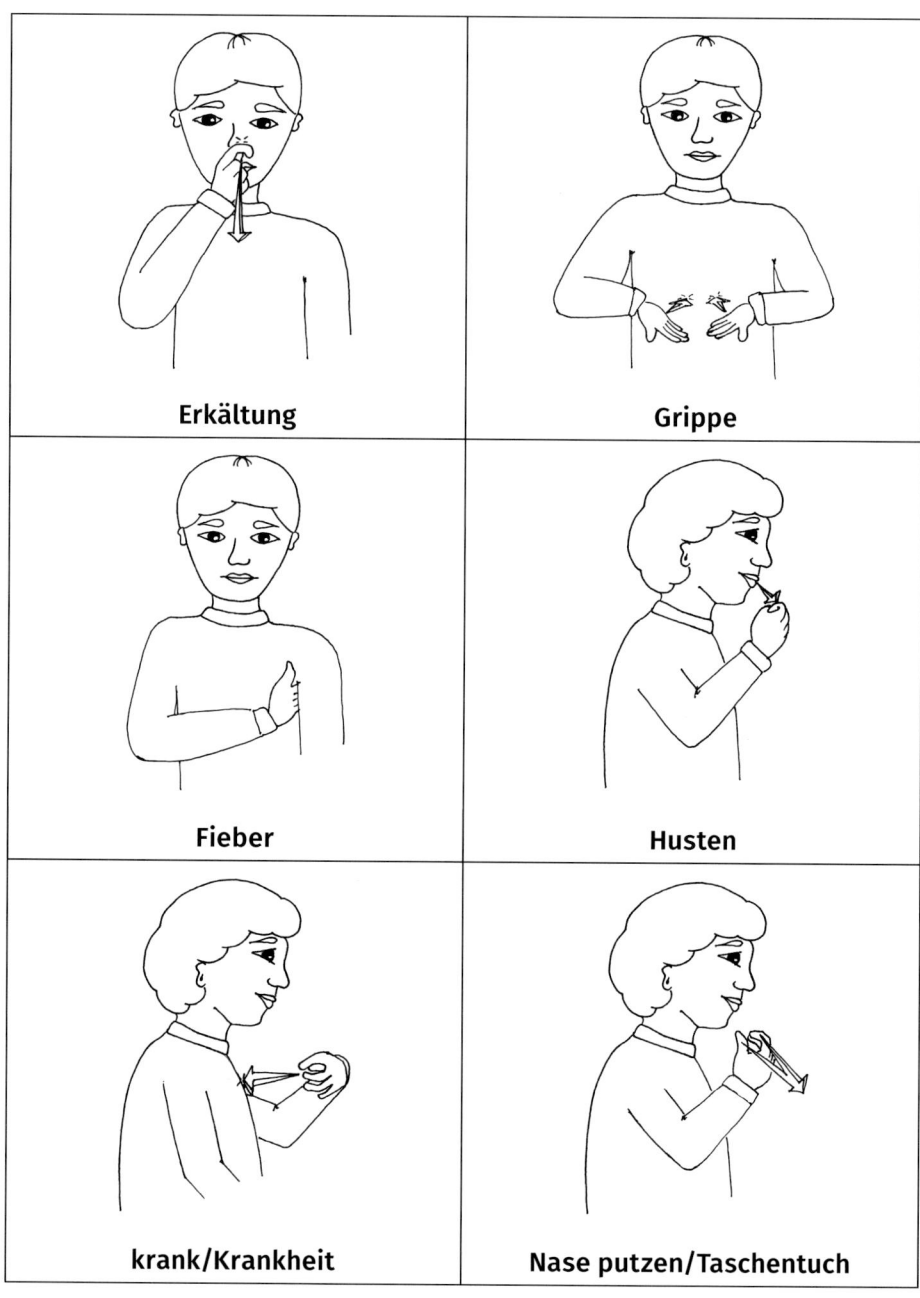

Kopiervorlage 10.5 Gebärdenkarten „Beim Arzt"

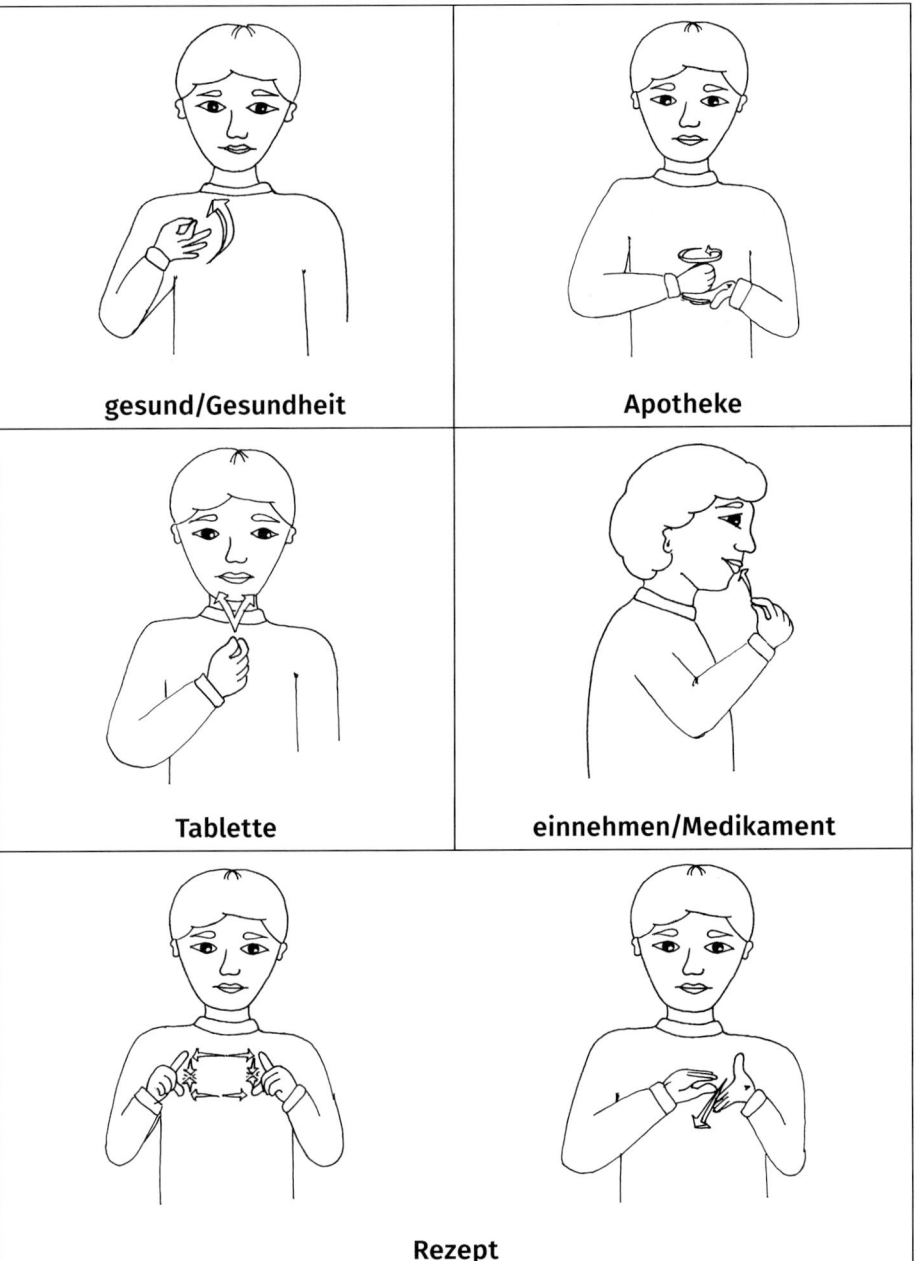

Kopiervorlage 10.6   Gebärdenkarten „Beim Arzt"

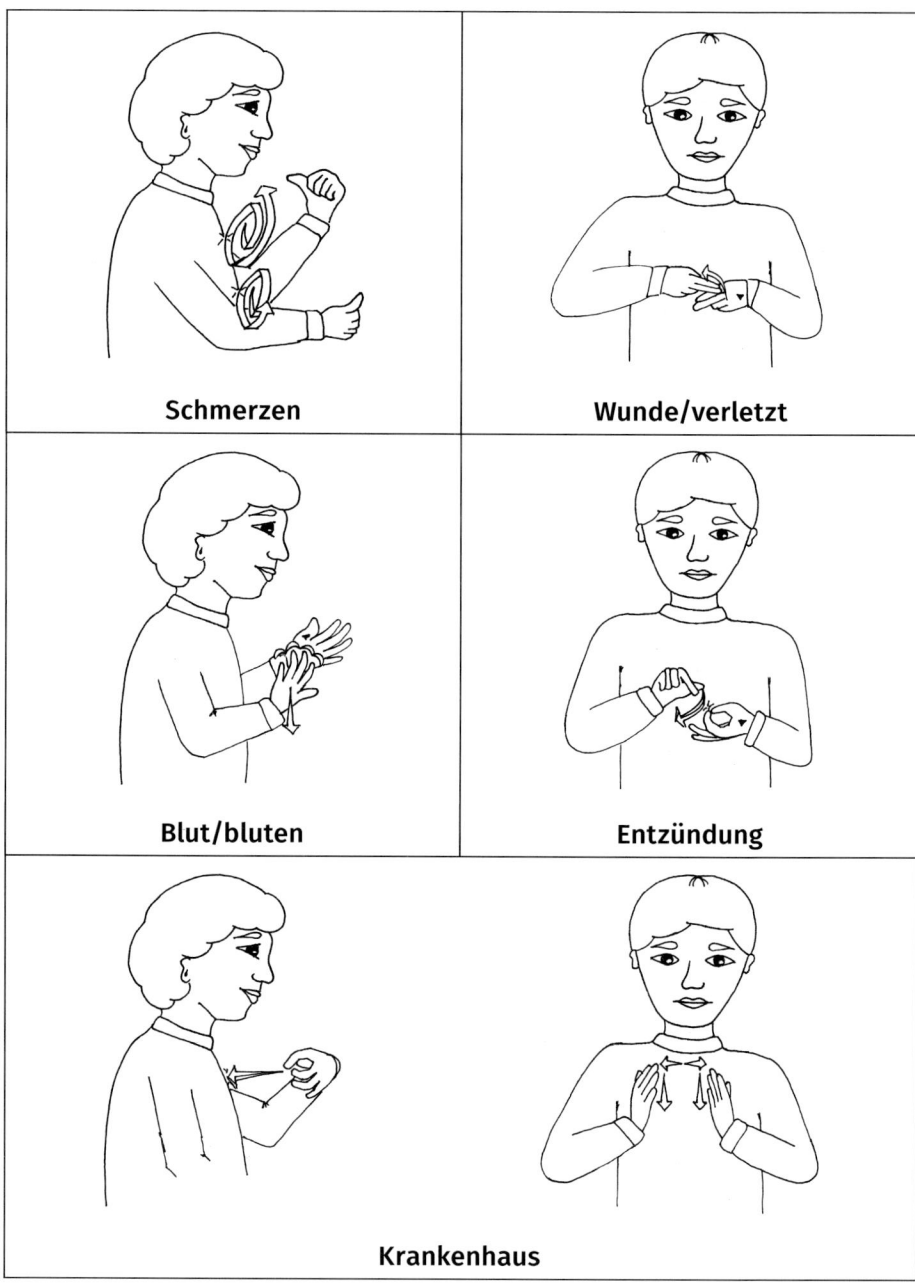

Kopiervorlage 11.1   Gebärdenkarten „Im Straßenverkehr"

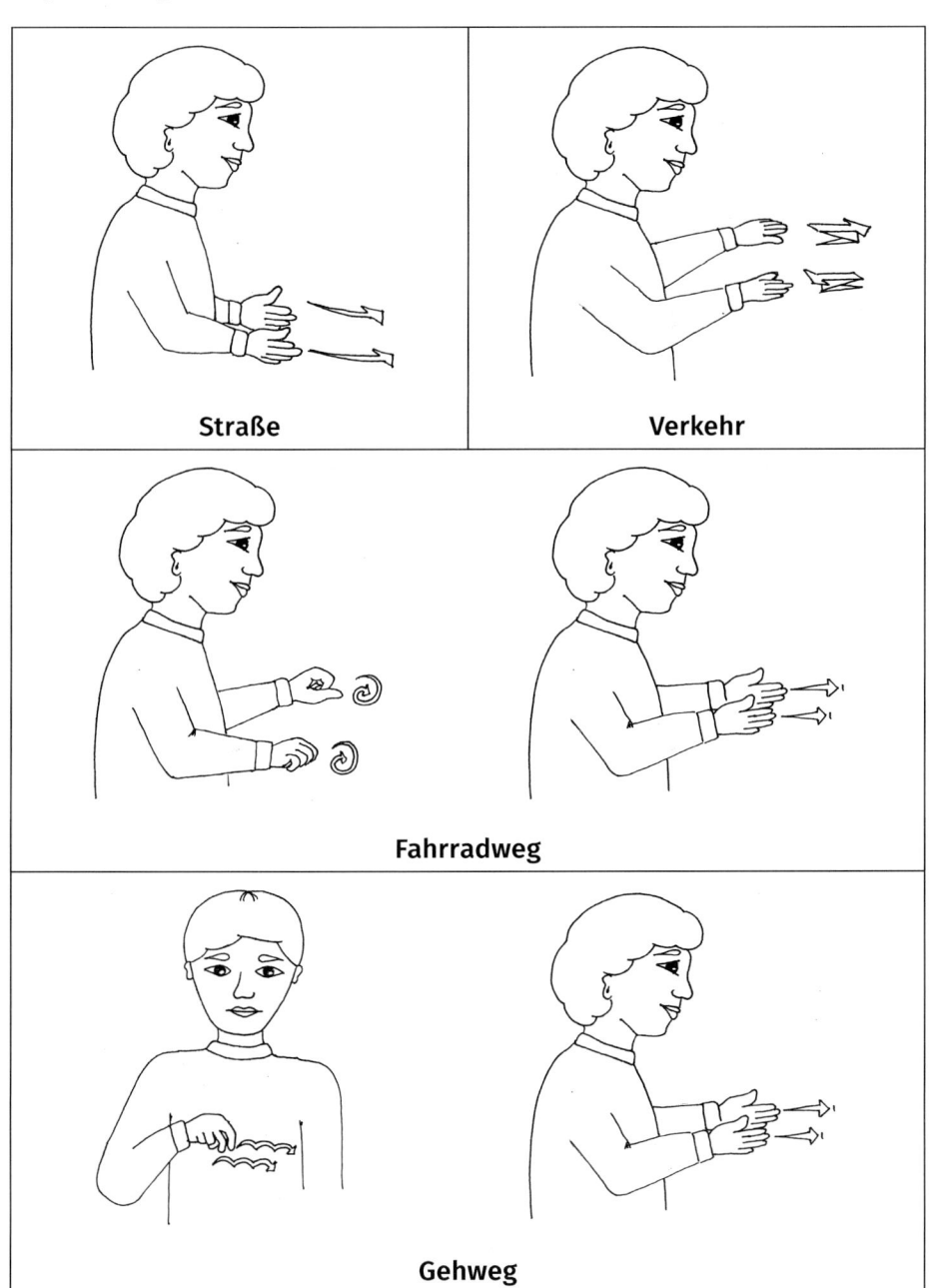

Straße

Verkehr

Fahrradweg

Gehweg

Kopiervorlage 11.2   Gebärdenkarten „Im Straßenverkehr"

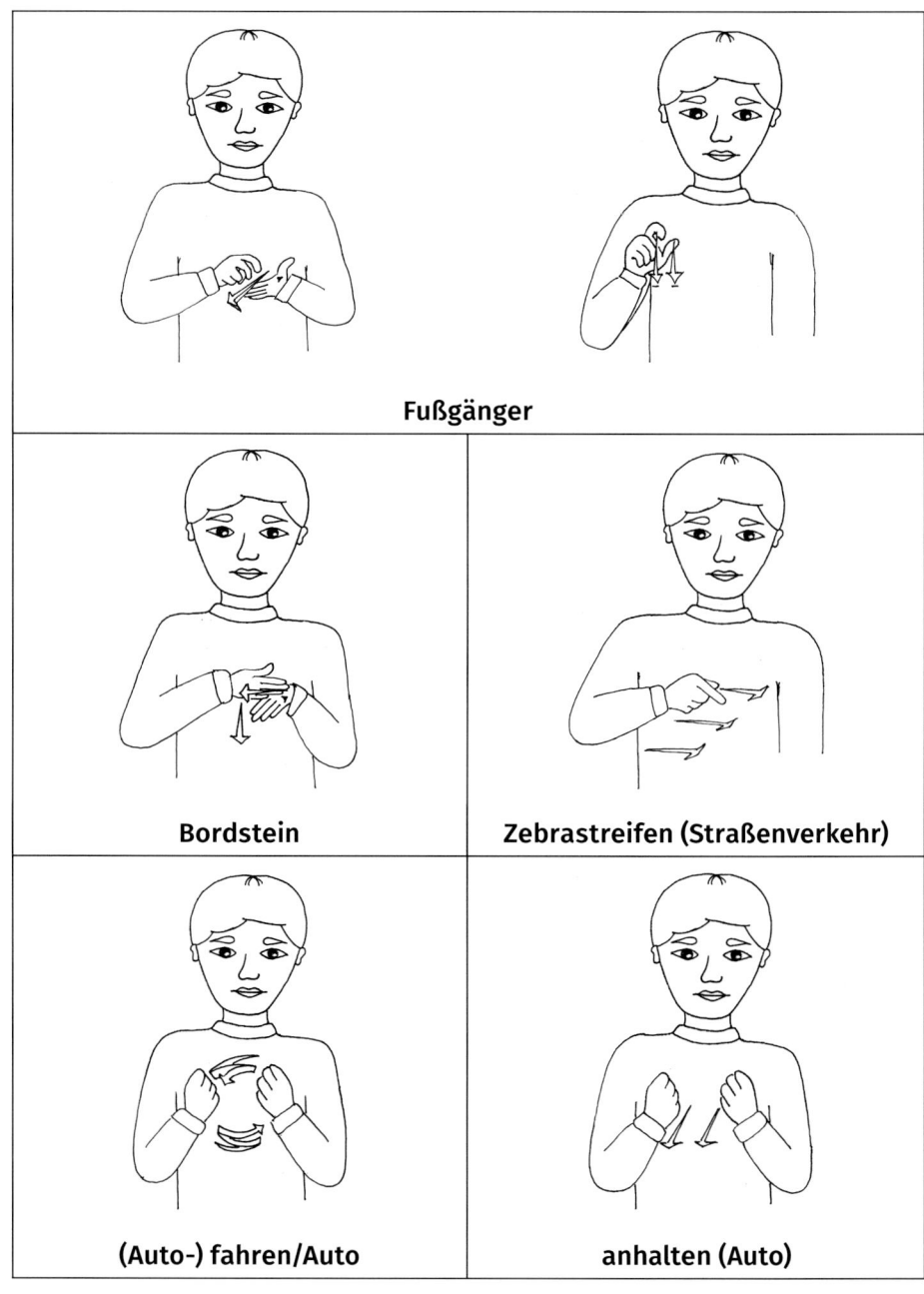

Kopiervorlage 11.3   Gebärdenkarten „Im Straßenverkehr"

Ampel	Kreuzung
halt/stopp	aufpassen/sich in acht nehmen
Stau	bremsen

Kopiervorlage 11.4   Gebärdenkarten „Im Straßenverkehr"

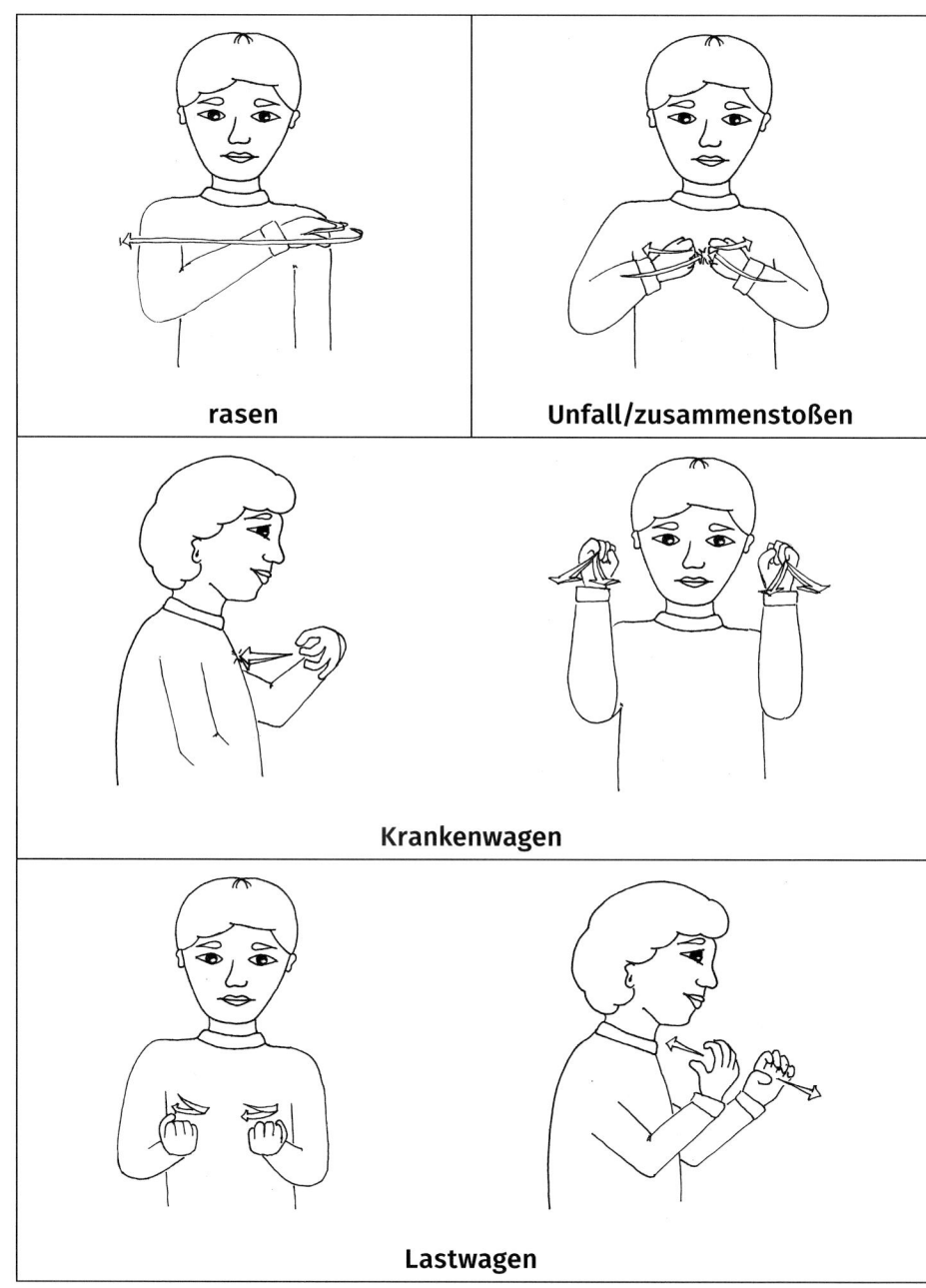

Kopiervorlage 11.5   Gebärdenkarten „Im Straßenverkehr"

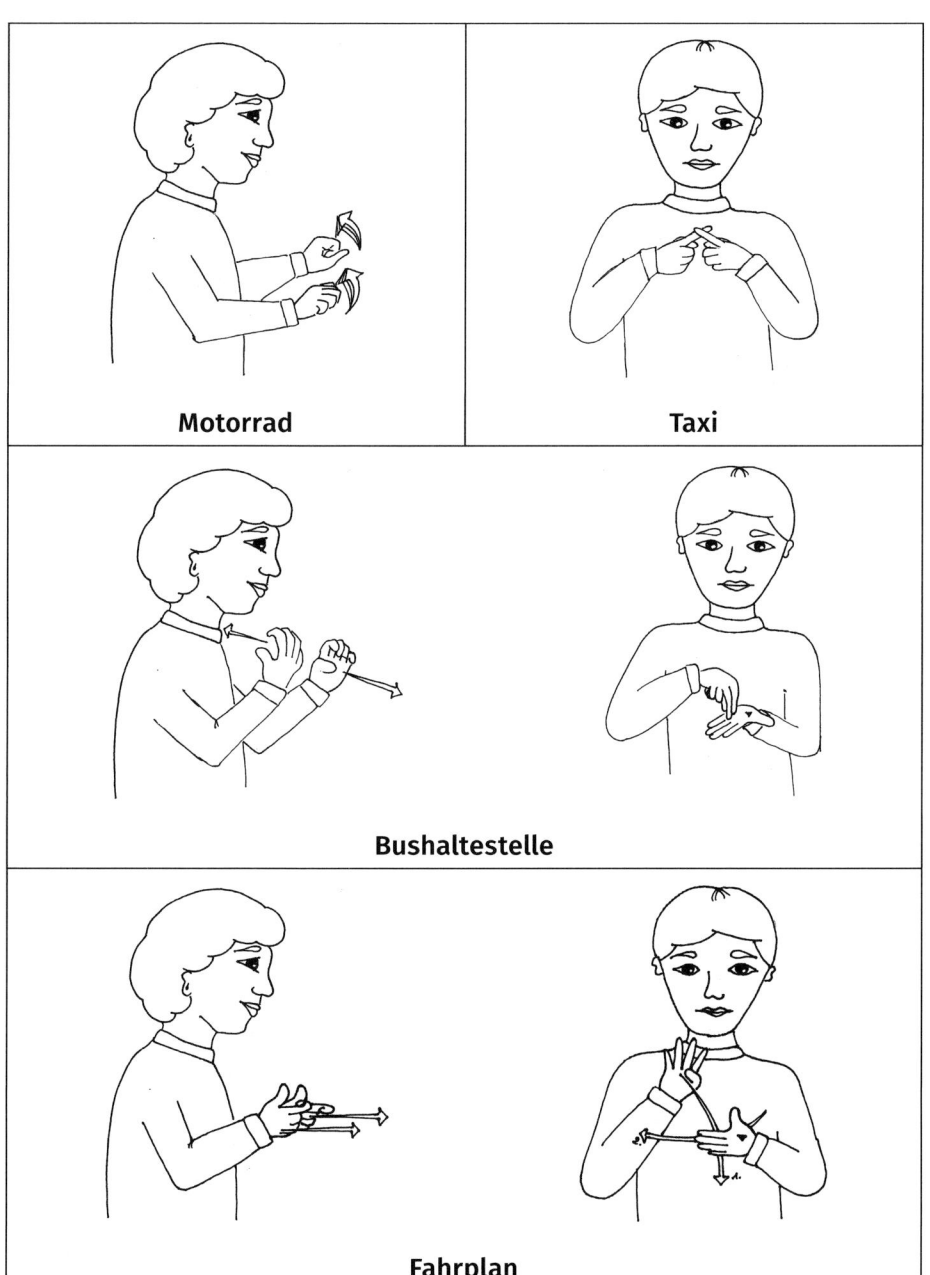

Kopiervorlage 11.6   Gebärdenkarten „Im Straßenverkehr"

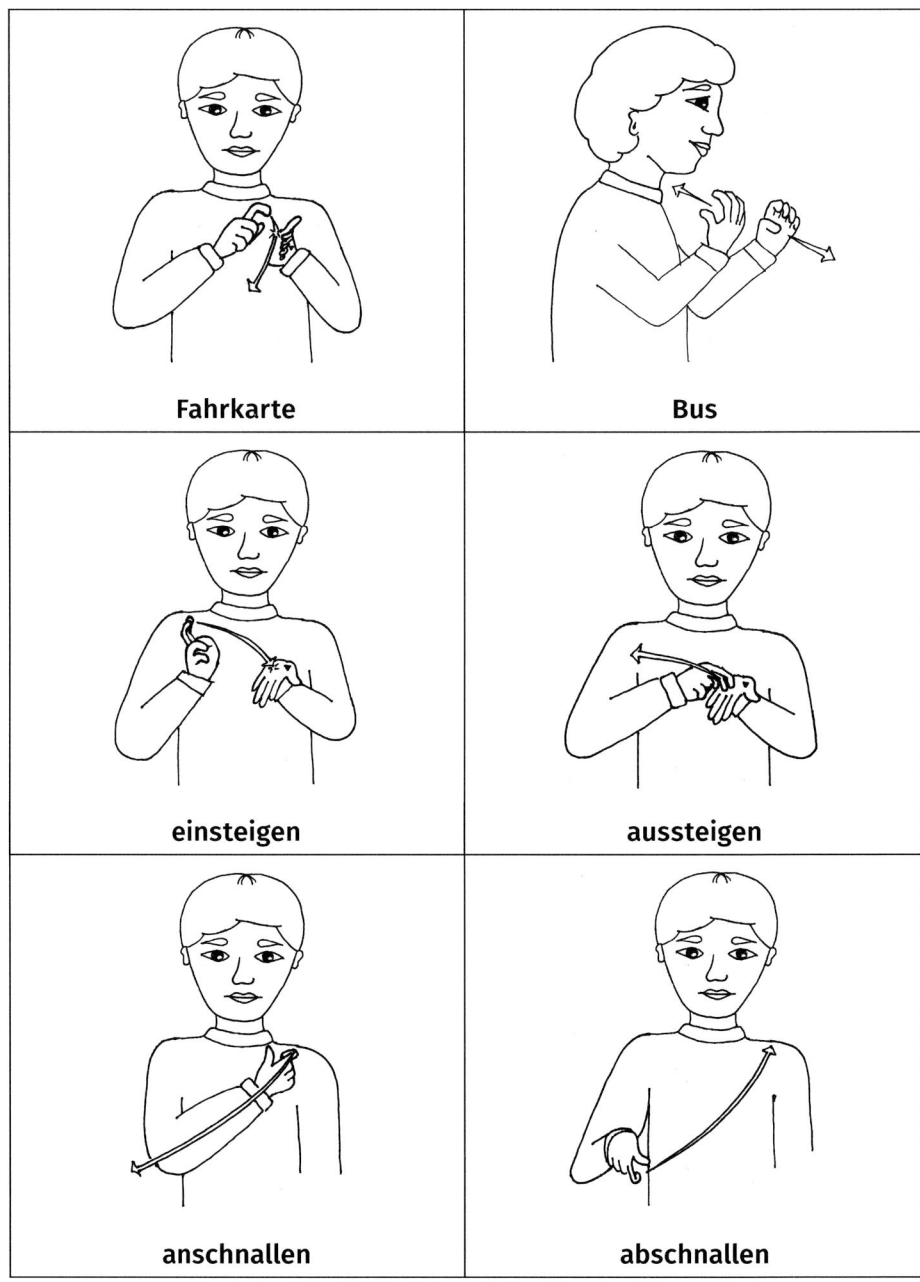

Kopiervorlage 11.7   Gebärdenkarten „Im Straßenverkehr"

Kopiervorlage 12.1 Gebärdenkarten „Einkaufen"

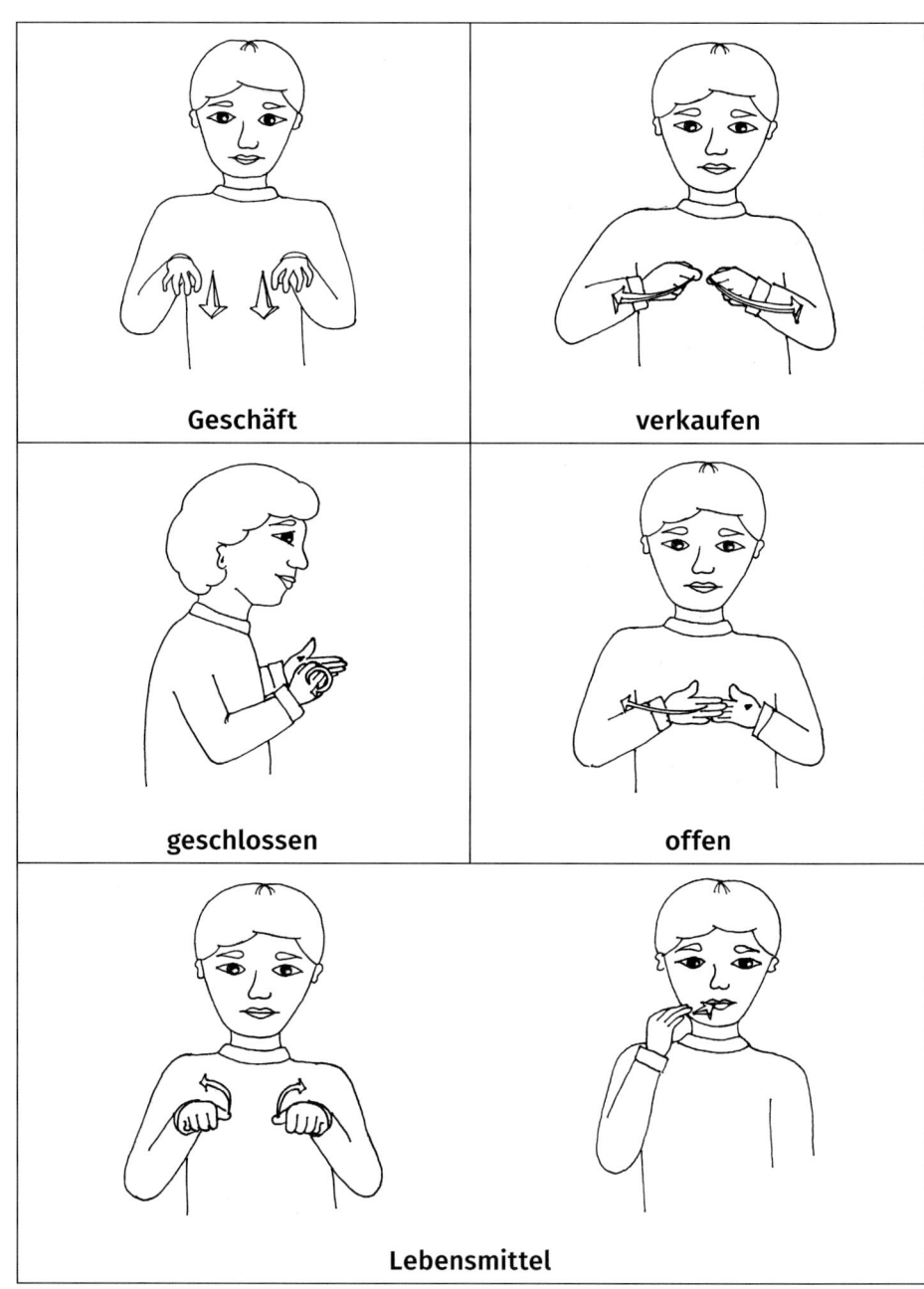

Kopiervorlage 12.2   Gebärdenkarten „Einkaufen"

Preis	bezahlen
Euro	Cent
teuer	billig

Kopiervorlage 12.3   Gebärdenkarten „Einkaufen"

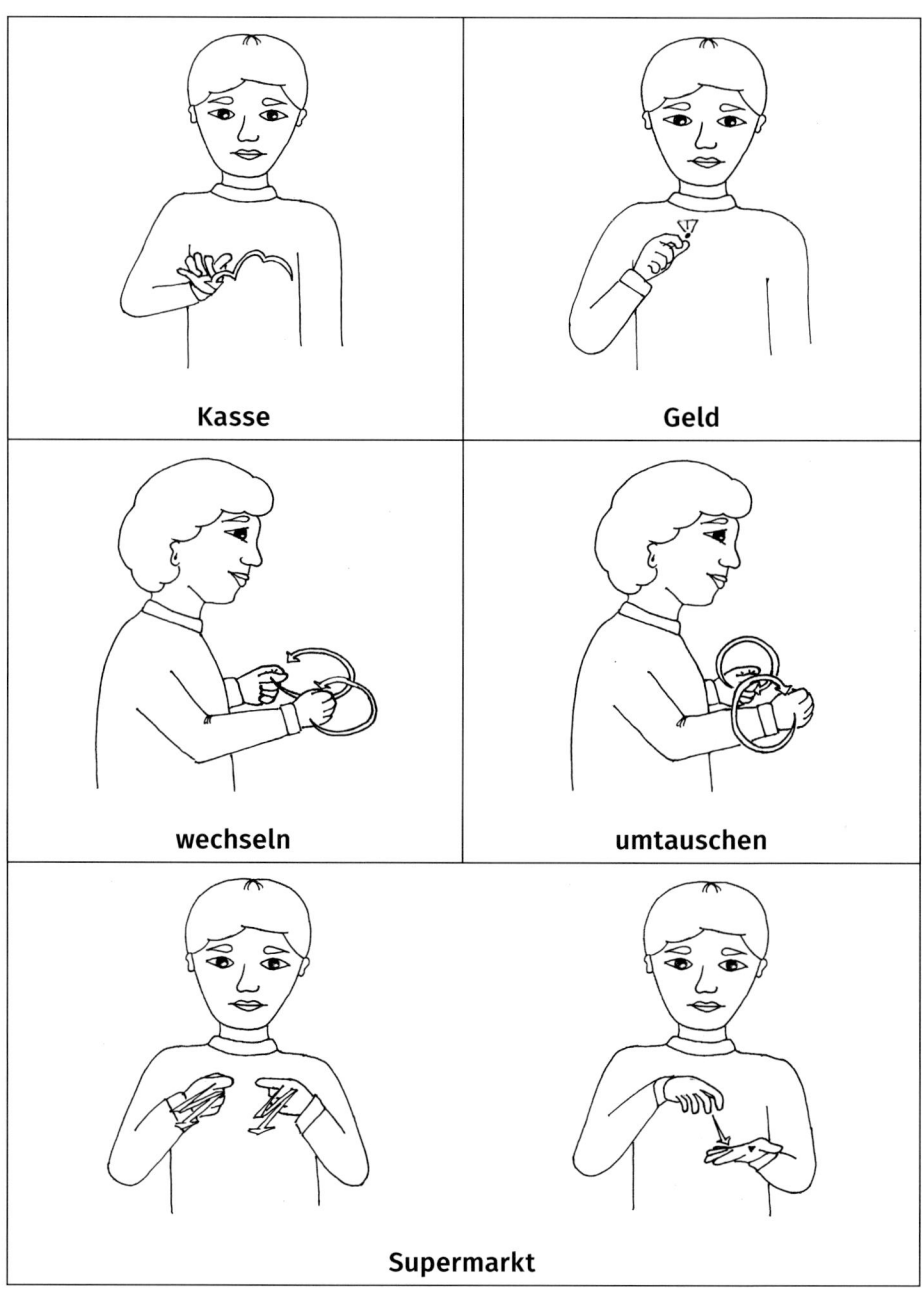

Kopiervorlage 12.4   Gebärdenkarten „Einkaufen"

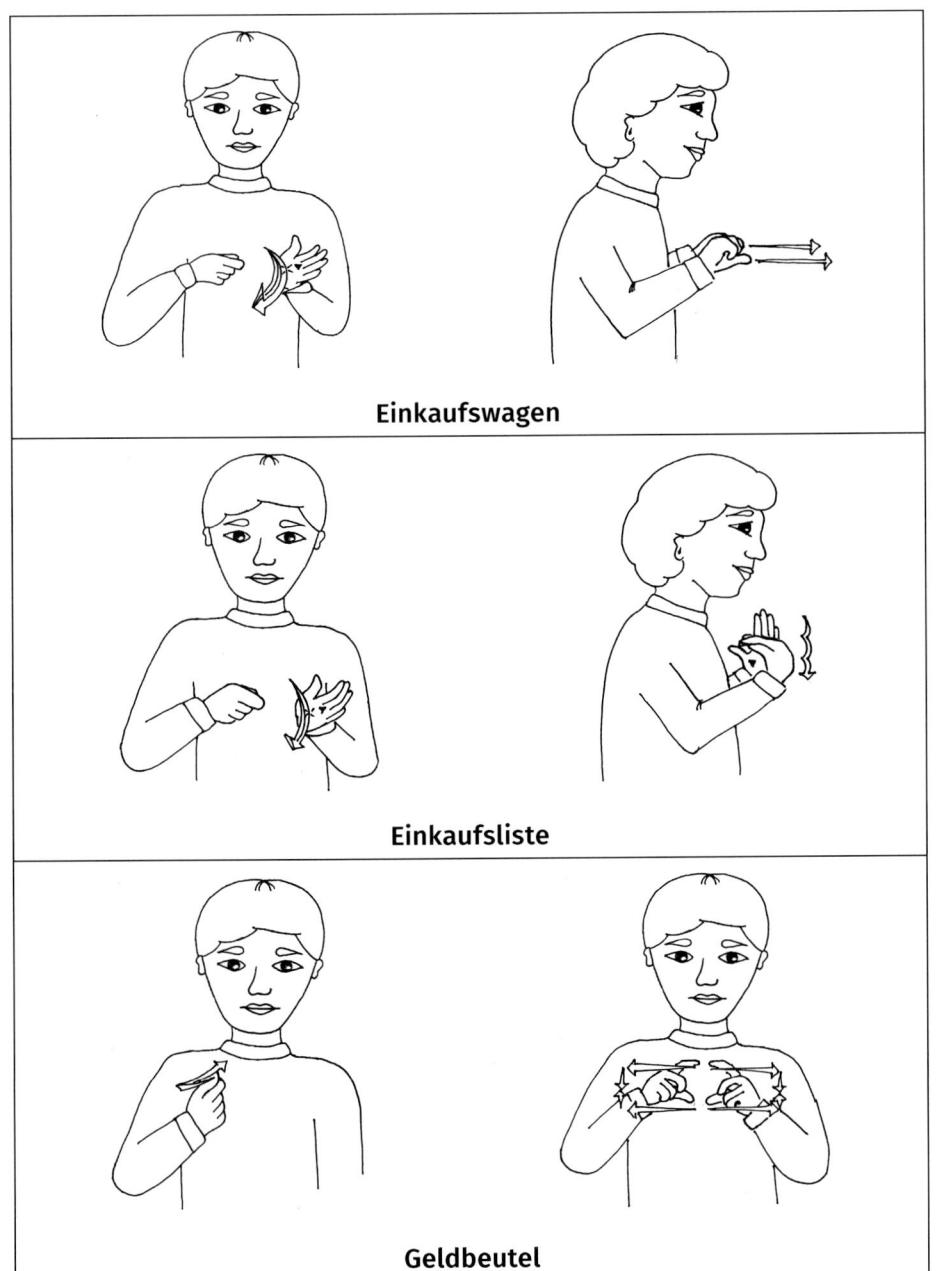

Kopiervorlage 12.5   Gebärdenkarten „Einkaufen"

Bäckerei/backen	Restaurant
Metzgerei	
Eisdiele	

Kopiervorlage 13.1   Gebärdenkarten „Institutionen"

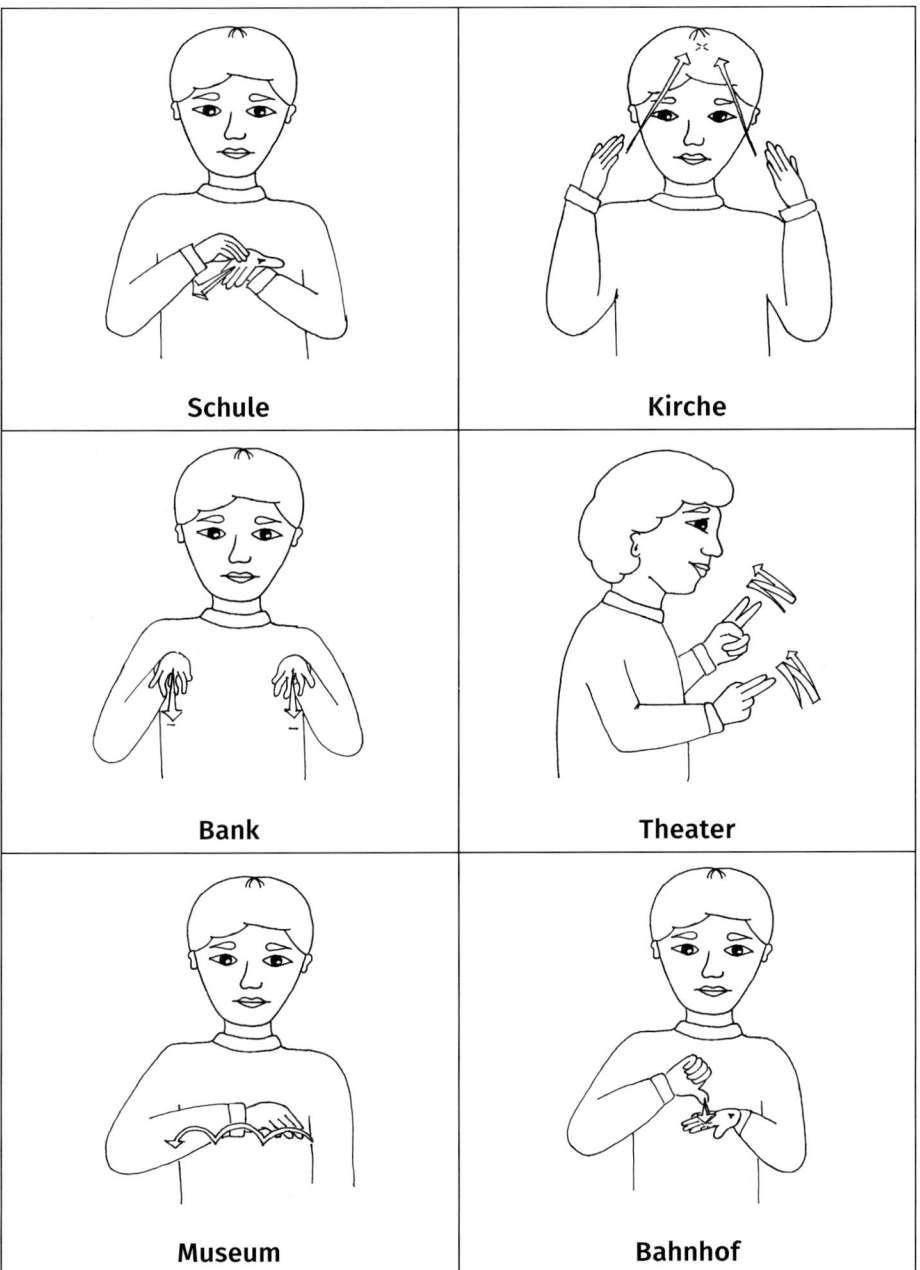

Kopiervorlage 13.2   Gebärdenkarten „Institutionen"

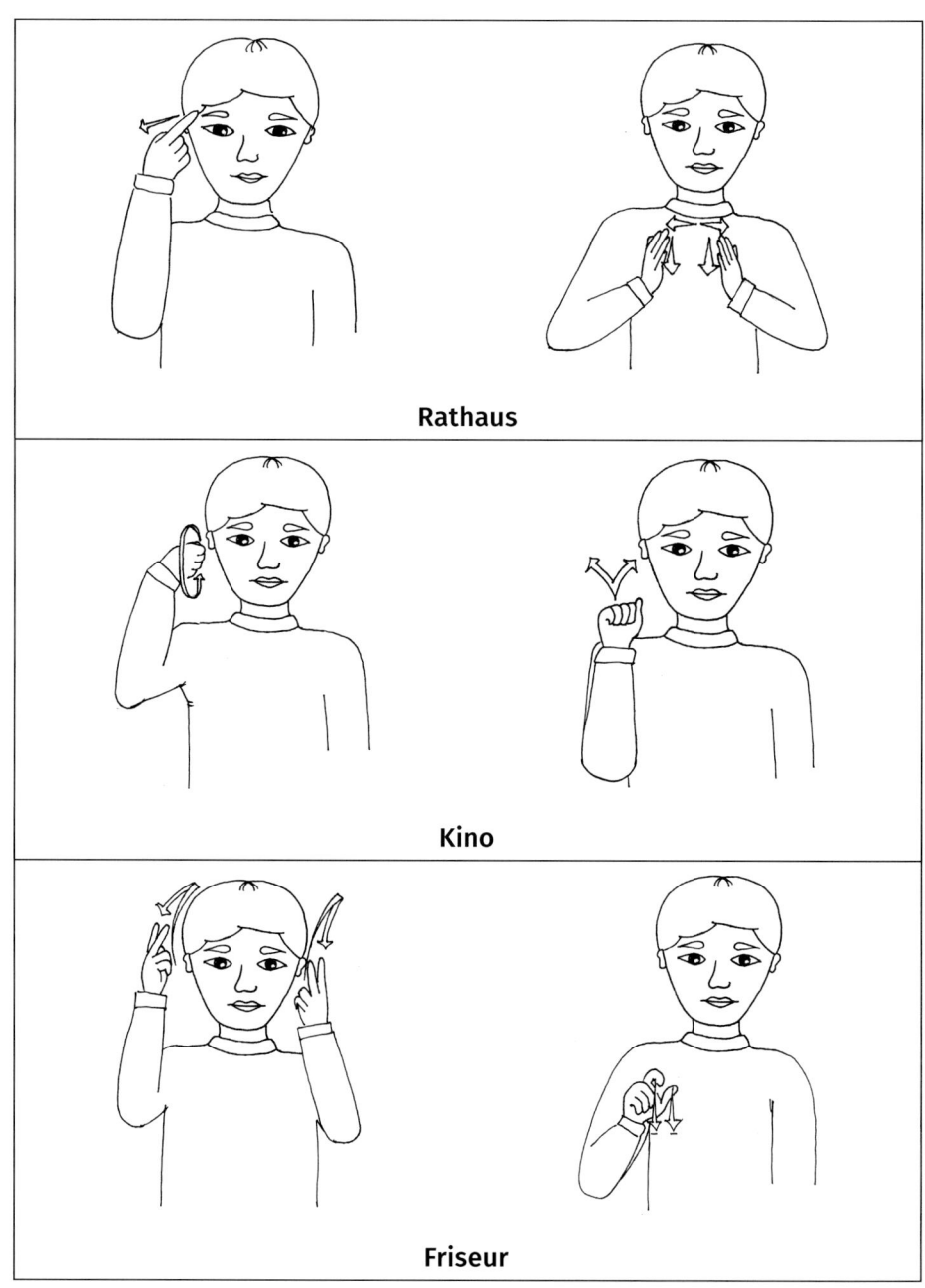

Rathaus

Kino

Friseur

Kopiervorlage 13.3   Gebärdenkarten „Institutionen"

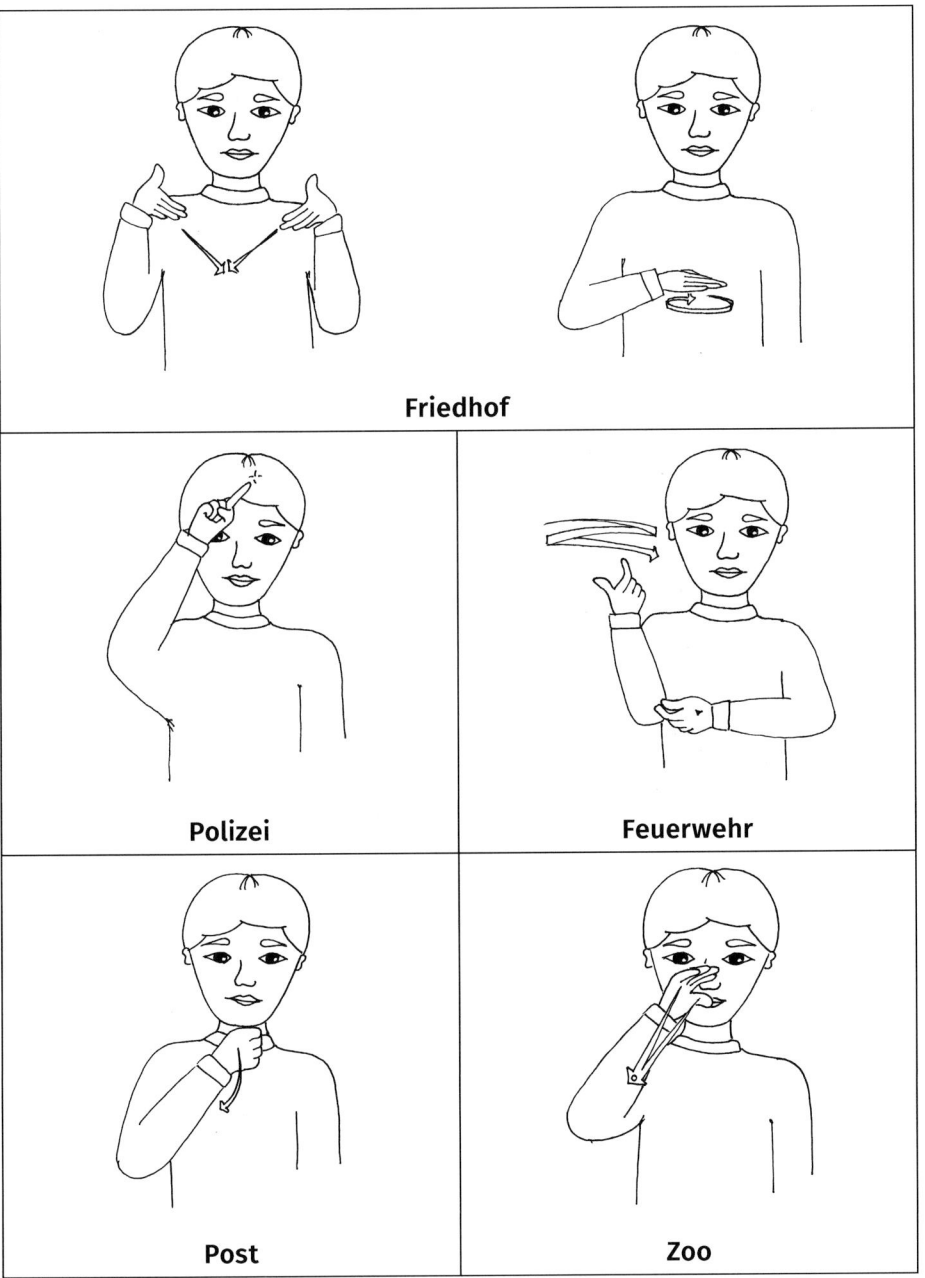

Kopiervorlage 14.1   Gebärdenkarten „Jahreszeiten/Monate"

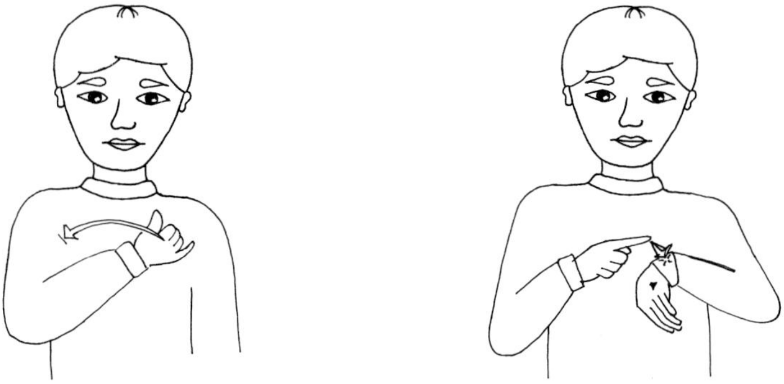

Jahresuhr/Jahreszeit

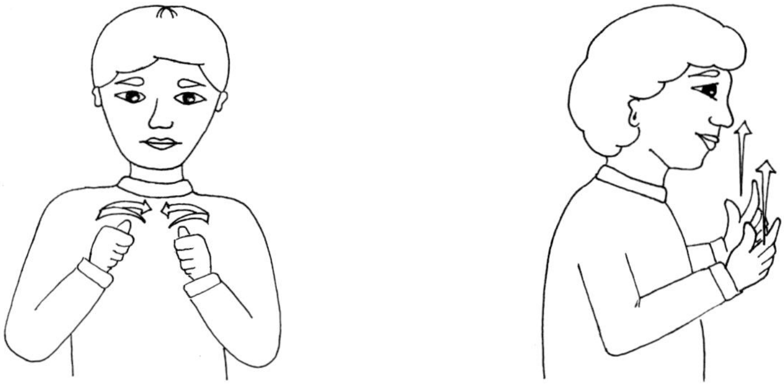

Lebenslust

Kalender

Monat

Kopiervorlage 14.2   Gebärdenkarten „Jahreszeiten/Monate"

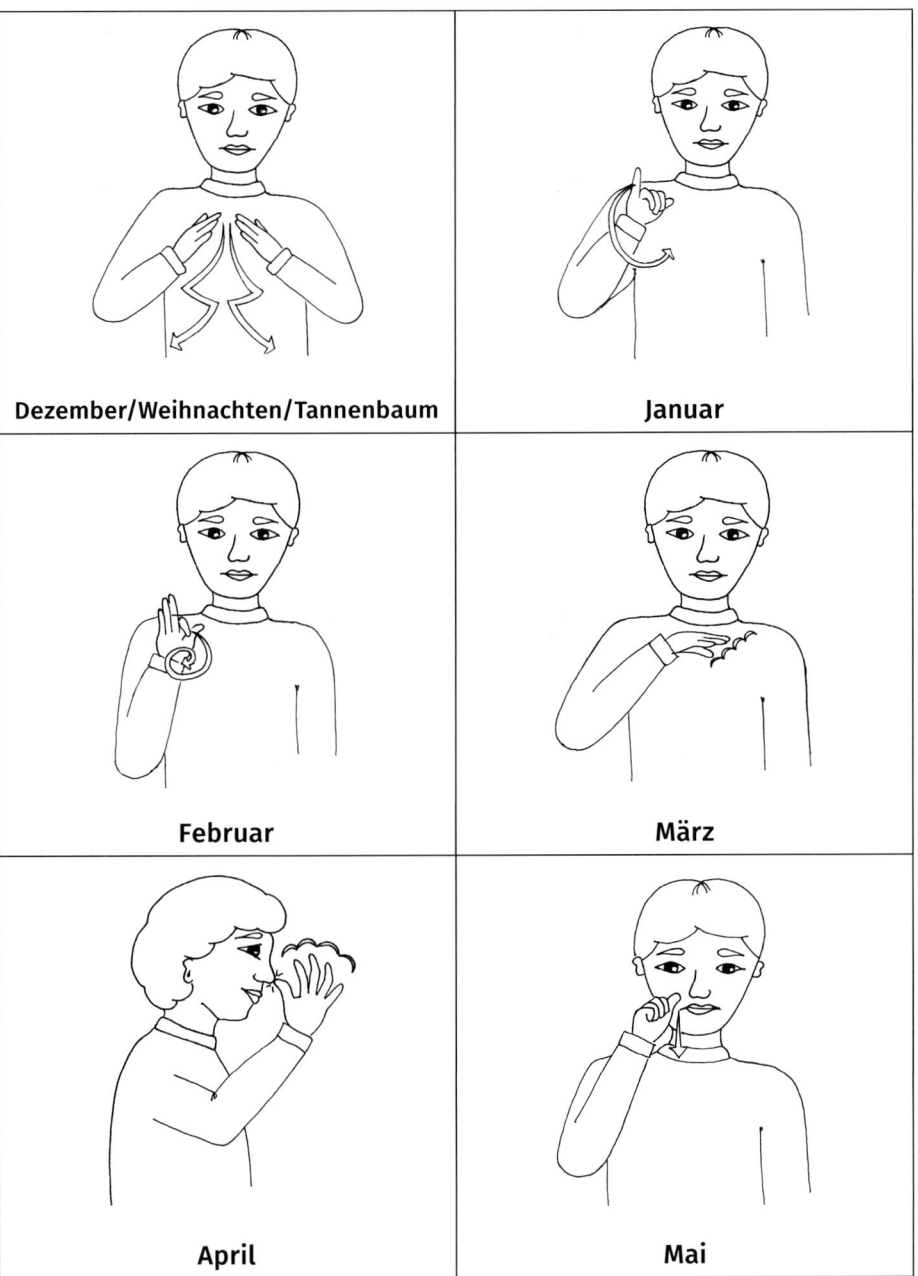

Kopiervorlage 14.3   Gebärdenkarten „Jahreszeiten/Monate"

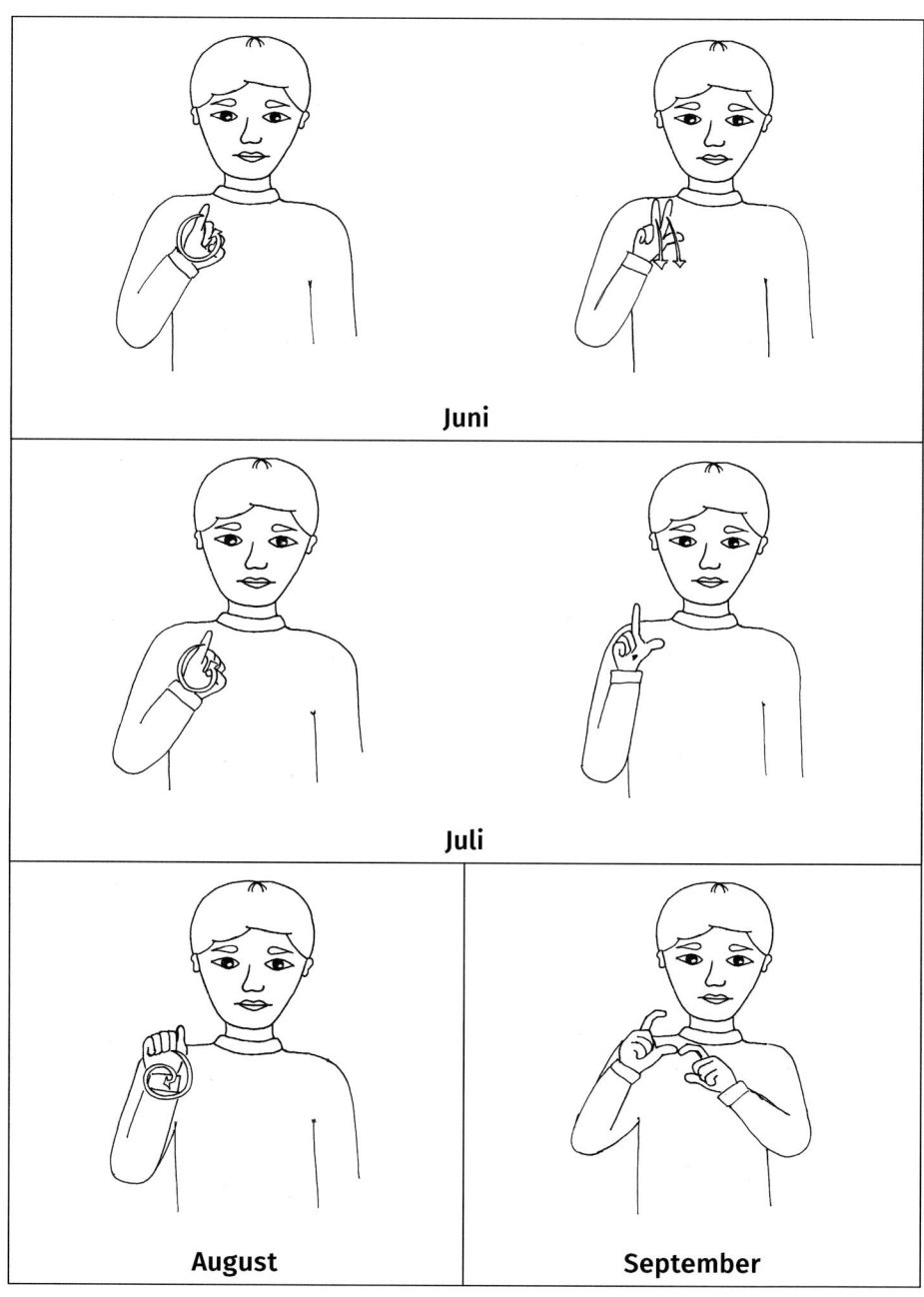

Kopiervorlage 14.4   Gebärdenkarten „Jahreszeiten/Monate"

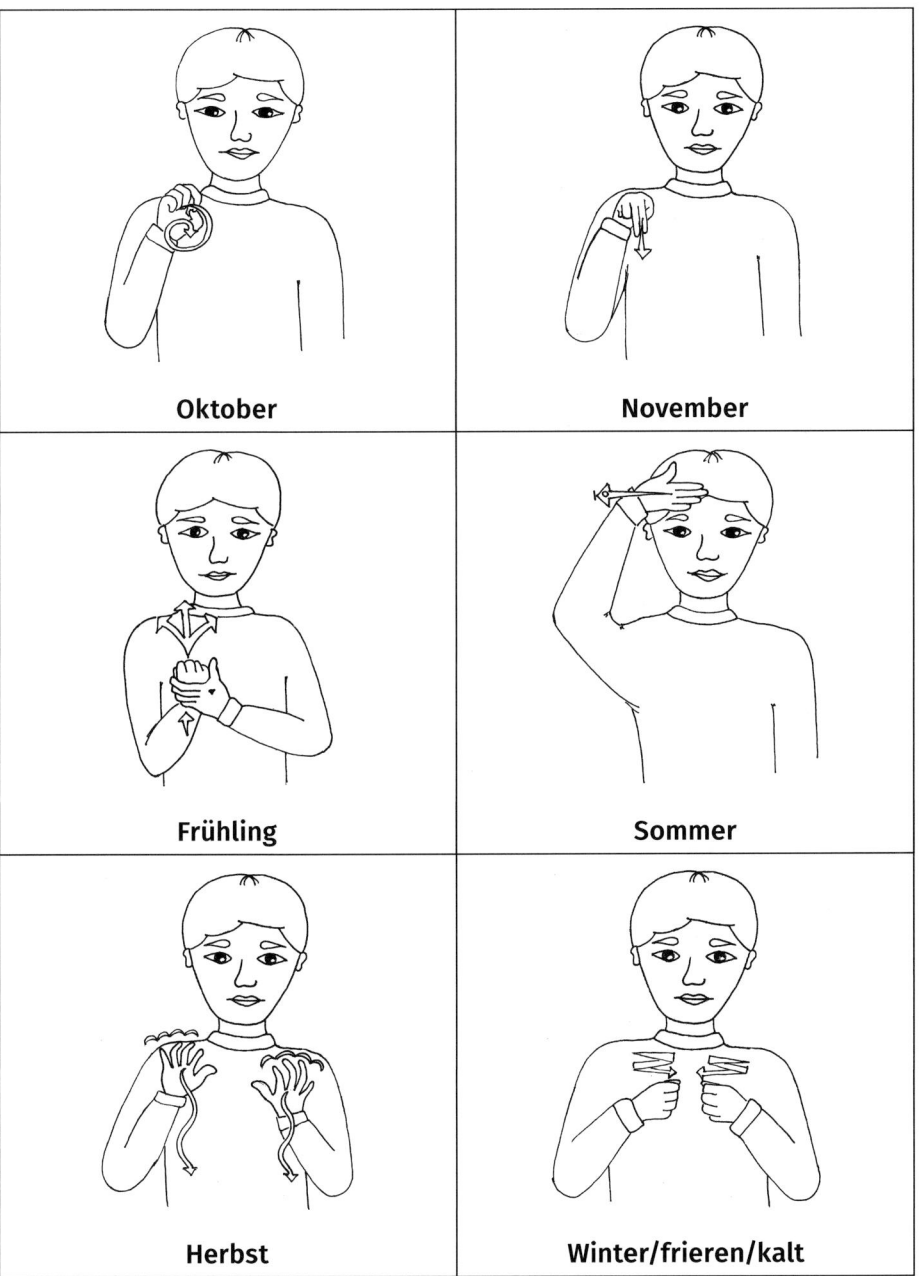

Kopiervorlage 15.1   Gebärdenkarten „Im Frühling"

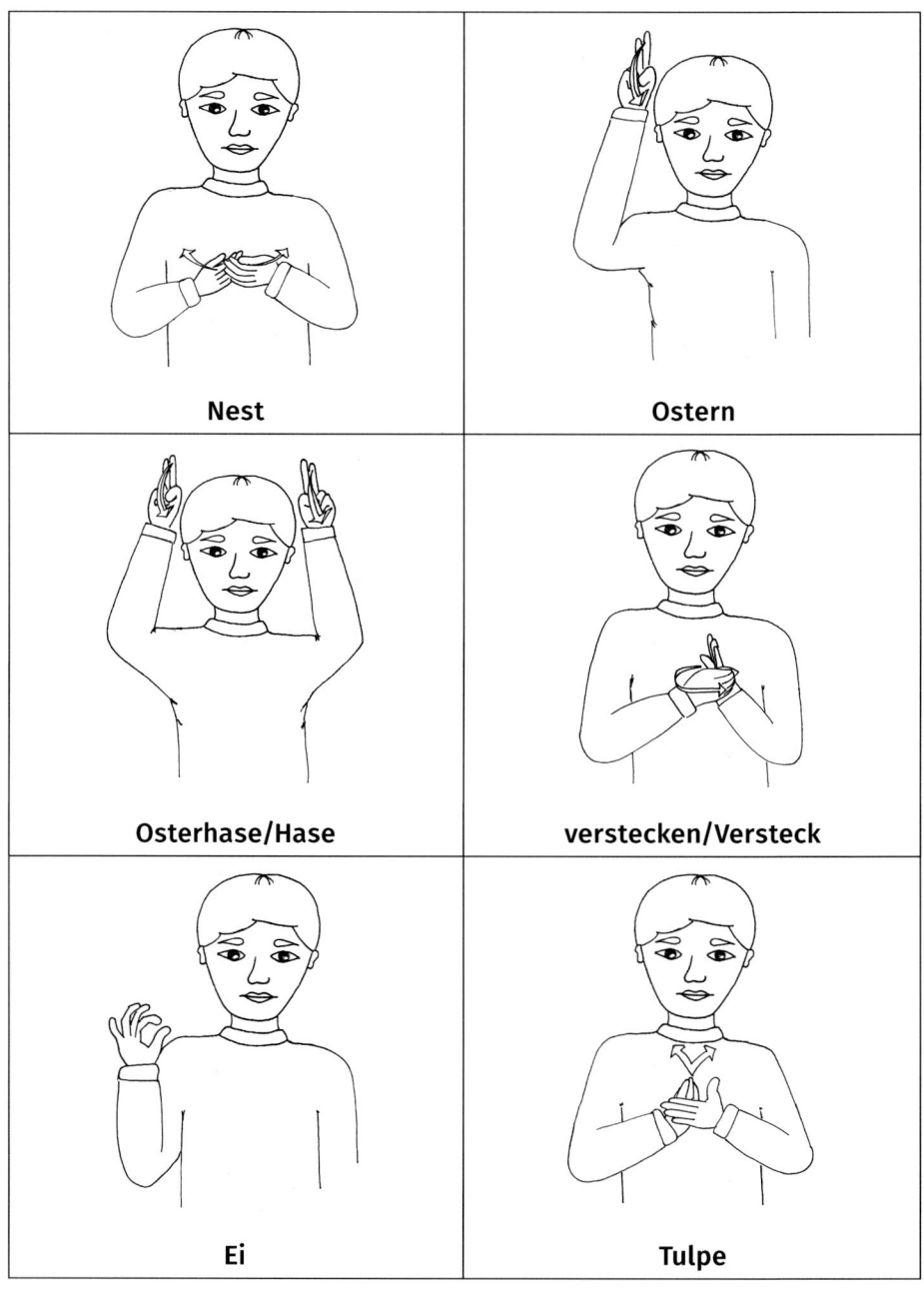

Kopiervorlage 16.1   Gebärdenkarten „Im Sommer"

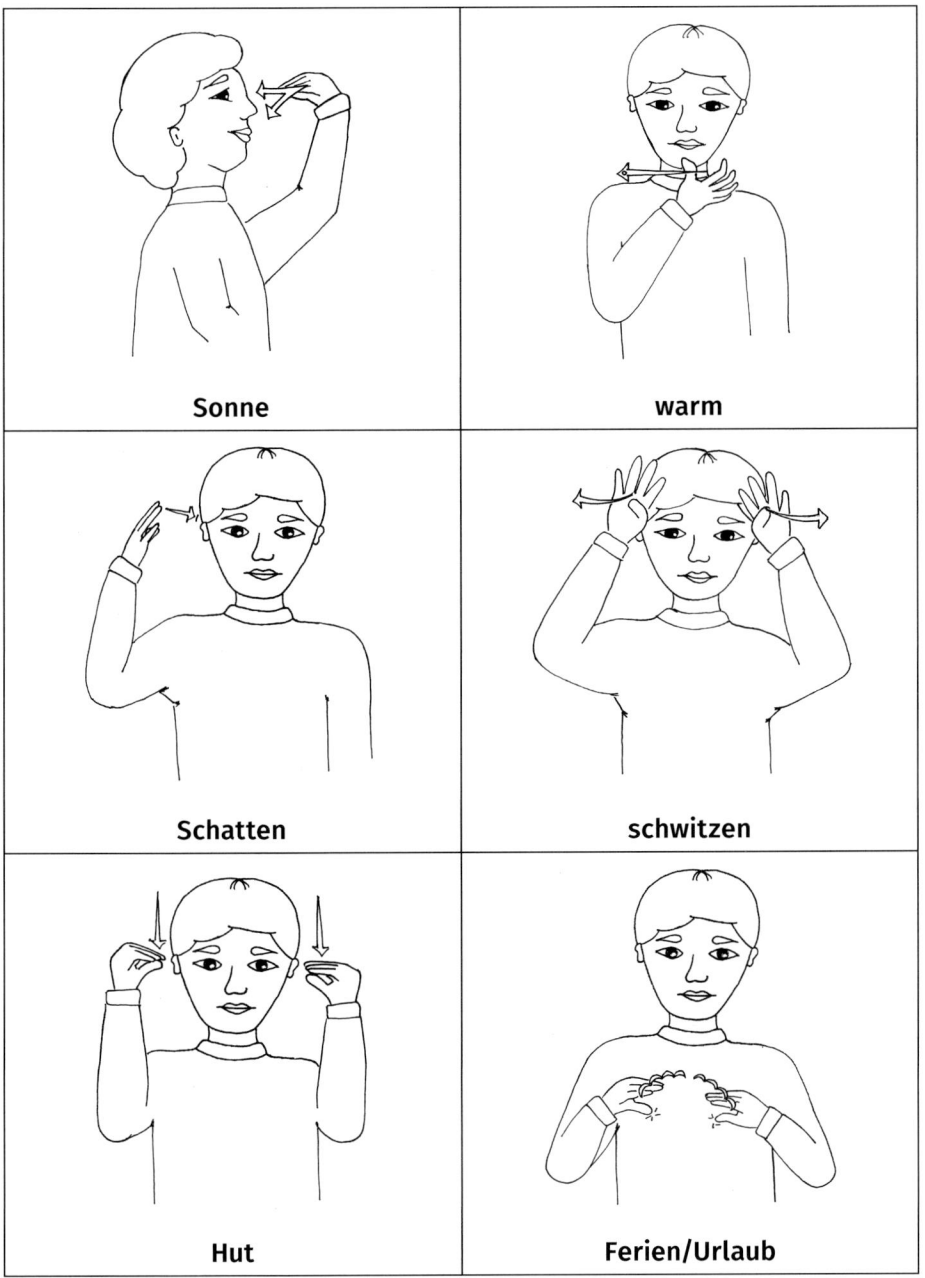

Kopiervorlage 16.2   Gebärdenkarten „Im Sommer"

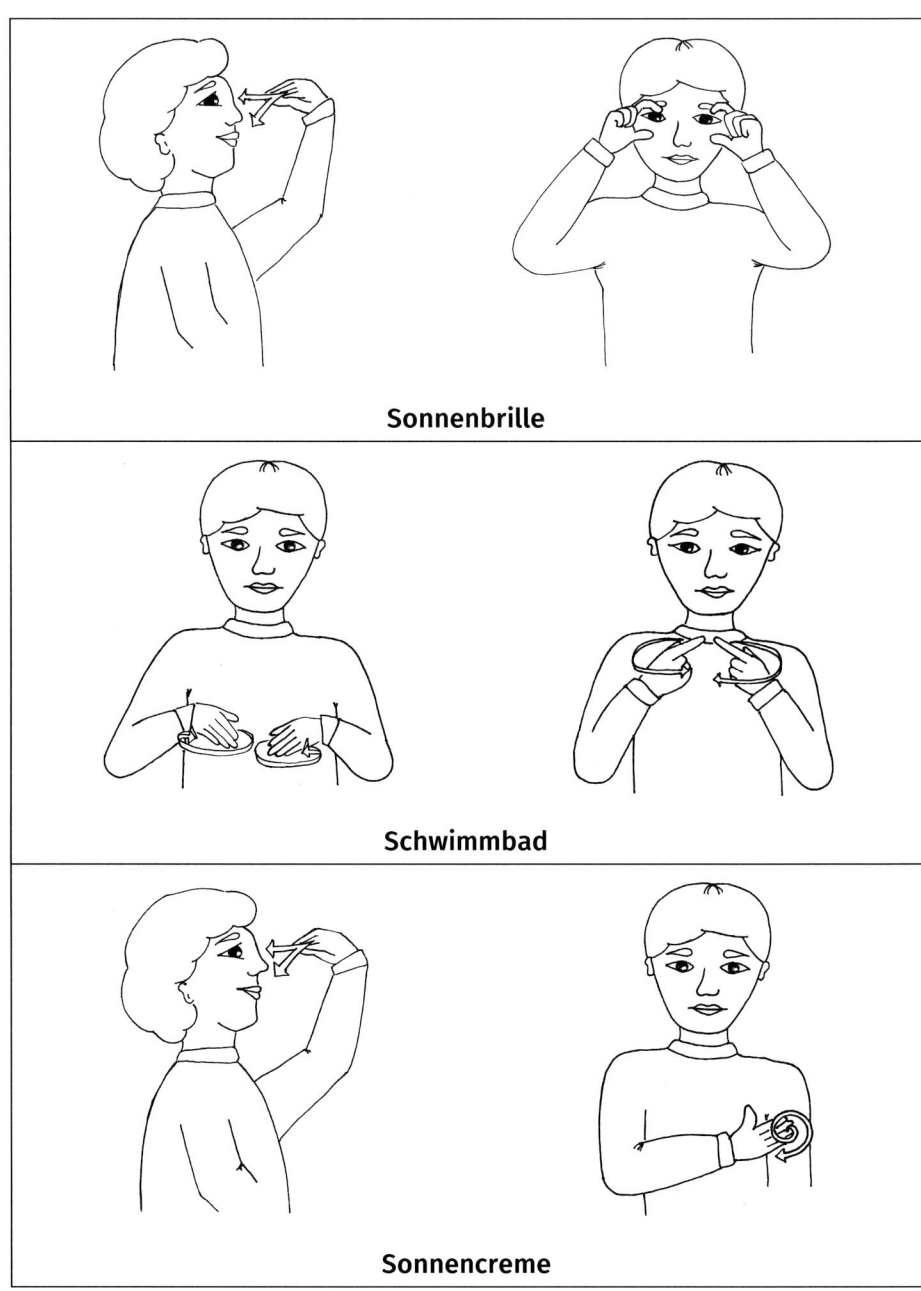

Kopiervorlage 16.3   Gebärdenkarten „Im Sommer"

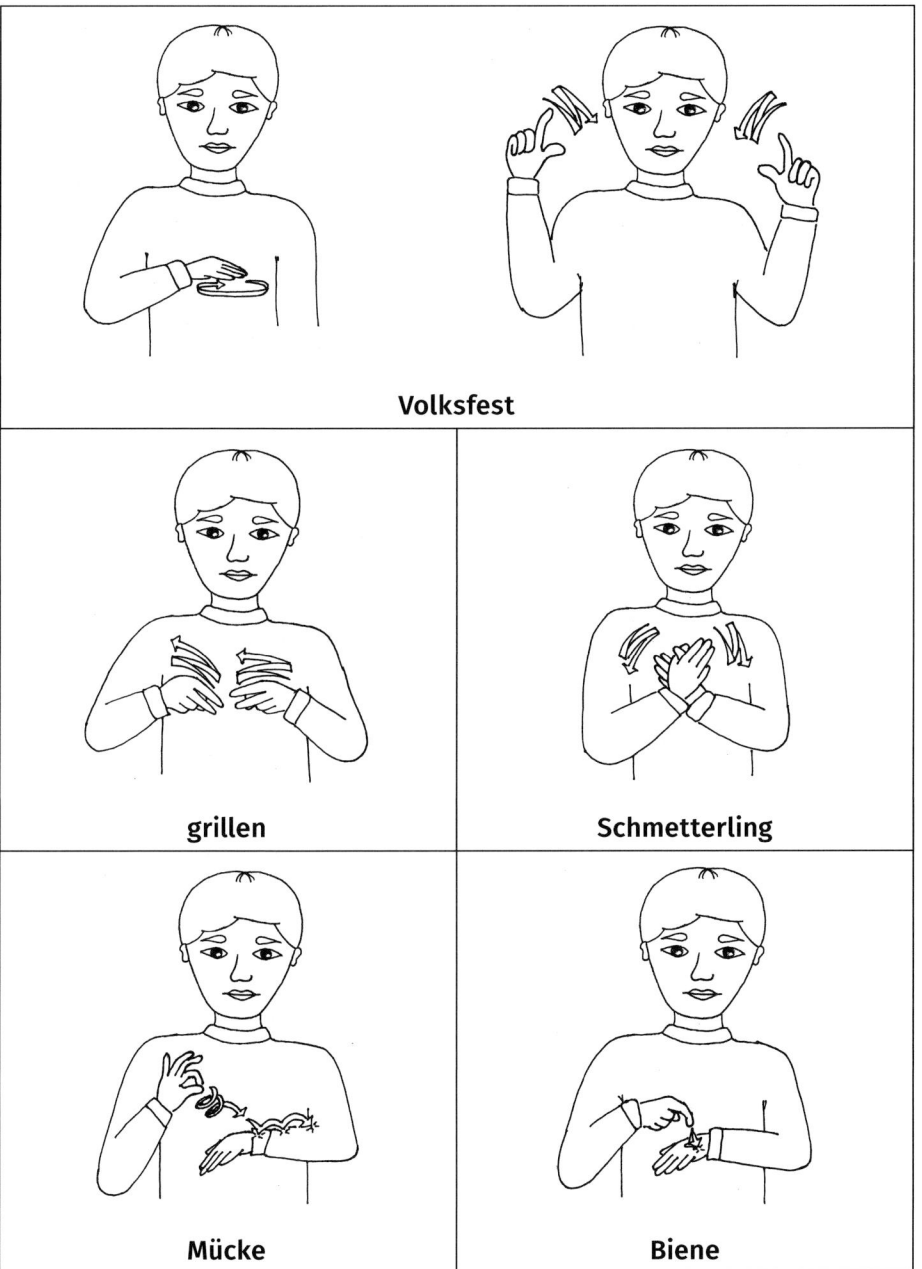

Kopiervorlage 16.4   Gebärdenkarten „Im Sommer"

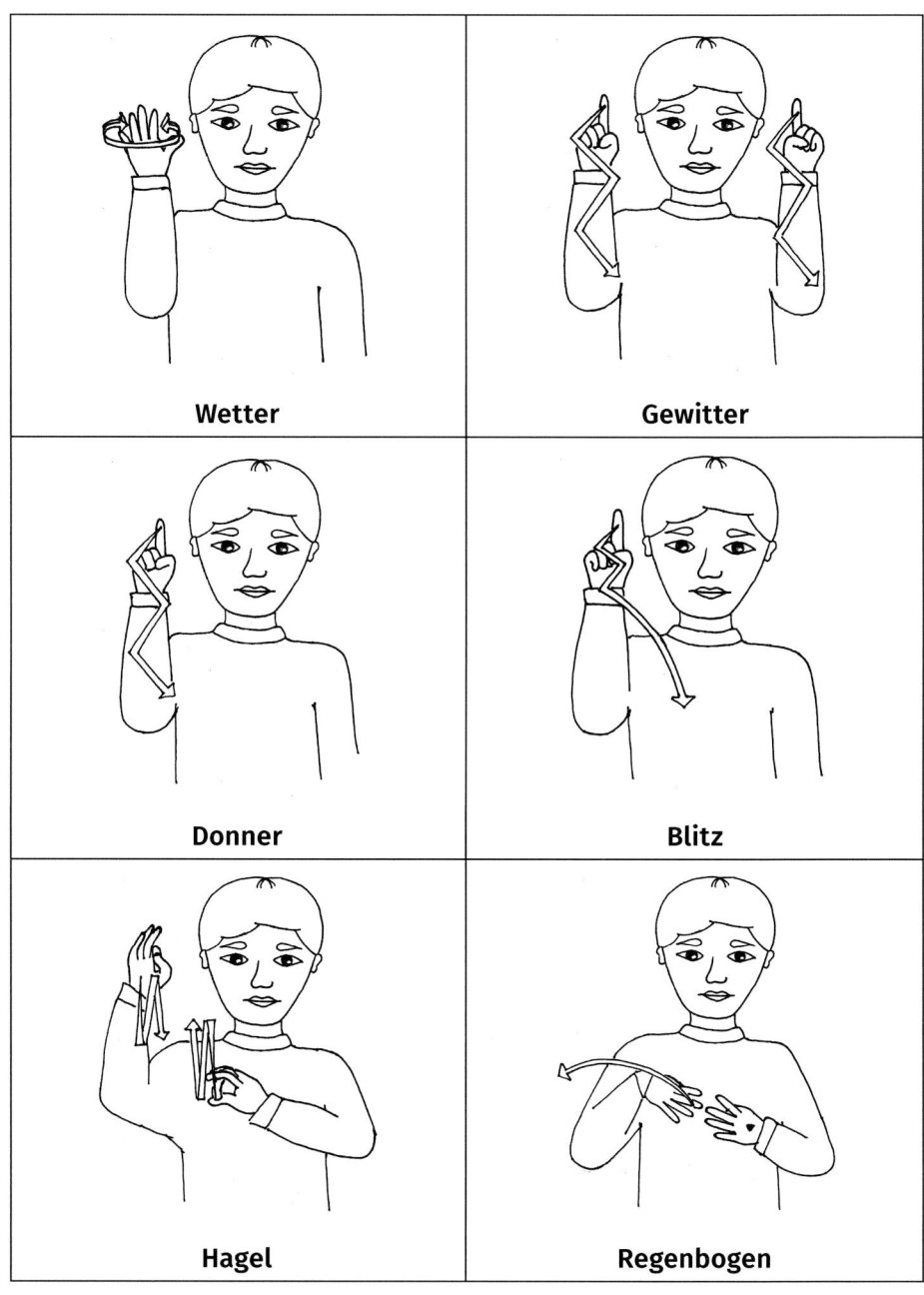

Kopiervorlage 17.1   Gebärdenkarten „Im Herbst"

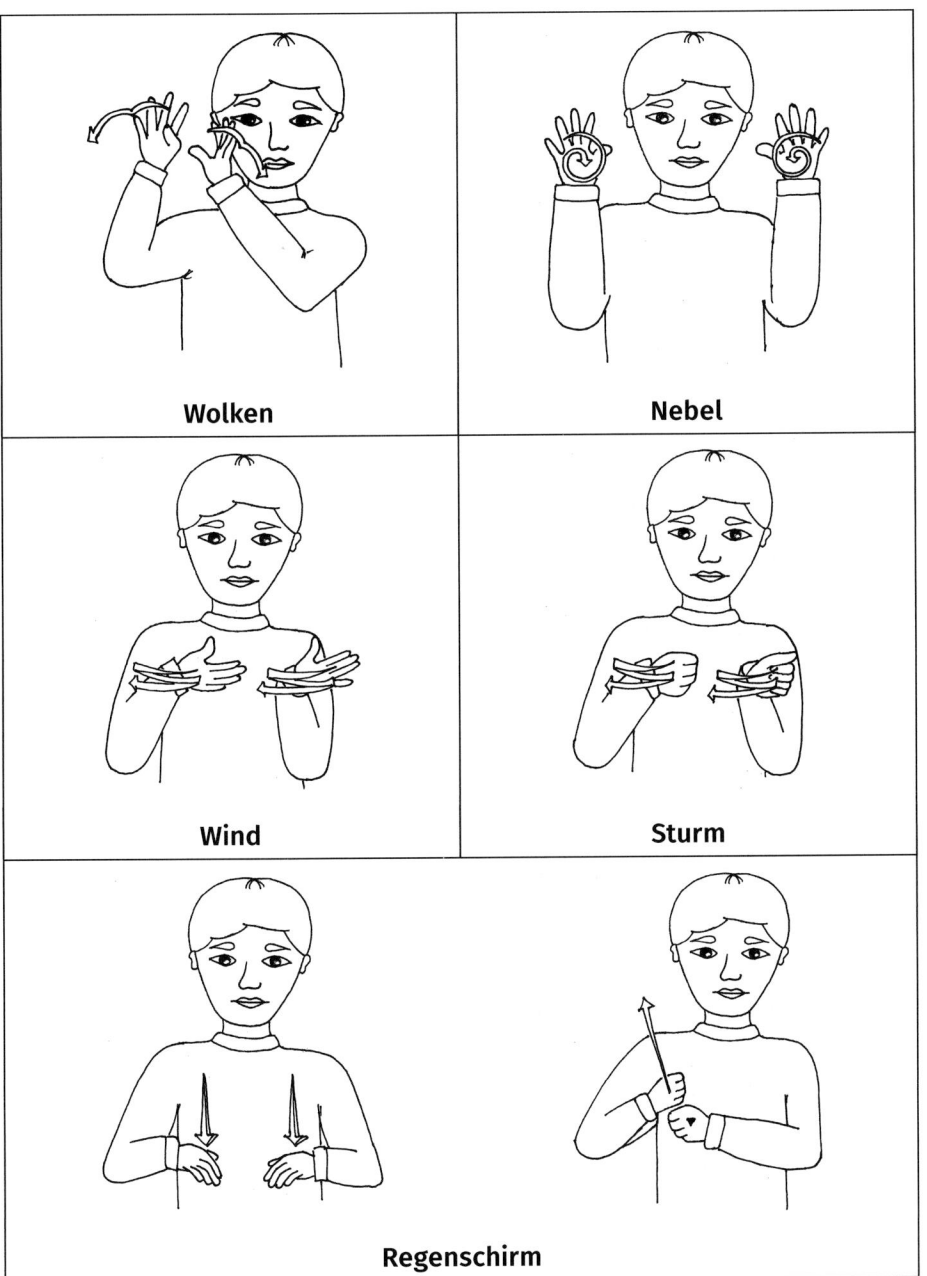

Kopiervorlage 17.2   Gebärdenkarten „Im Herbst"

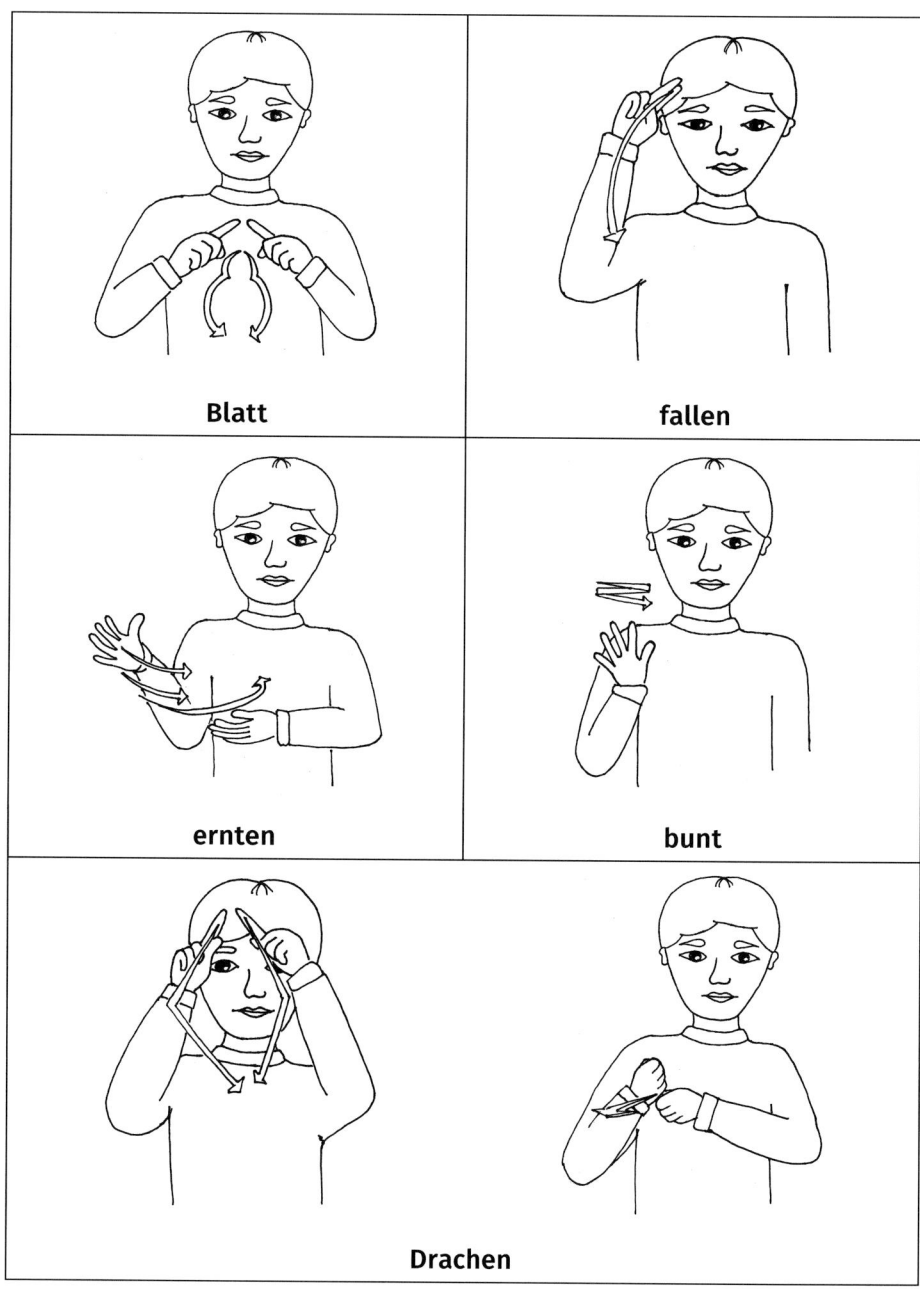

Kopiervorlage 17.3   Gebärdenkarten „Im Herbst"

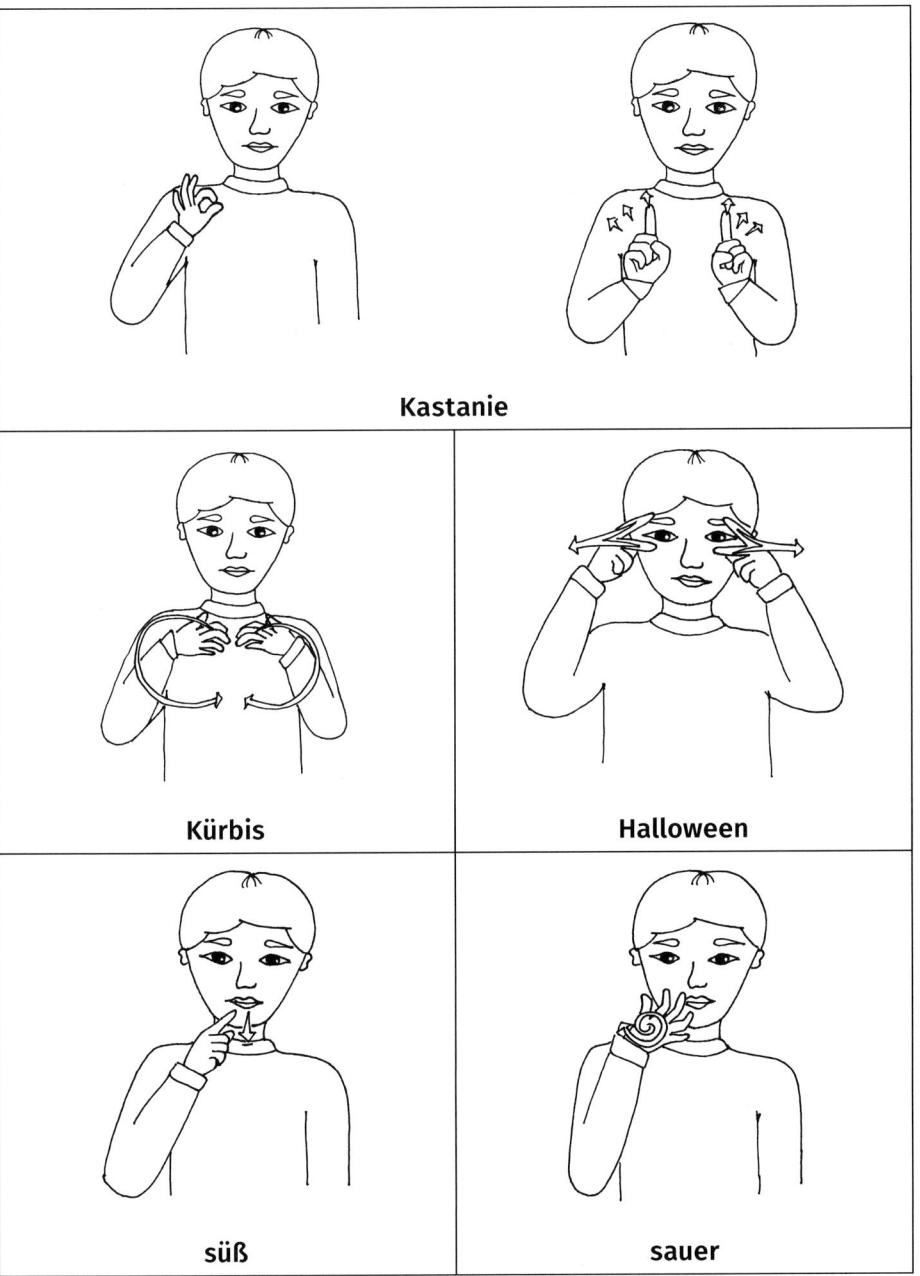

Kopiervorlage 18.1   Gebärdenkarten „Im Winter"

Schneemann

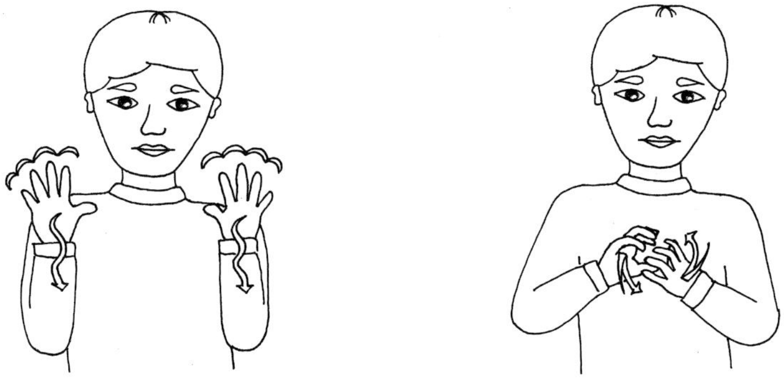

Schneeball

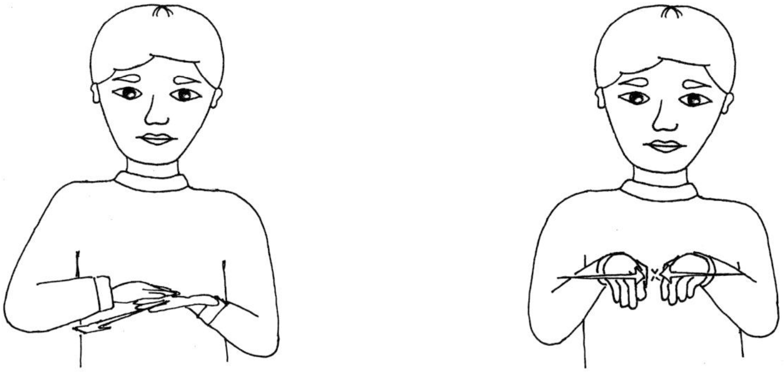

Glatteis

Kopiervorlage 18.2   Gebärdenkarten „Im Winter"

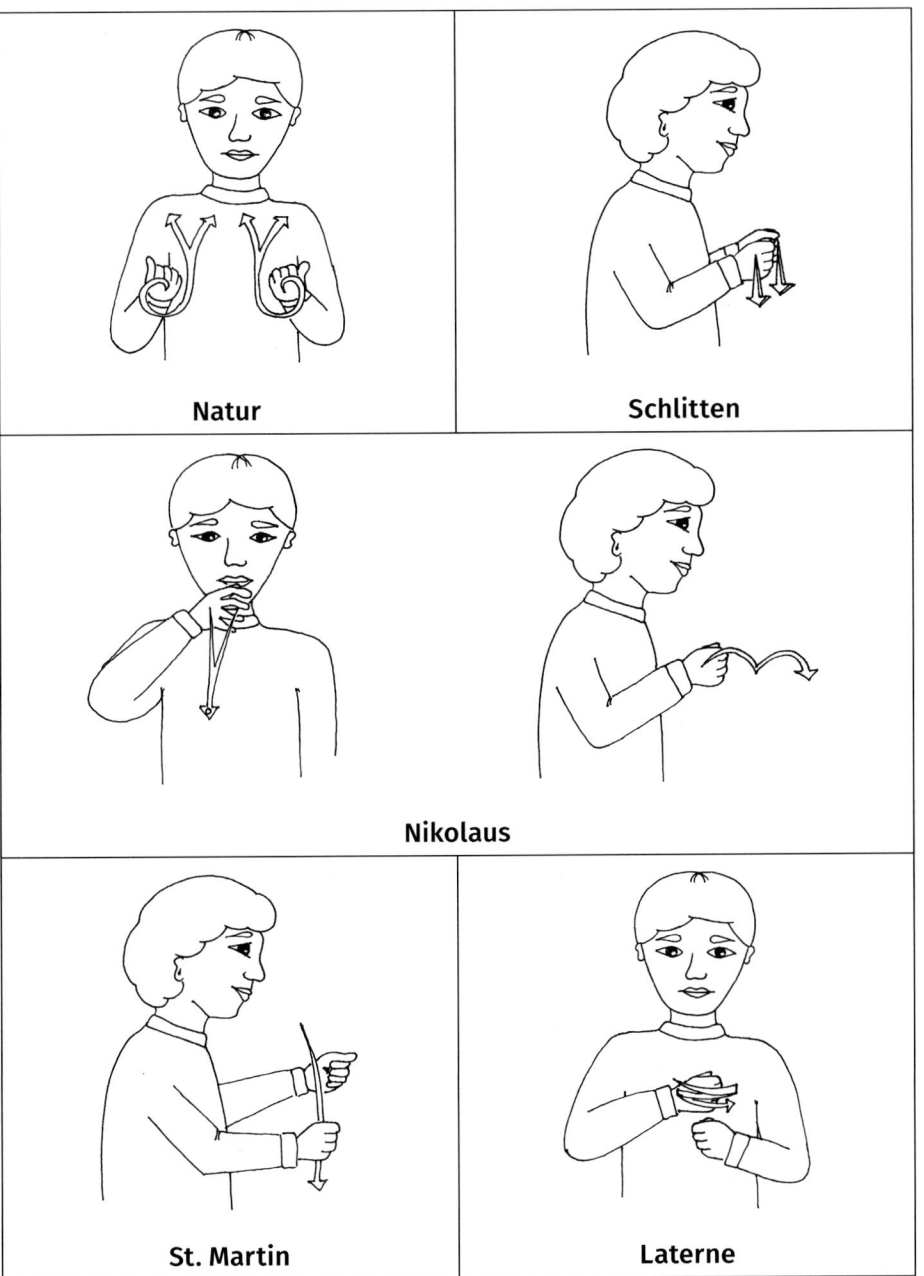

Kopiervorlage 18.3 Gebärdenkarten „Im Winter"

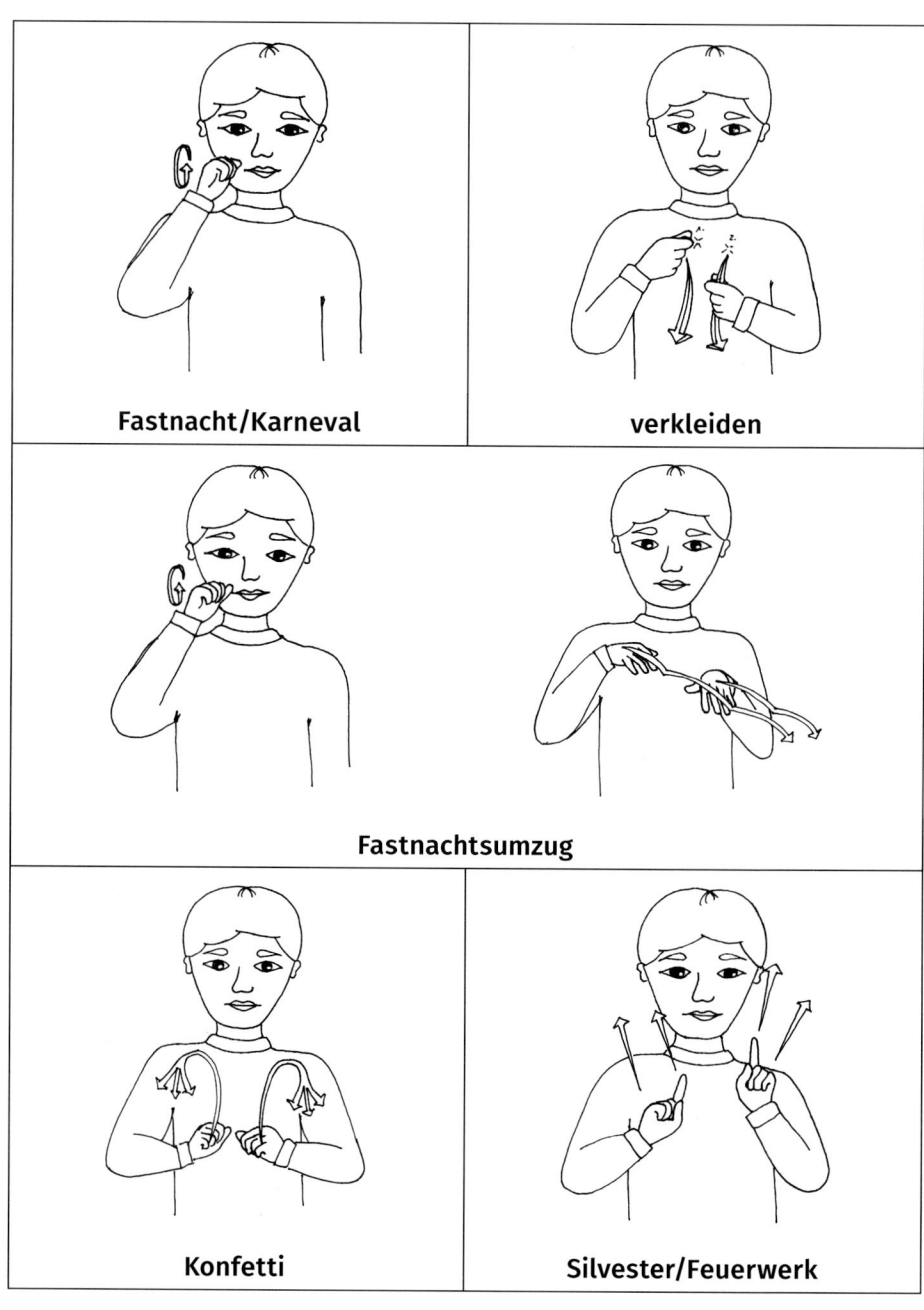

Kopiervorlage 19.1 Gebärdenkarten „Weihnachten"

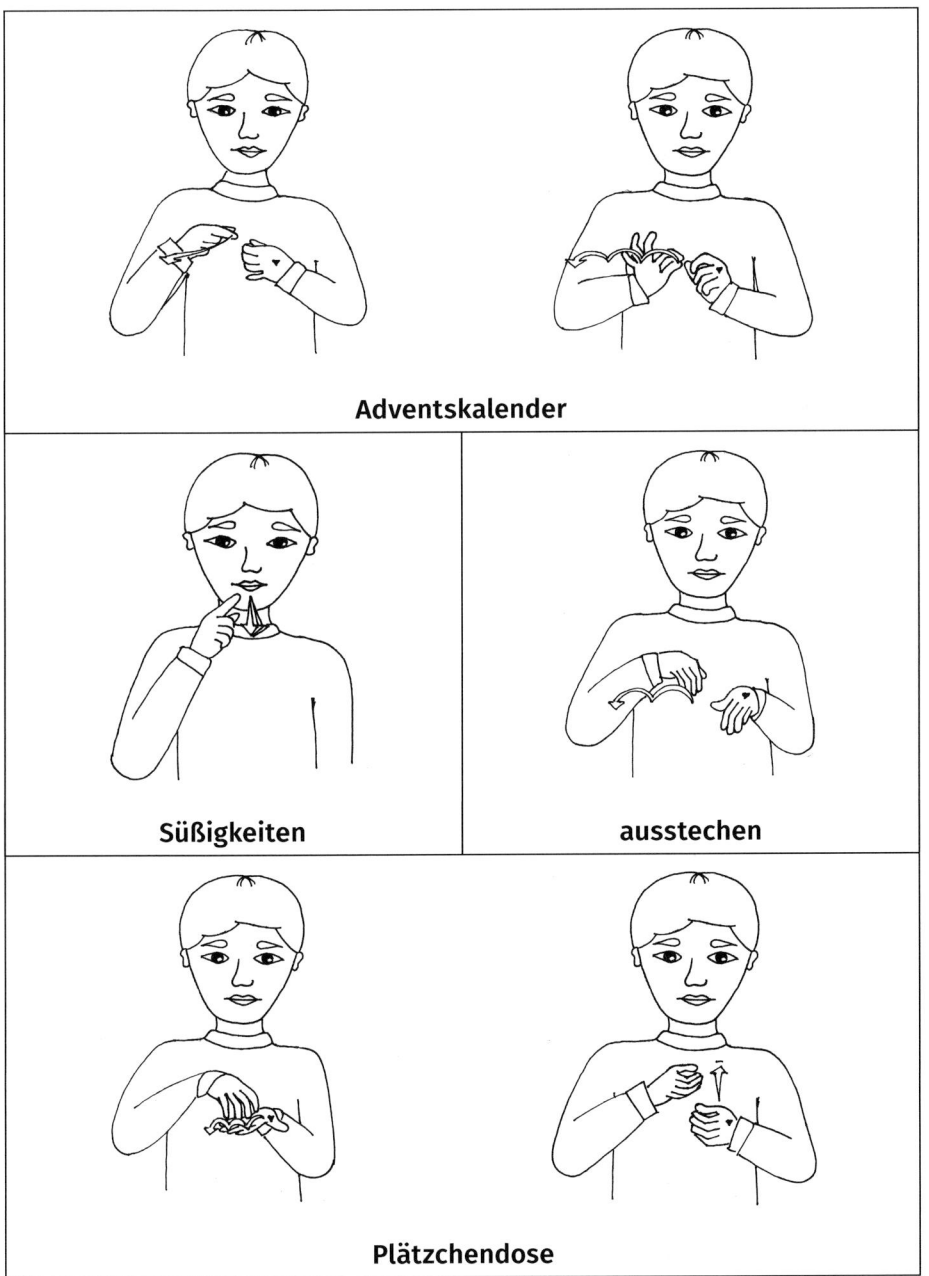

Kopiervorlage 19.2   Gebärdenkarten „Weihnachten"

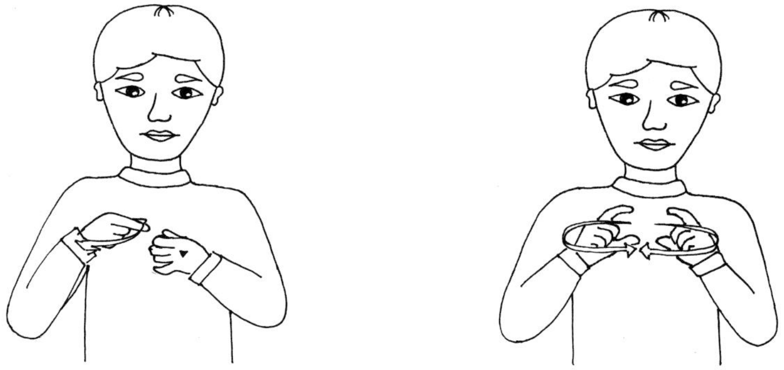

Adventskranz

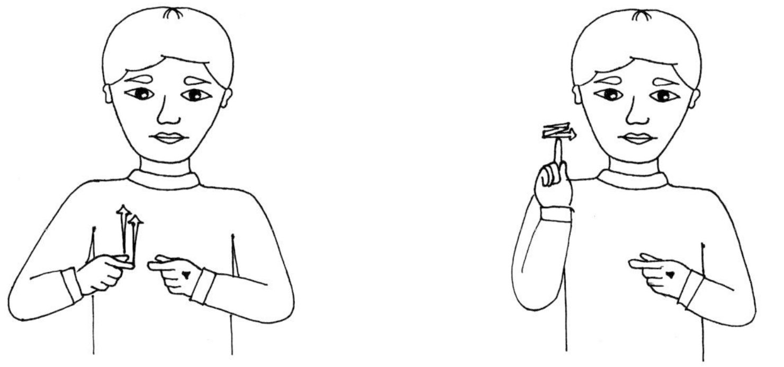

Kerze

vier

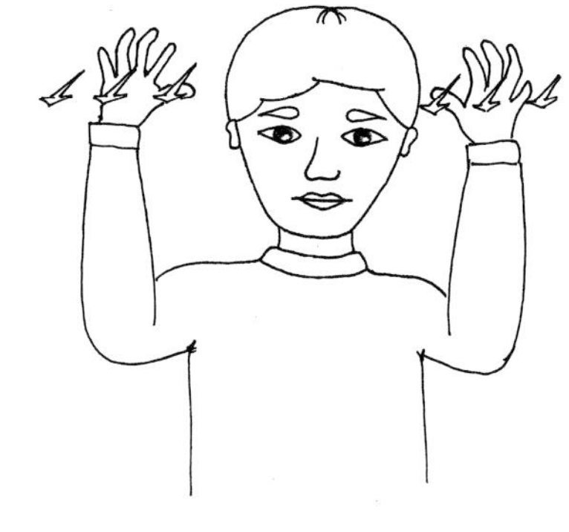

schmücken

Kopiervorlage 19.3 Gebärdenkarten „Weihnachten"

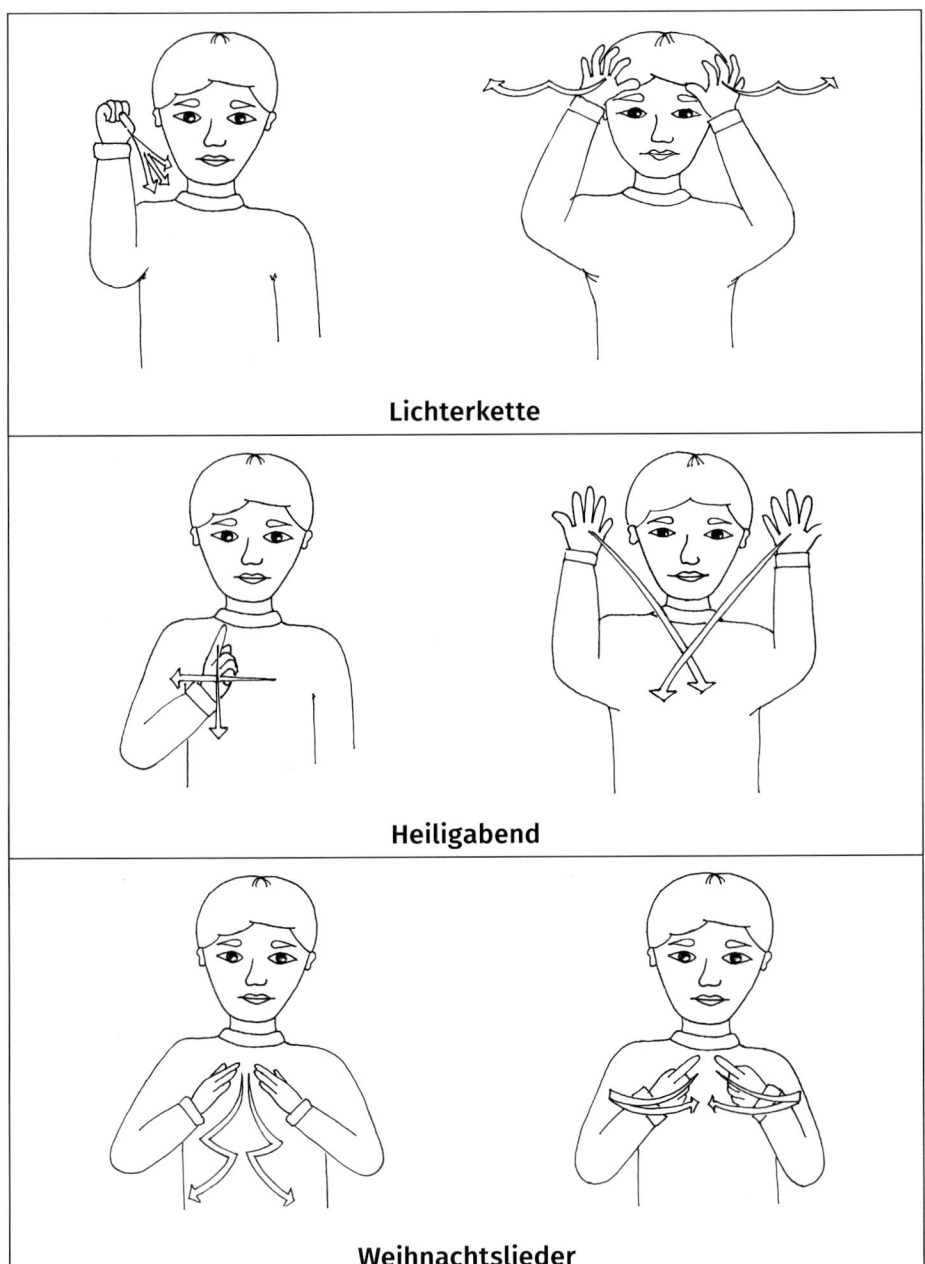

Lichterkette

Heiligabend

Weihnachtslieder

Kopiervorlage 19.4   Gebärdenkarten „Weihnachten"

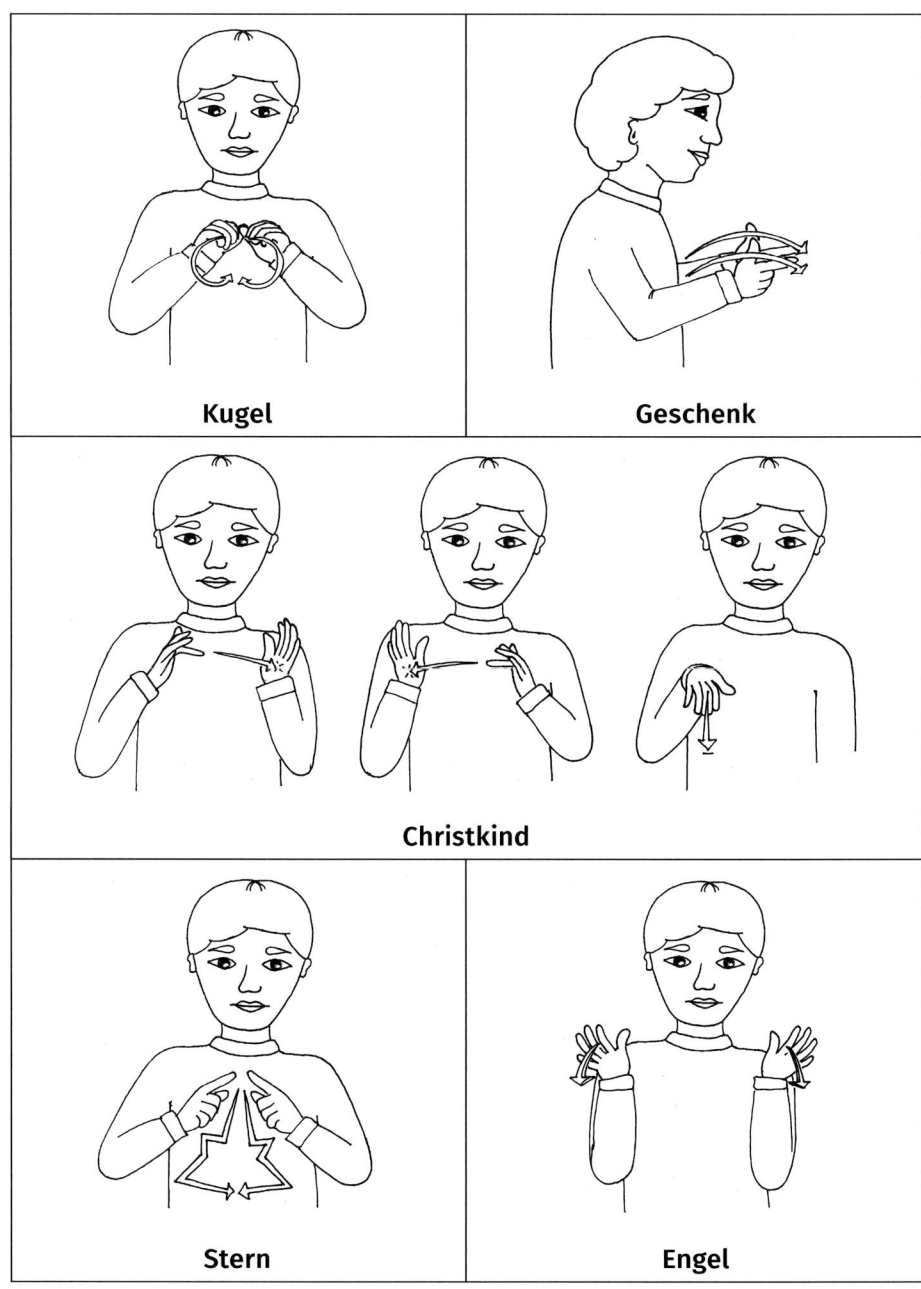

Kopiervorlage 19.5   Gebärdenkarten „Weihnachten"

Krippe	Stall
Maria	Josef
Stroh	Ochse

Kopiervorlage 19.6   Gebärdenkarten „Weihnachten"

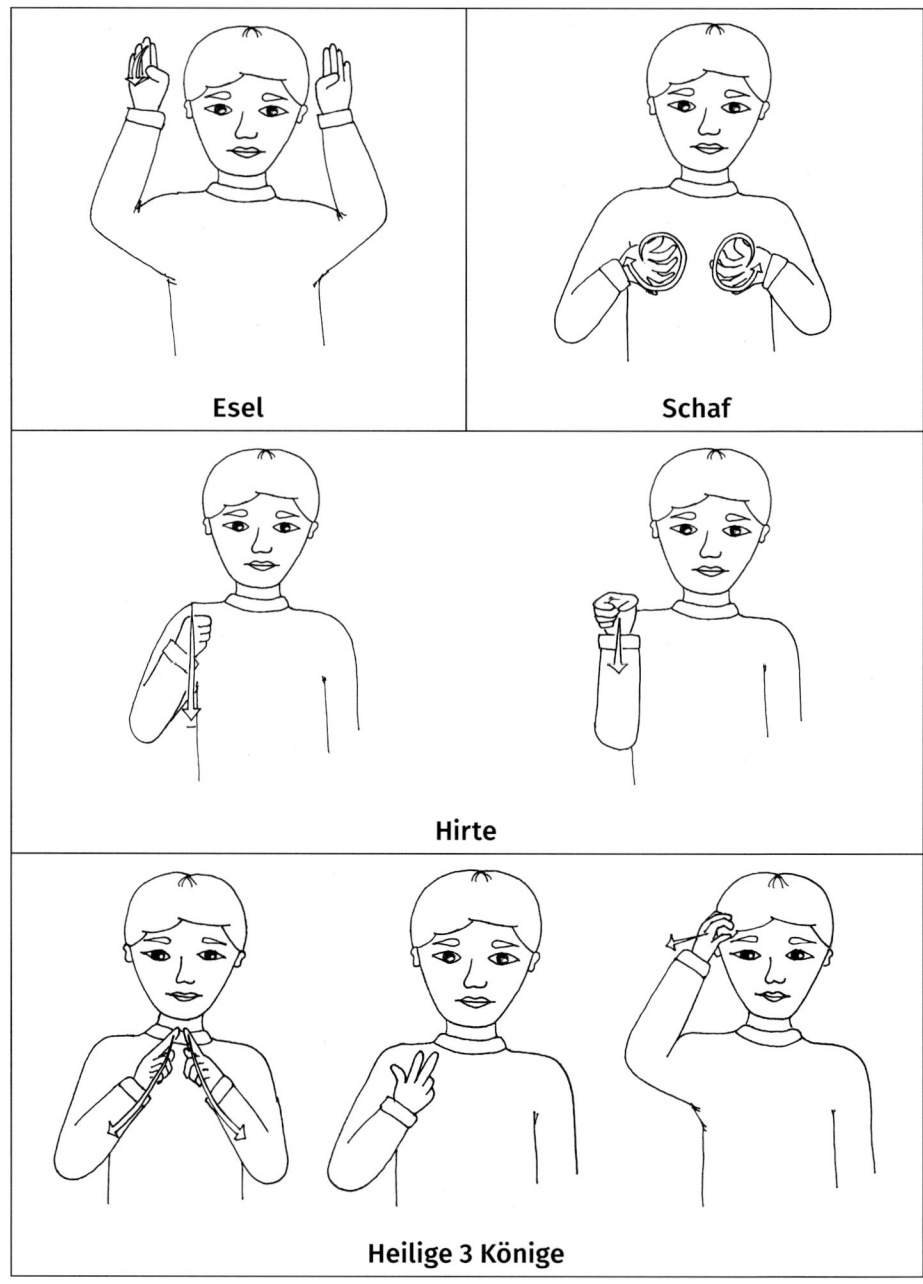

Kopiervorlage 20.1   Gebärdenkarten „Komm mit nach Afrika"

Globus/Erde	Europa
Afrika	Dschungel/Regenwald
Savanne	

Kopiervorlage 20.2   Gebärdenkarten „Komm mit nach Afrika"

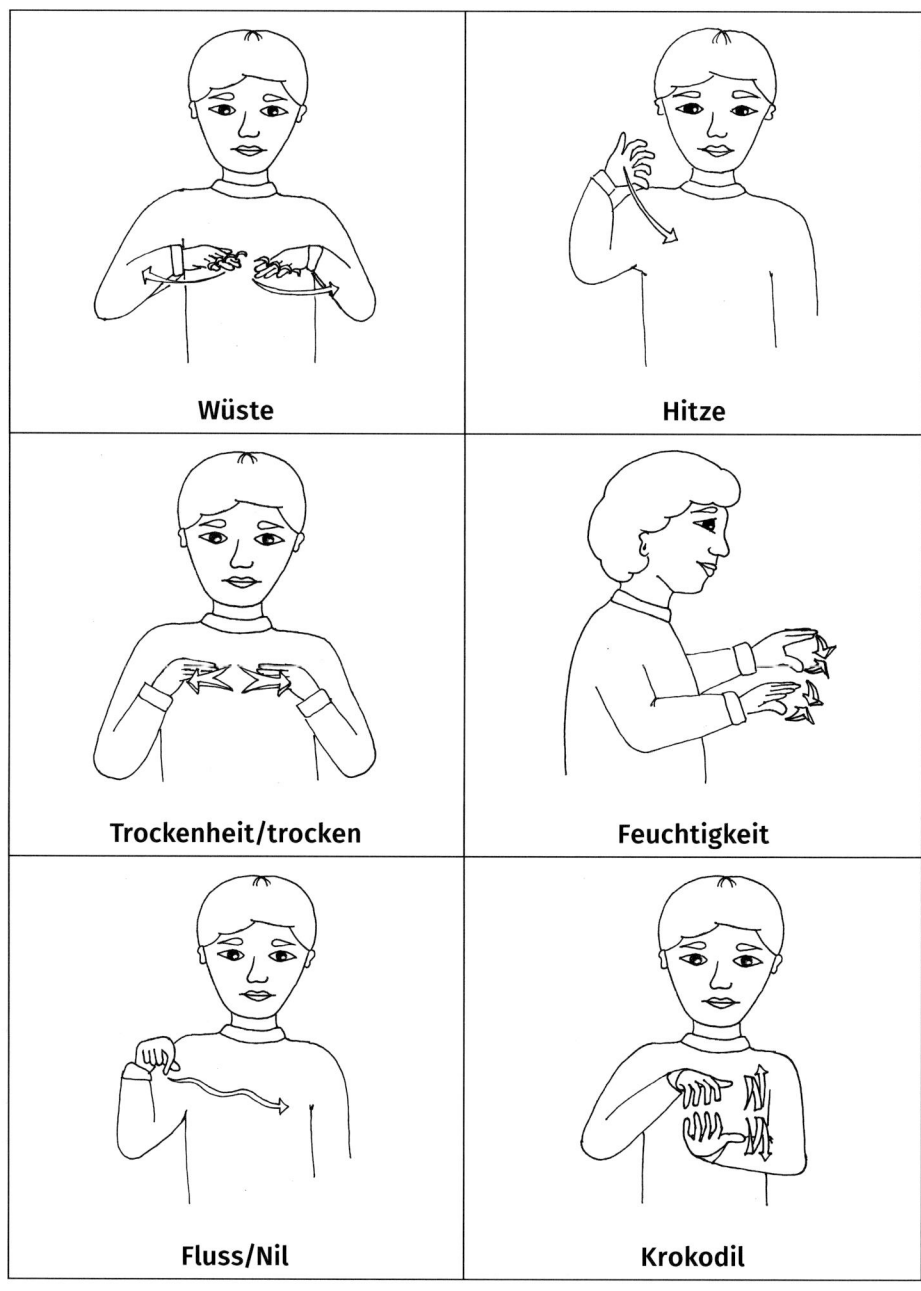

Kopiervorlage 20.3   Gebärdenkarten „Komm mit nach Afrika"

Elefant/Rüssel	Zebra
Löwe/Mähne	Affe
Kamel	Höcker

Kopiervorlage 20.4   Gebärdenkarten „Komm mit nach Afrika"

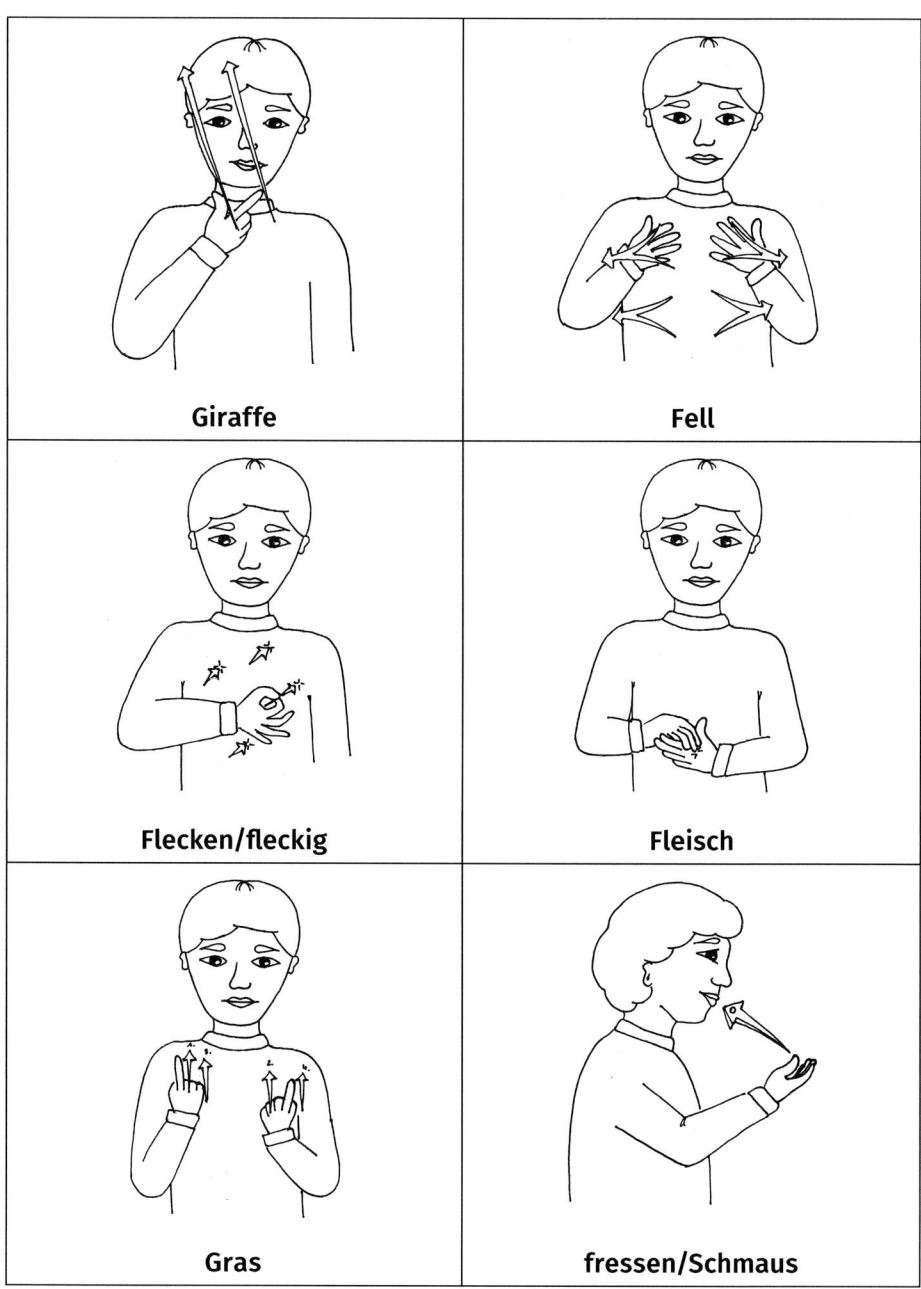

Kopiervorlage 20.5 Gebärdenkarten „Komm mit nach Afrika"

Reise	wild
Tier	Hit
schleppen/tragen(Lasten)	fasten

Kopiervorlage 20.6 Gebärdenkarten „Komm mit nach Afrika"

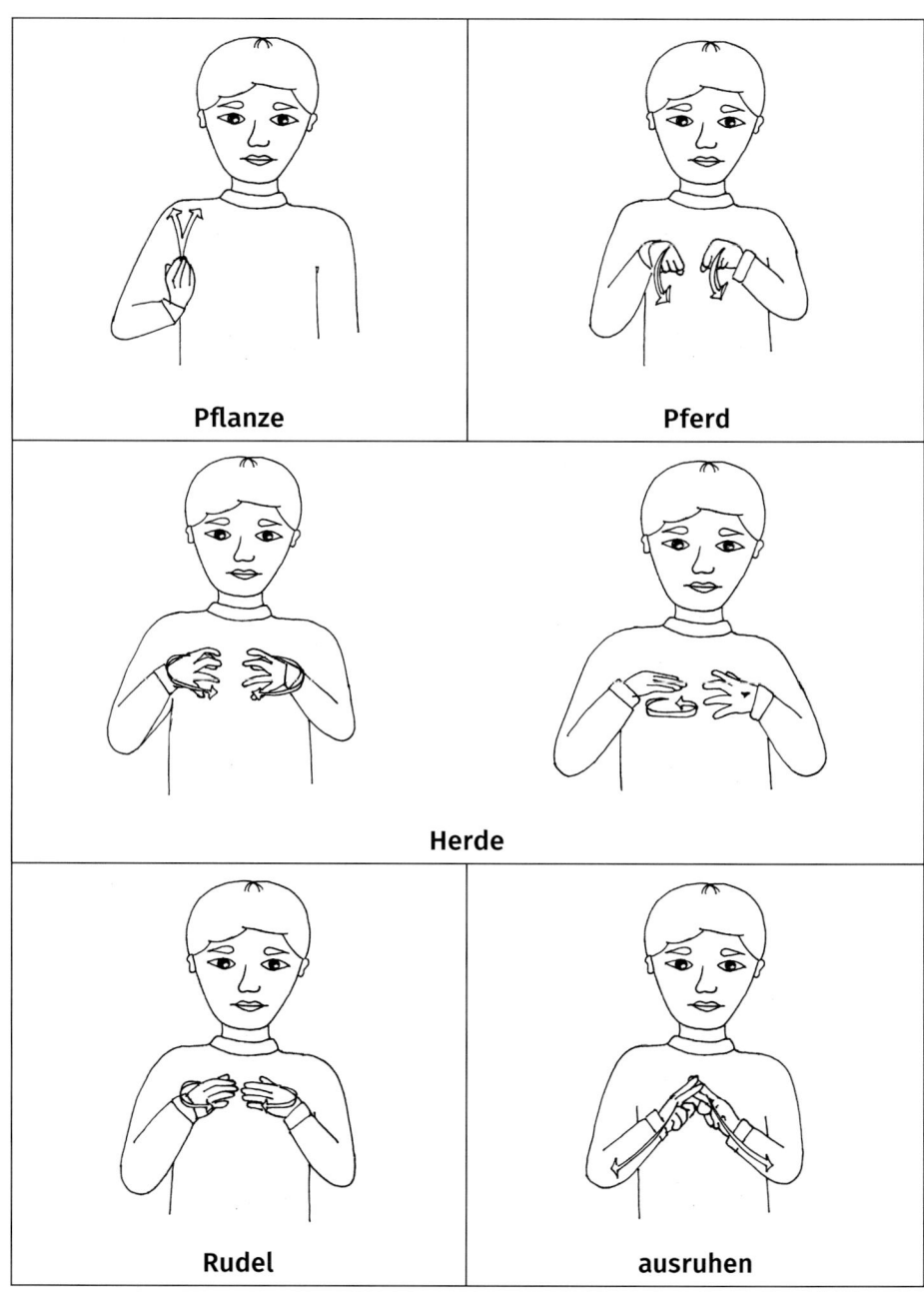

Kopiervorlage 20.7 Gebärdenkarten „Komm mit nach Afrika"

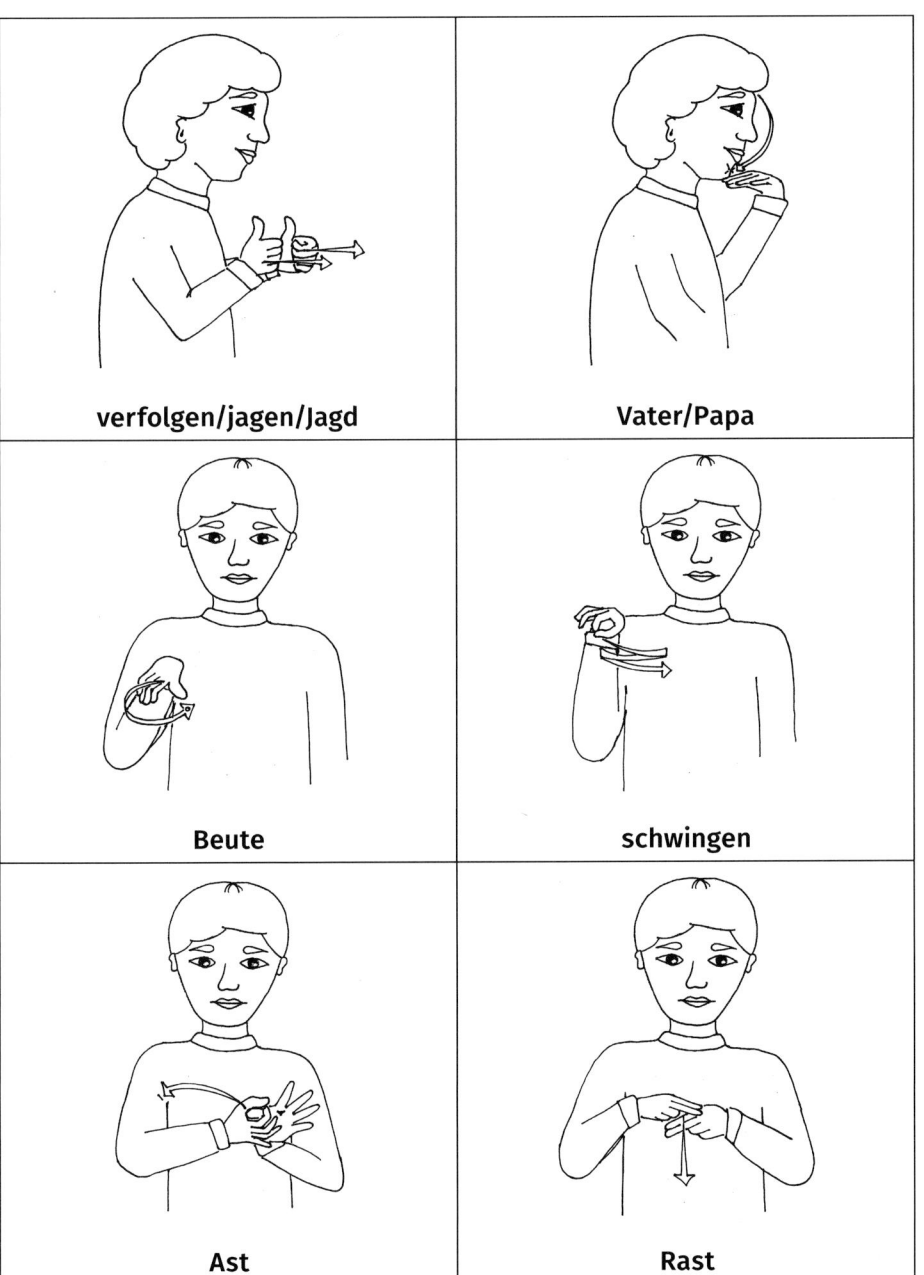

Kopiervorlage 20.8   Gebärdenkarten „Komm mit nach Afrika"

bequem	Käfer
Reptil	Wache halten
Problem	erreichen

Kopiervorlage 20.9   Gebärdenkarten „Komm mit nach Afrika"

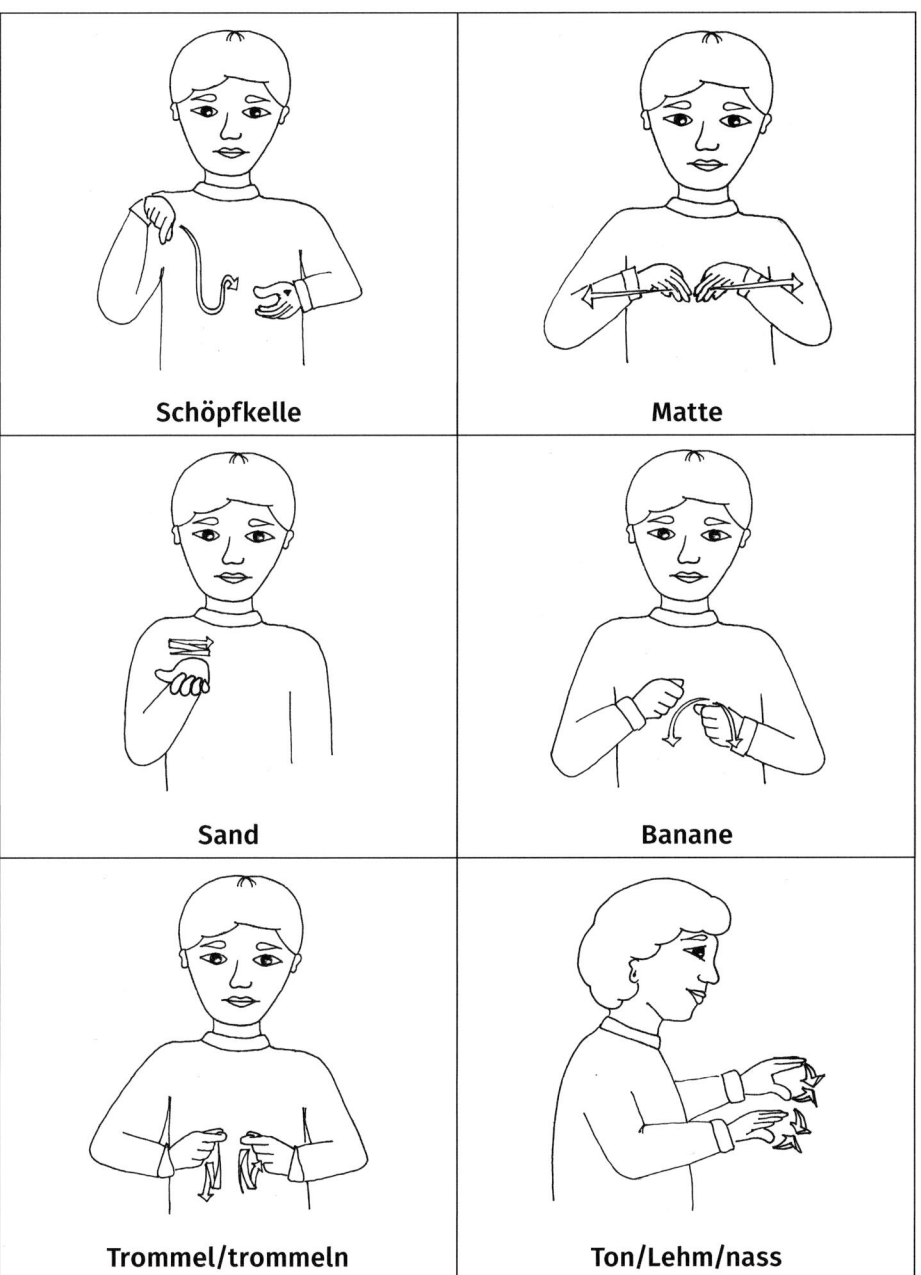

Kopiervorlage 20.10   Gebärdenkarten „Komm mit nach Afrika"

Hütte/Tukul	Tuch/Umhang
Laubbaum	
Palme	Feuerstelle/Lagerfeuer

Kopiervorlage 20.11   Gebärdenkarten „Komm mit nach Afrika"

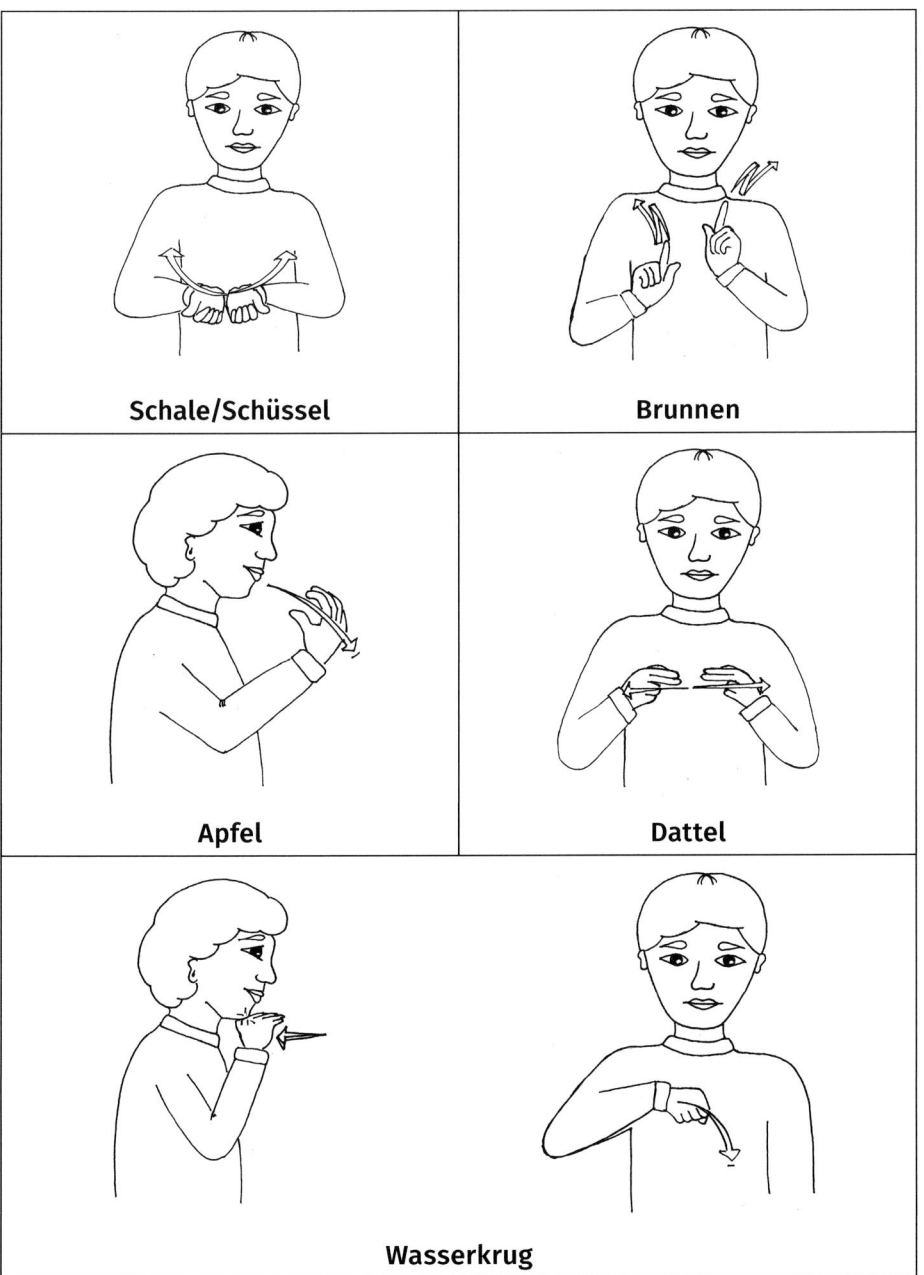

Kopiervorlage 20.12 Gebärdenkarten „Komm mit nach Afrika"

Hirse	Salz

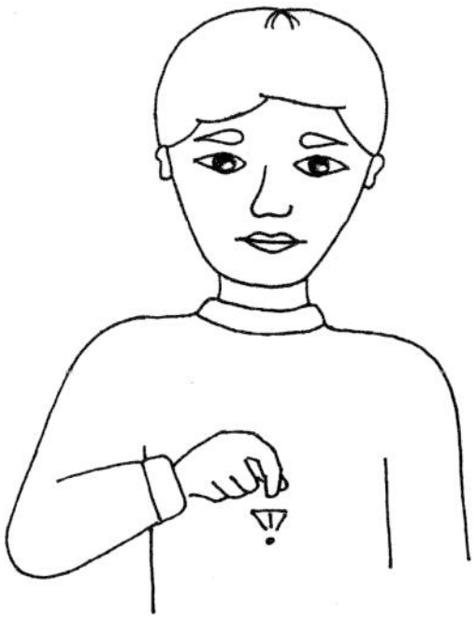

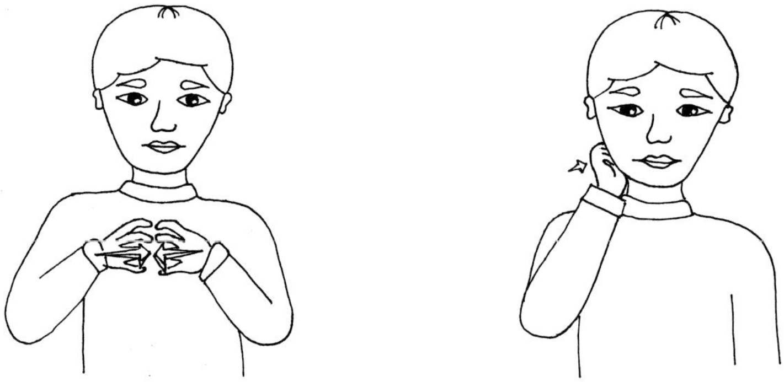

Kokosnuss

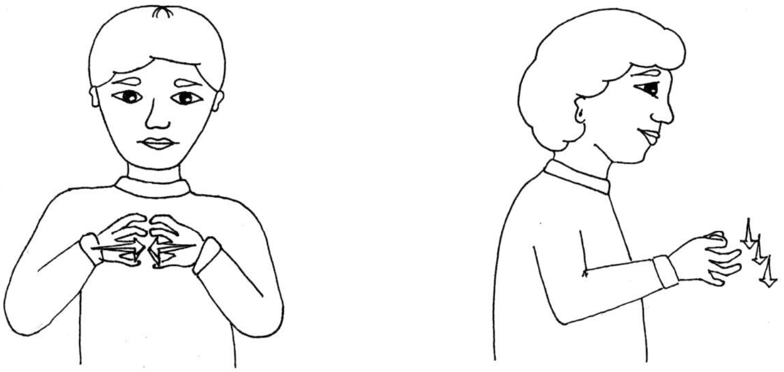

Kokosflocken

Kopiervorlage 20.13 Gebärdenkarten „Komm mit nach Afrika"

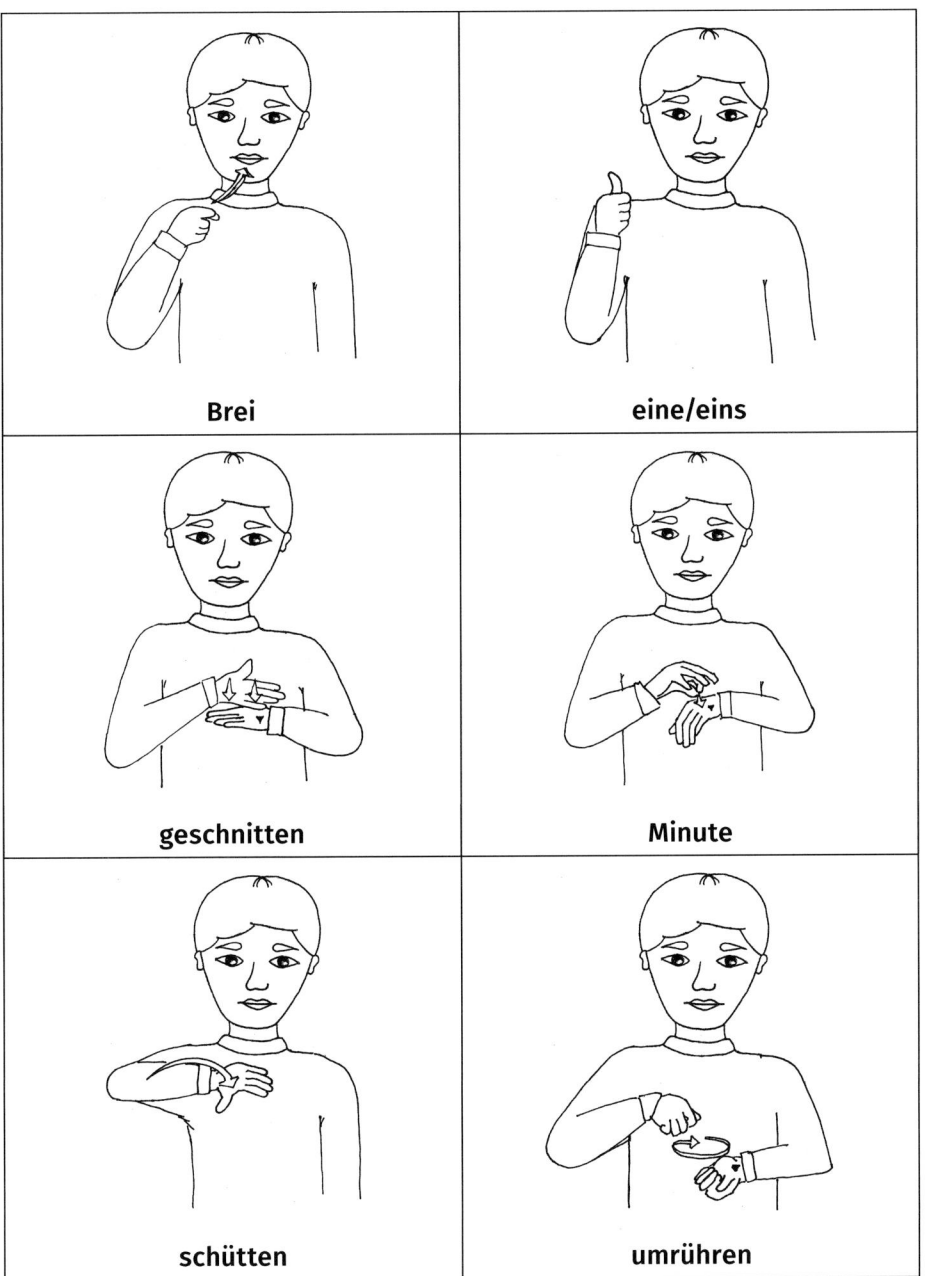

Kopiervorlage 21.1   Afrika-Lied: Noten zum Text

Text und Noten/Melodie: Cornelia Werkhausen

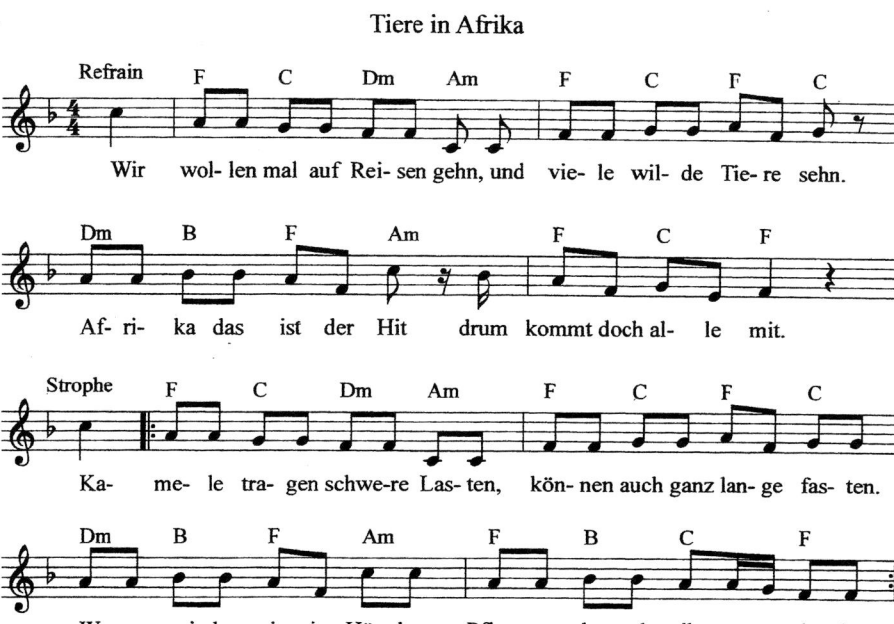

Kopiervorlage 21.2   Afrika-Lied: Text

Refrain: Wir wollen mal auf Reisen gehn,
und viele wilde Tiere sehn.
Afrika das ist der Hit
drum kommt doch alle mit.

Strophen:
1. Kamele tragen schwere Lasten,
können auch ganz lange fasten.
Wasser speichern sie im Höcker,
Pflanzen schmecken ihnen ganz lecker.

2. Die Zebras sehen aus wie Pferde,
leben in der großen Herde.
Schwarz und weiß gestreift ihr Fell,
fressen Blätter, laufen sehr schnell.

3. Das Löwenrudel ruht sich aus,
ist müde jetzt von Jagd und Schmaus.
Vater mit der gelben Mähne
hält Wache, zeigt die scharfen Zähne.

4. Ein Elefant trompetet laut,
langer Rüssel, graue Haut.
Ist sehr groß, frisst Blättermengen,
die an riesigen Bäumen hängen.

5. Der Affe schwingt von Ast zu Ast,
im Regenwald da macht er Rast.
Käfer, Blätter, Früchte, Nüsse,
sind für ihn sehr leckre Genüsse.

6. Im Nil da schwimmt das Krokodil,
ist ein grünes Riesen-Reptil.
Scharfe Zähne, nimm dich in Acht,
weil es damit die Beute macht.

7. Giraffen können sich hoch recken,
langer Hals und braune Flecken.
Hohe Bäume, kein Problem,
Blätter erreichen sie ganz bequem.

Kopiervorlage 22.1   Zuordnungsmaterial „Bei uns und in Afrika"

Kopiervorlage 22.2   Zuordnungsmaterial „Bei uns und in Afrika"

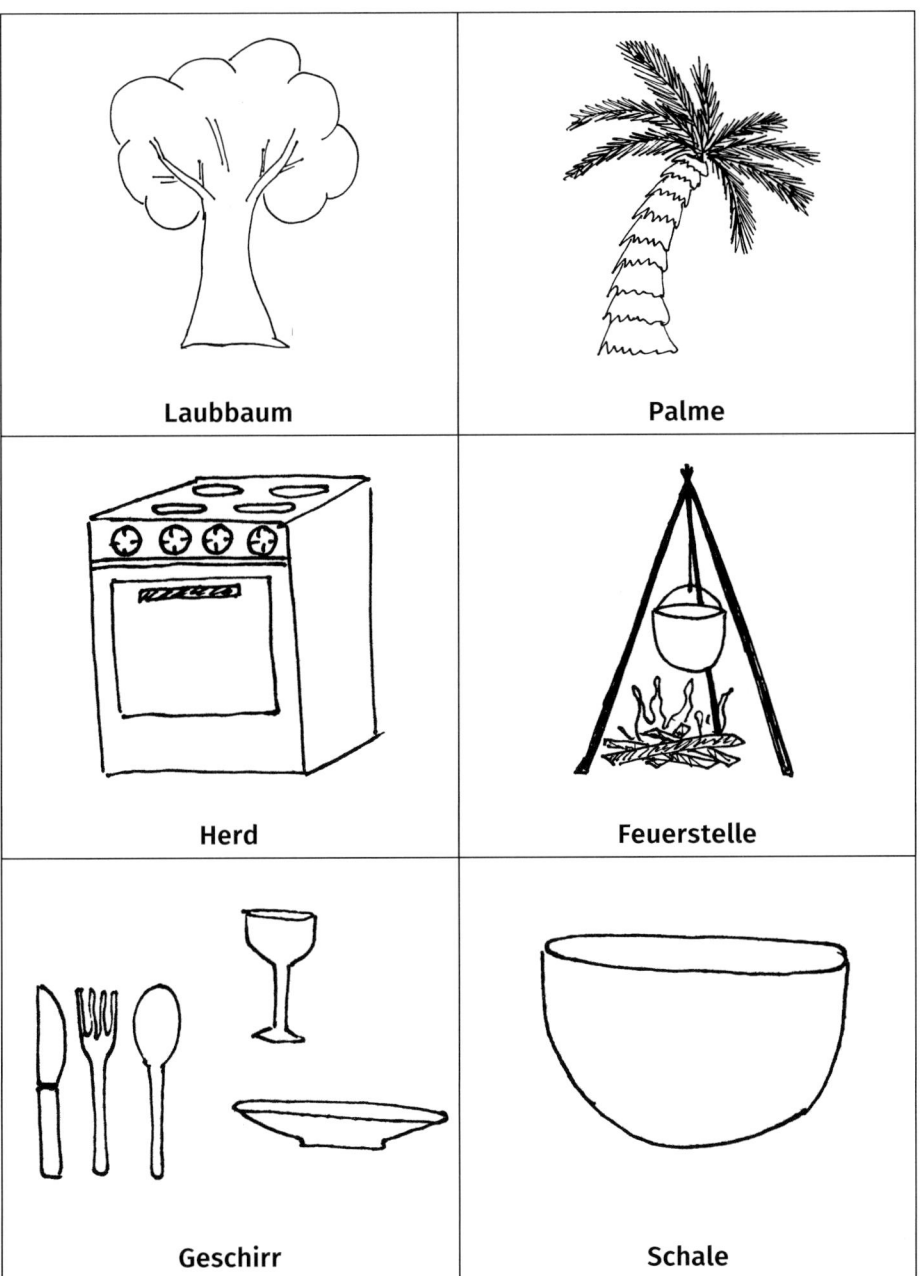

Kopiervorlage 22.3   Zuordnungsmaterial „Bei uns und in Afrika"

Anmerkung: Alle Gebärden zu den Abbildungen sind im Wörterverzeichnis zu finden

Kopiervorlage 23.1 Satzstreifen mit Gebärden

Kamele	haben	Höcker
Giraffen	fressen	Blätter
Affen	leben	im	Regenwald

Kopiervorlage 24.1   Rezept Hirsebrei mit Gebärden, Zutaten

Hirsebrei

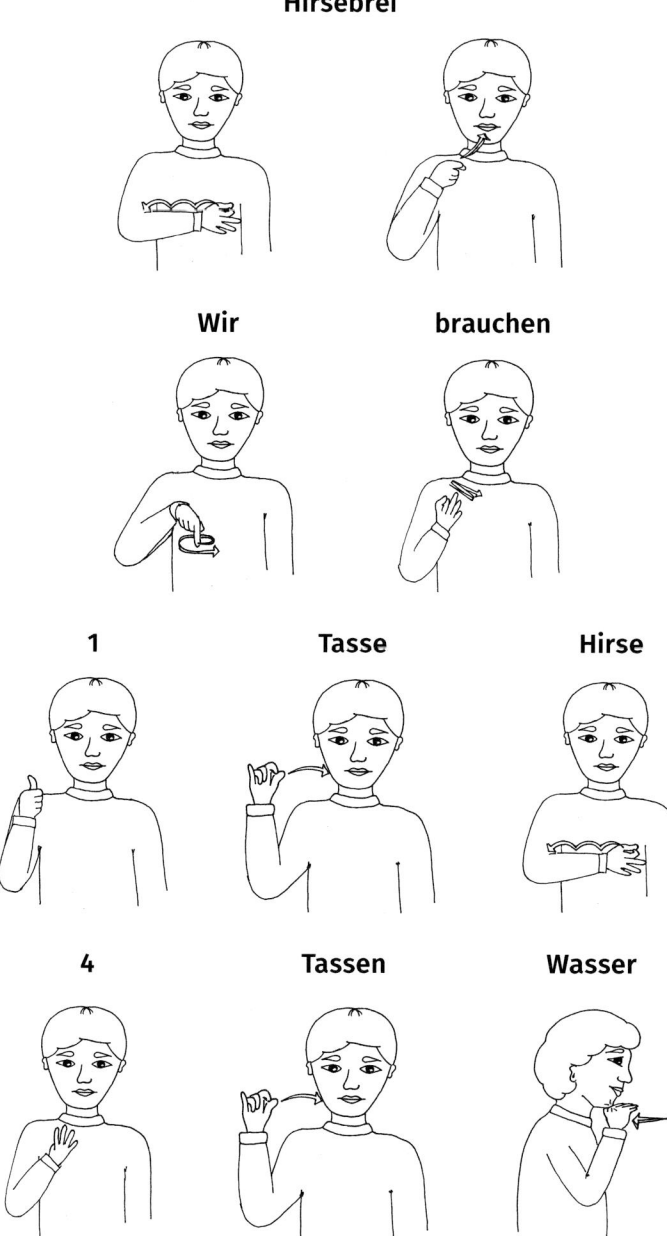

Wir   brauchen

1   Tasse   Hirse

4   Tassen   Wasser

Kopiervorlage 24.1 Rezept Hirsebrei mit Gebärden, Zutaten

3	Löffel	Kokosflocken	

Salz

4	Löffel	gehackte	Datteln

Kopiervorlage 24.2   Rezept Hirsebrei mit Gebärden

Kopiervorlage 25.1 Beispiel Tierlexikon mit Gebärden

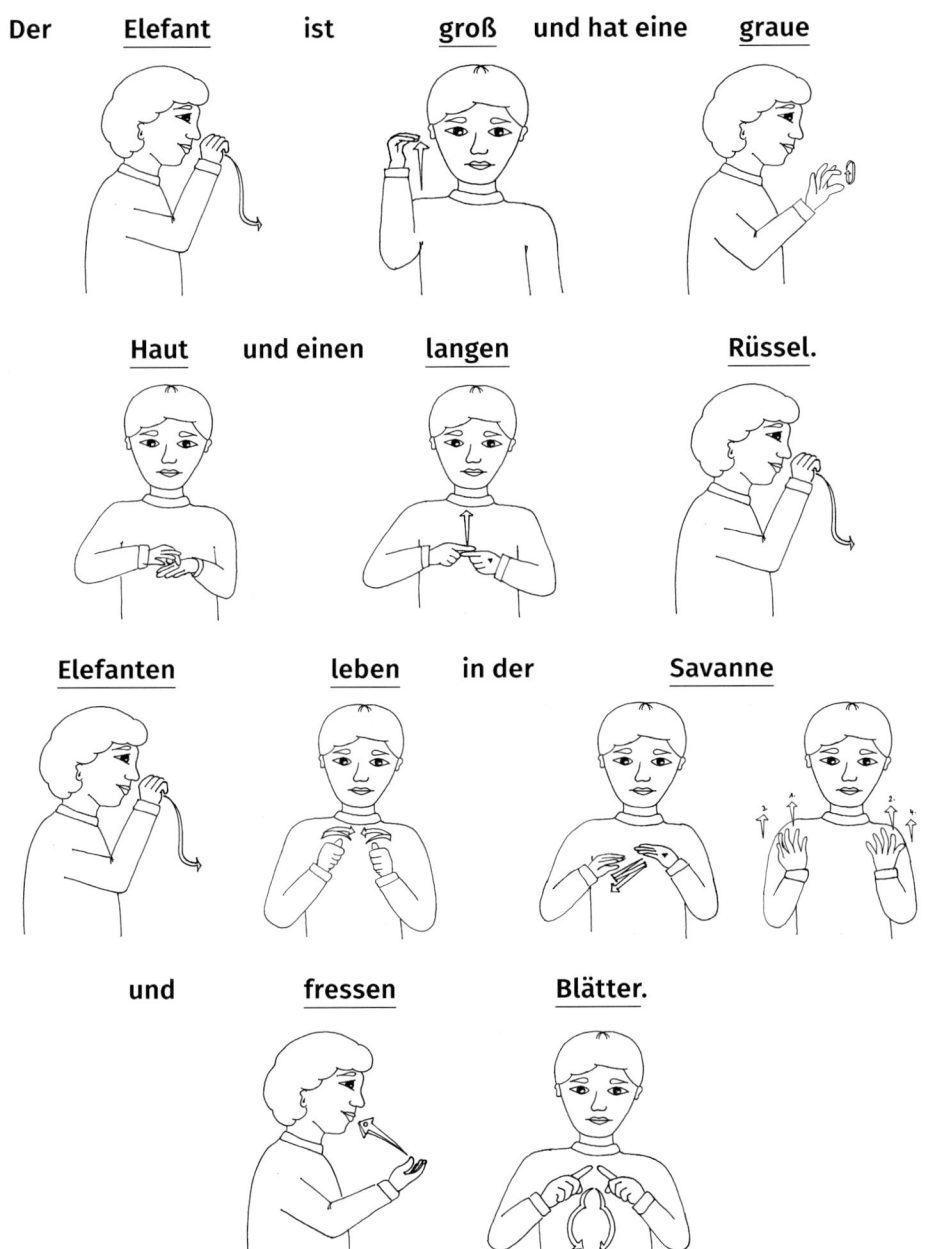

Kopiervorlage 26.1 Gebärdenkarten „Wir entdecken Musikinstrumente"

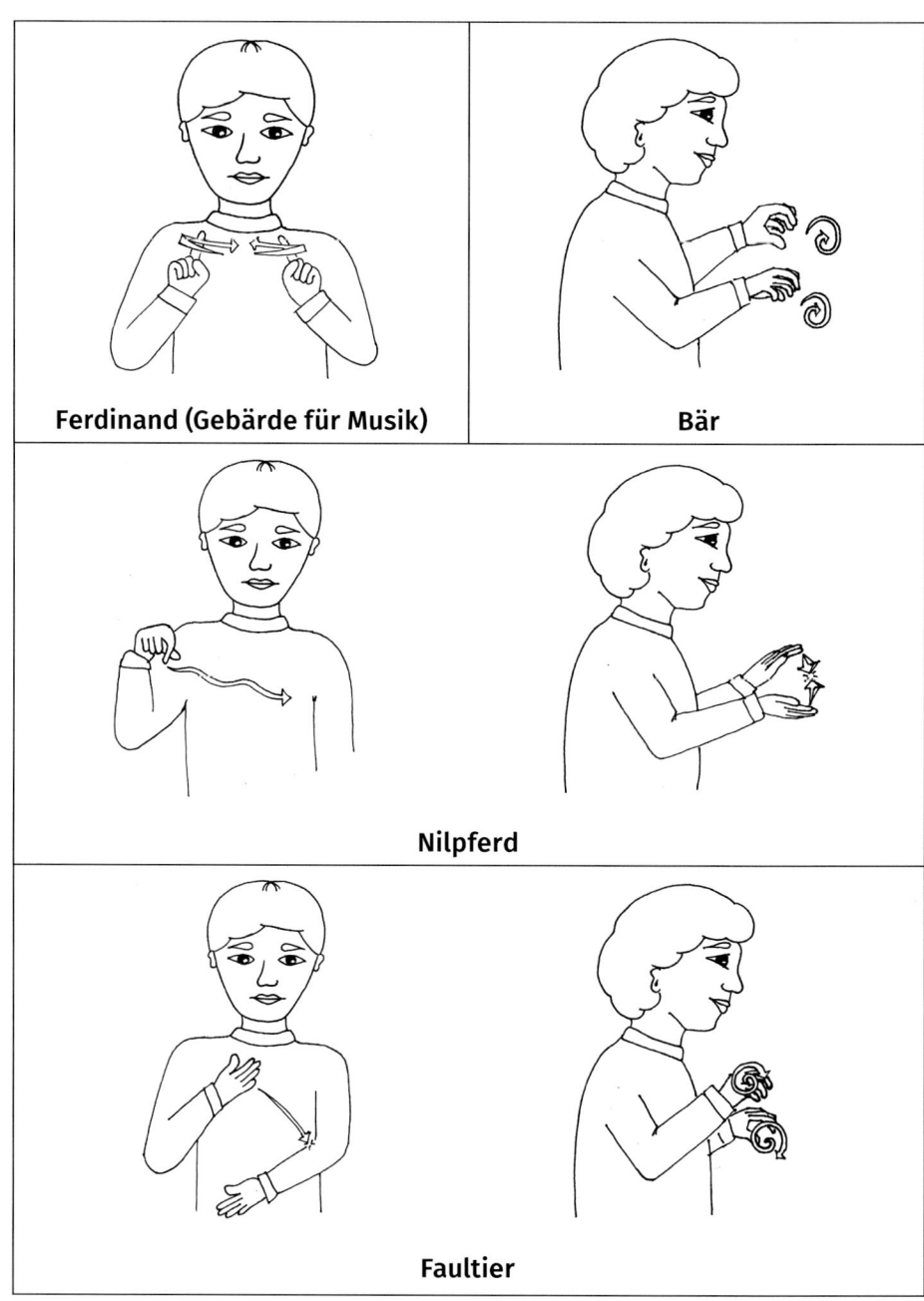

Kopiervorlage 26.2   Gebärdenkarten „Wir entdecken Musikinstrumente"

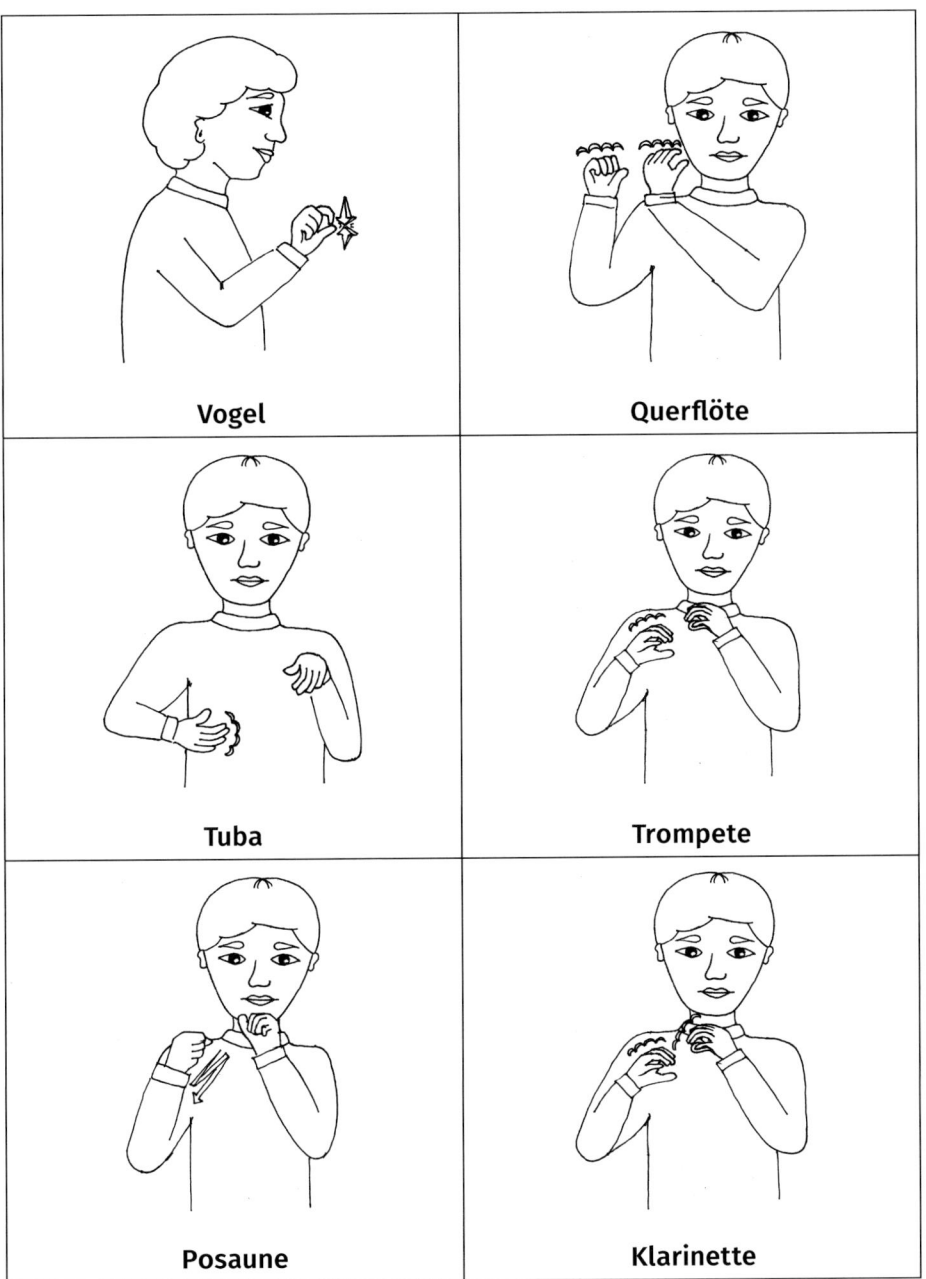

Kopiervorlage 26.3   Gebärdenkarten „Wir entdecken Musikinstrumente"

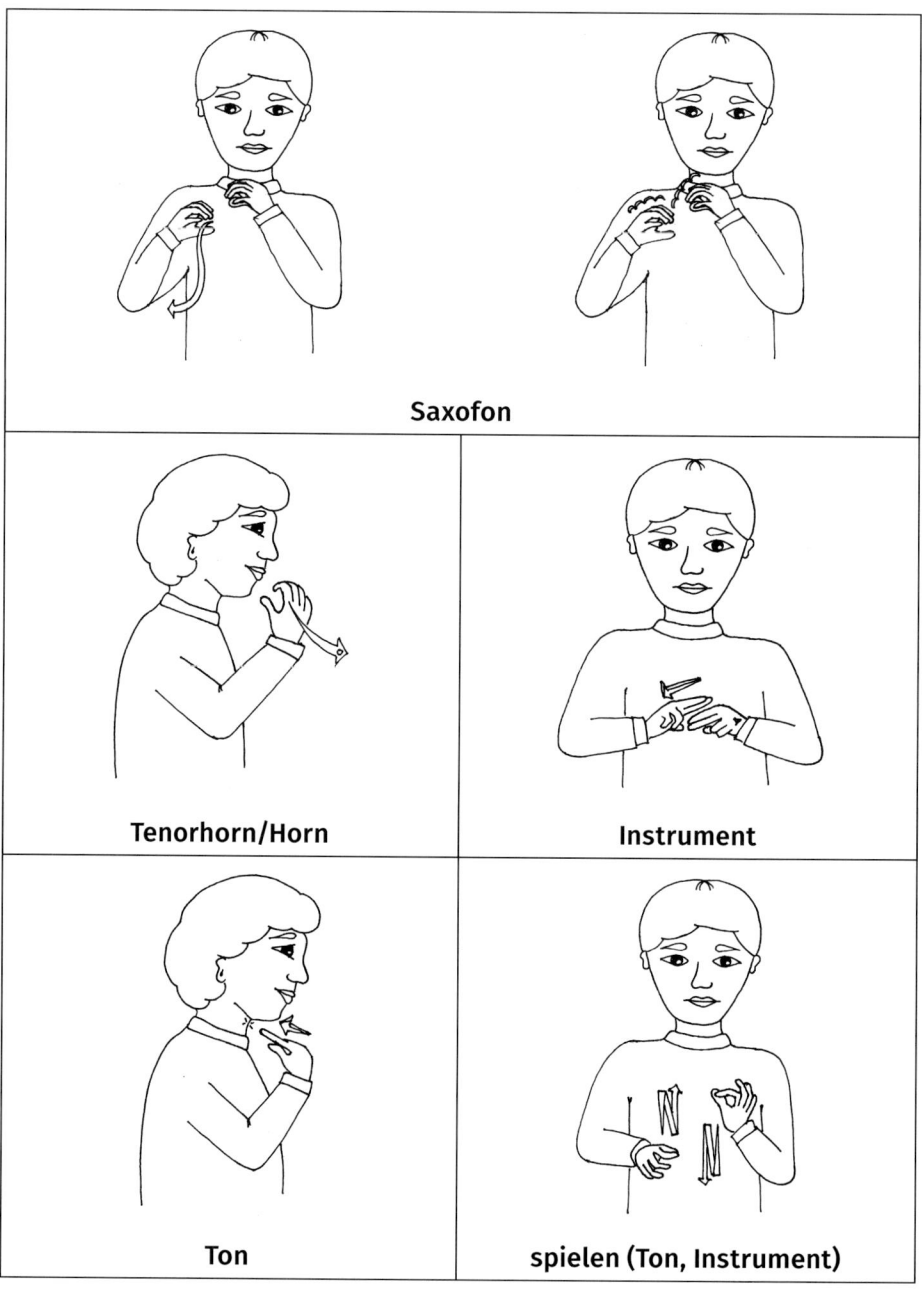

Kopiervorlage 26.4   Gebärdenkarten „Wir entdecken Musikinstrumente"

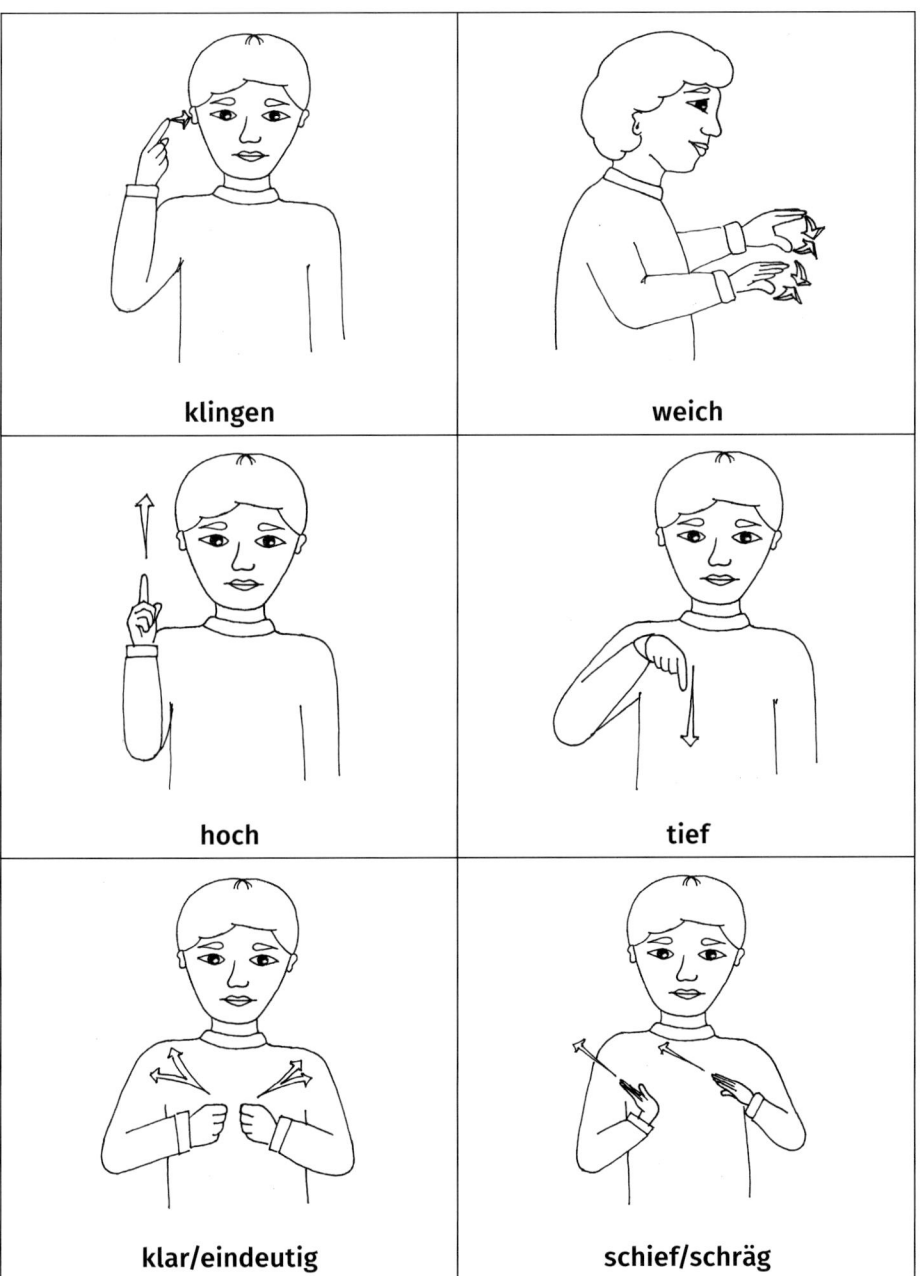

Kopiervorlage 26.5   Gebärdenkarten „Wir entdecken Musikinstrumente"

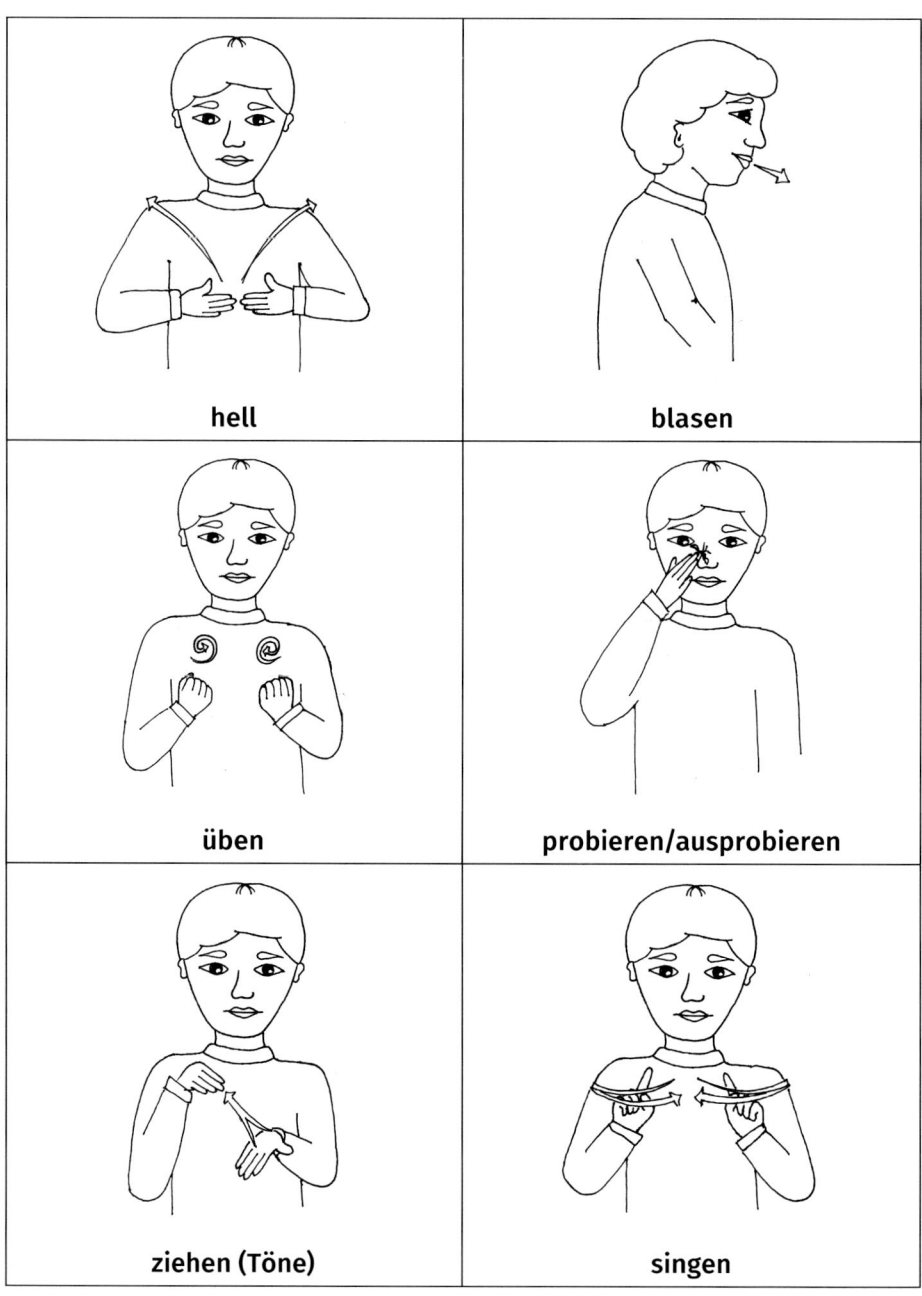

152

Kopiervorlage 26.6 Gebärdenkarten „Wir entdecken Musikinstrumente"

brummen	piepsen
fauchen	grunzen
lachen	gähnen

Kopiervorlage 26.7 Gebärdenkarten „Wir entdecken Musikinstrumente"

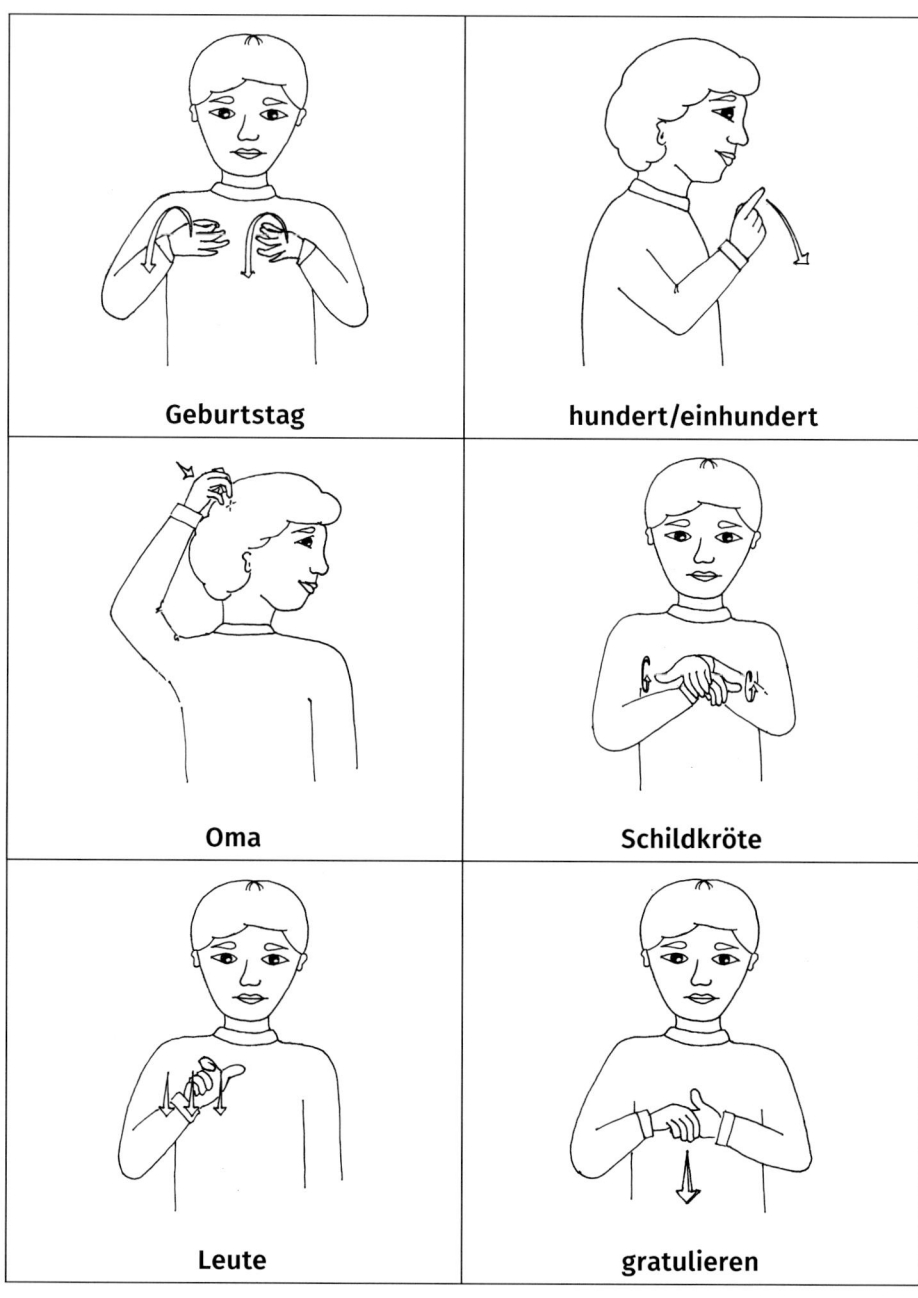

Geburtstag	hundert/einhundert
Oma	Schildkröte
Leute	gratulieren

Kopiervorlage 26.8   Gebärdenkarten „Wir entdecken Musikinstrumente"

Mama/Mutter	Wort
lassen	allein
sich davon machen/sich entfernen	Frau

155

Kopiervorlage 26.9   Gebärdenkarten „Wir entdecken Musikinstrumente"

Mühe	Welt
Land	sechs
Duett/zwei/zweit	nett

Kopiervorlage 26.10   Gebärdenkarten „Wir entdecken Musikinstrumente"

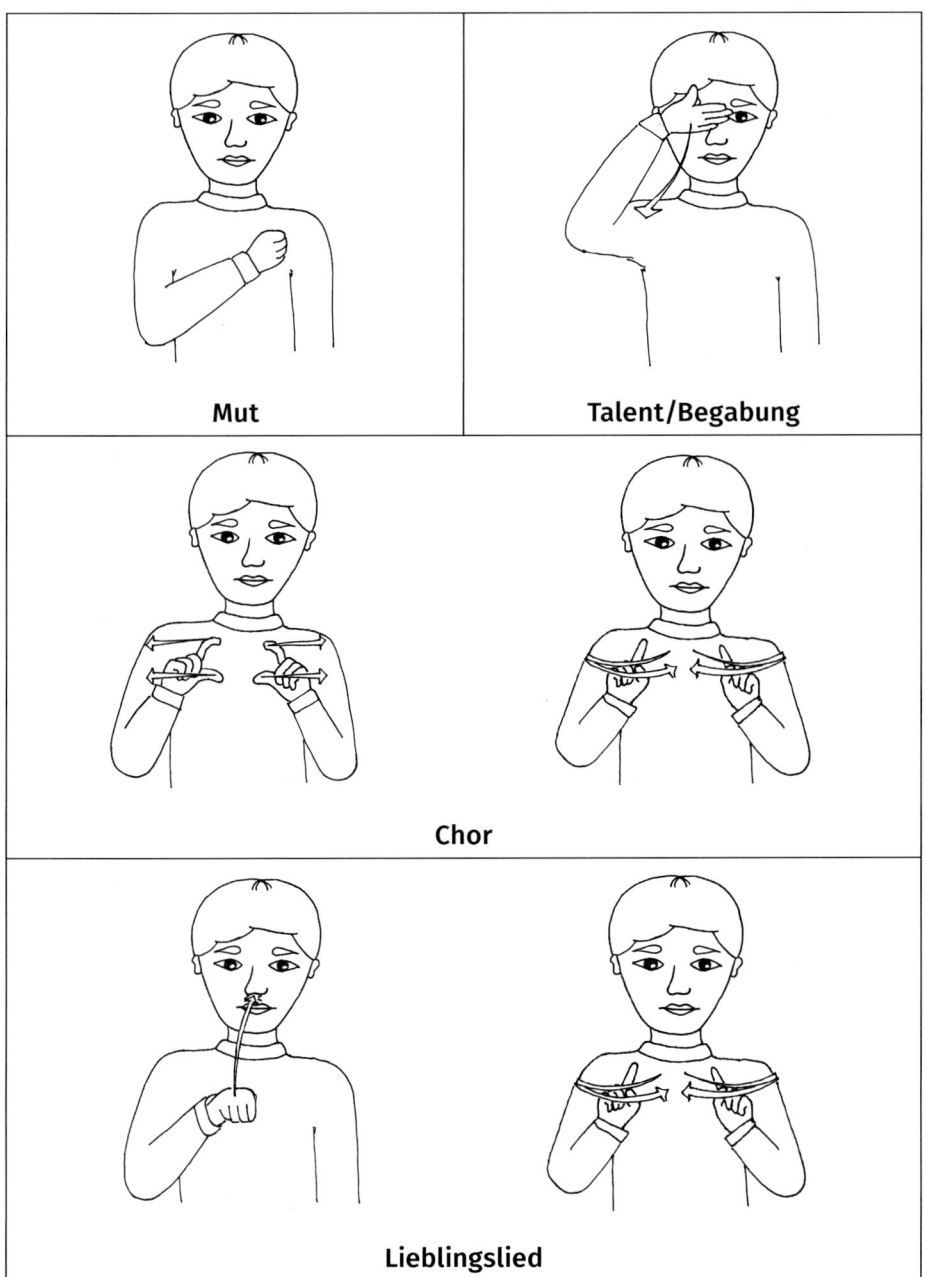

Kopiervorlage 26.11 Gebärdenkarten „Wir entdecken Musikinstrumente"

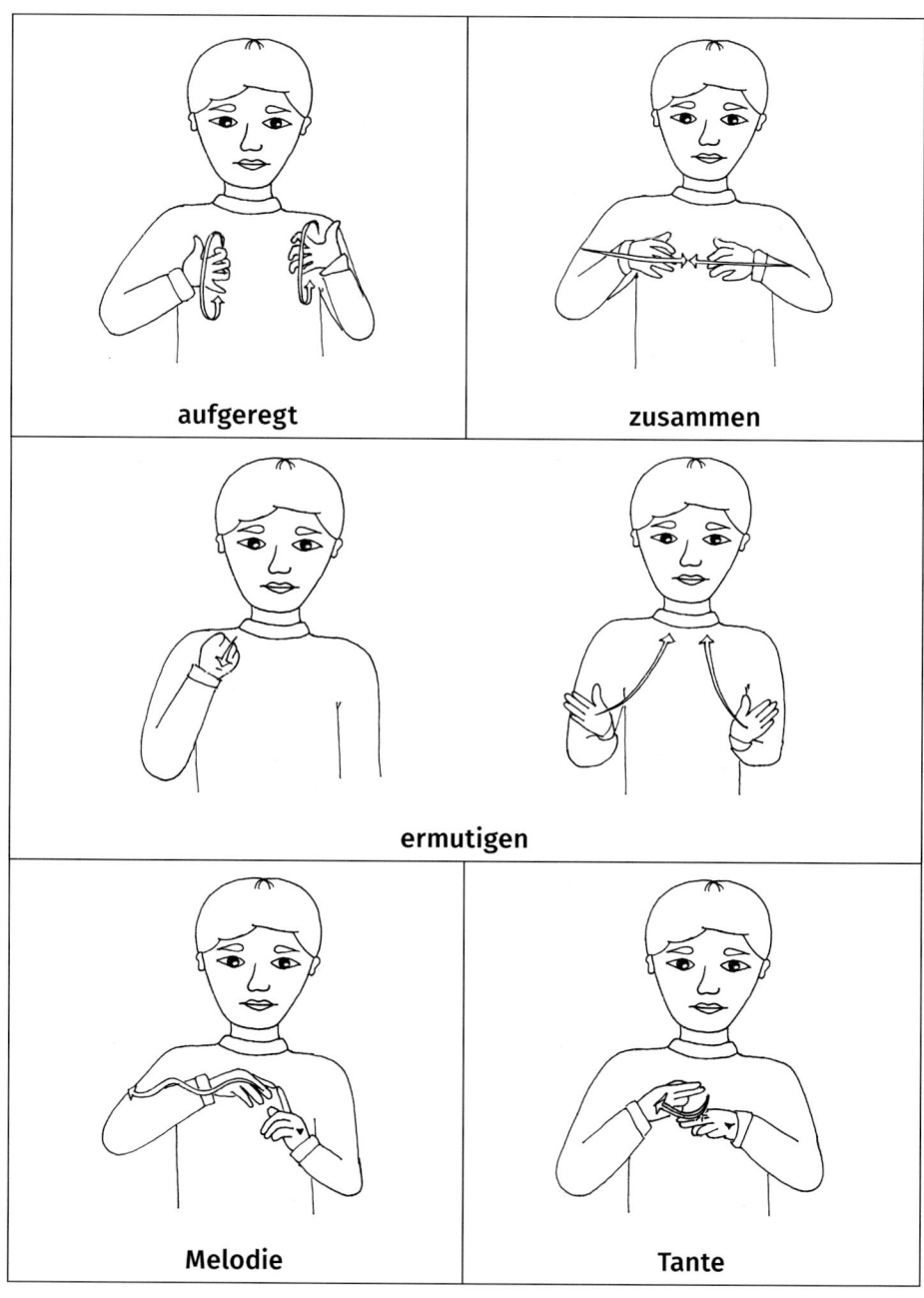

Kopiervorlage 26.12 Gebärdenkarten „Wir entdecken Musikinstrumente"

Nacht/dunkel	Tränen
Langeweile/langweilig	Eile/eilig
gleich/sofort	bald/später

Kopiervorlage 27.1 Beispiel vereinfachter Text „Tierbegegnungen" mit Gebärden

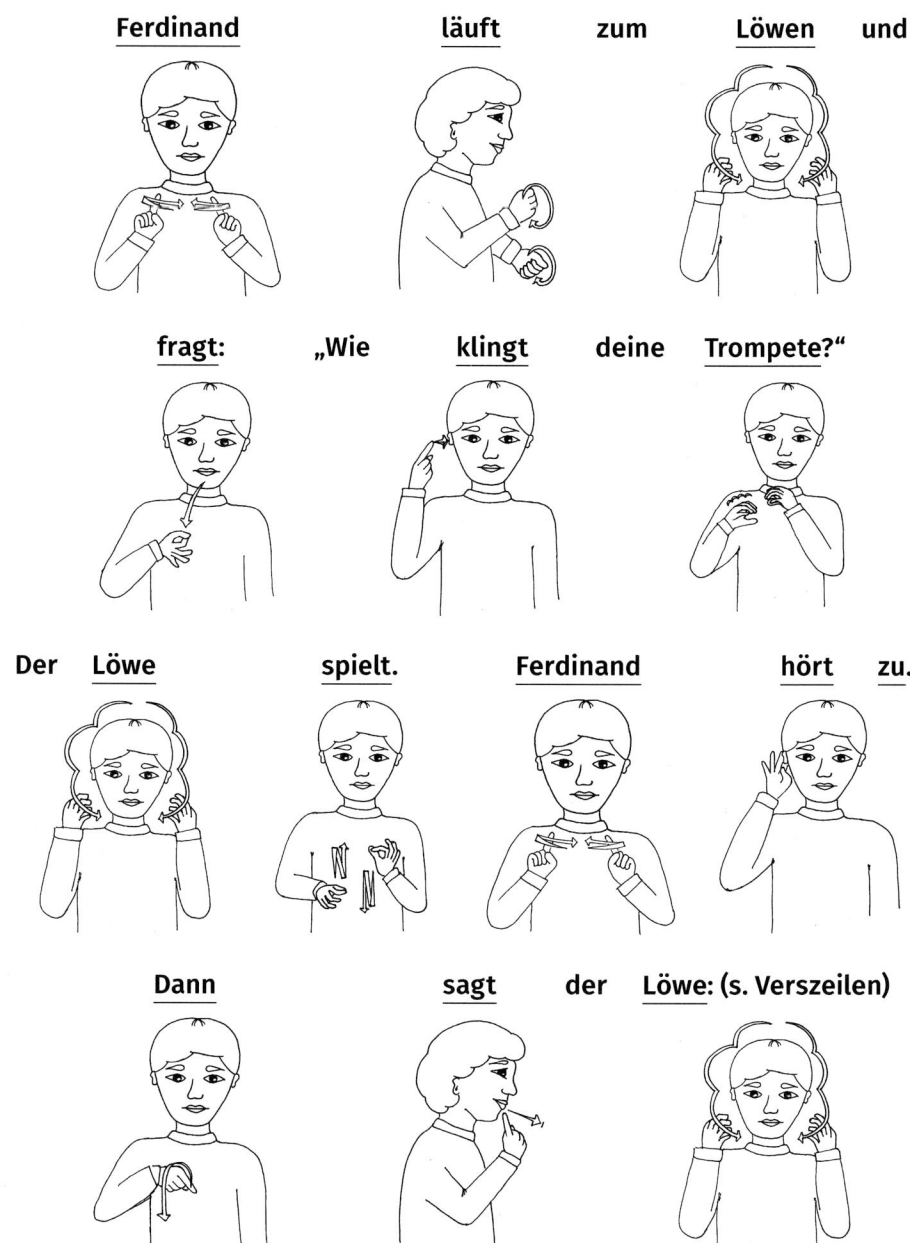

Kopiervorlage 28.1 Verszeilen mit Gebärden

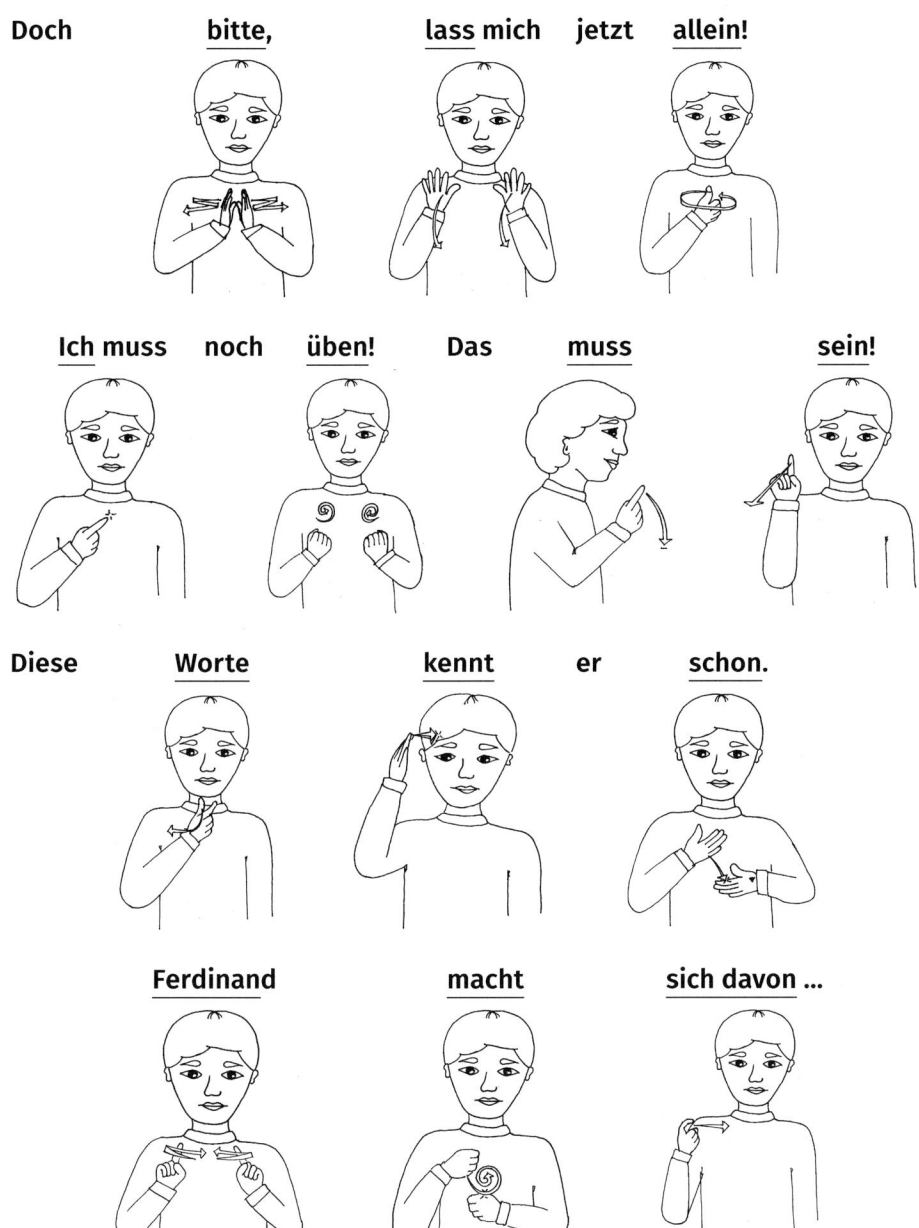

© Ullmann Medien GmbH: Harmut Hoefs, Maria Köhnen, Ferdinand sucht seinen Ton

Kopiervorlage 29.1   Refrain Schildkrötensong mit Gebärden

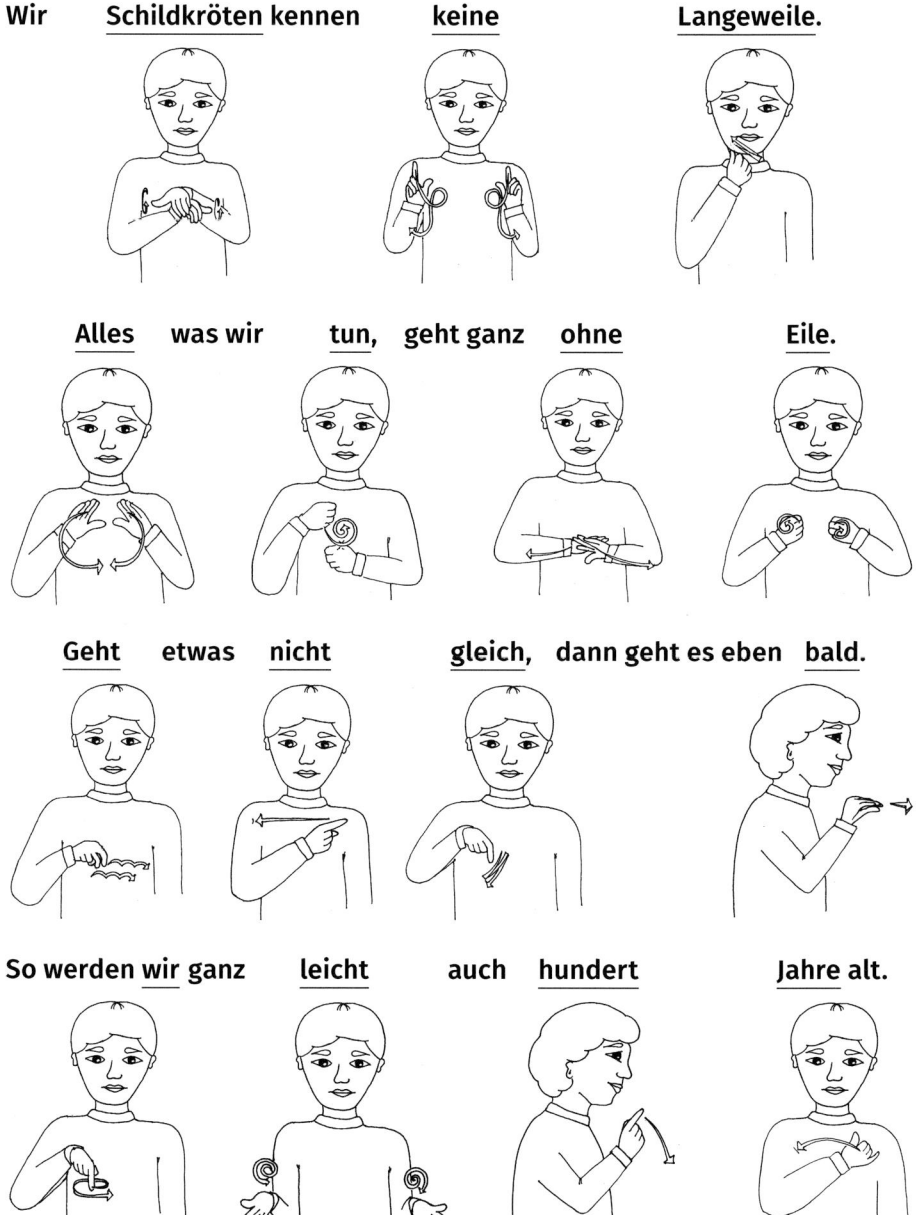

© Ullmann Medien GmbH: Harmut Hoefs, Maria Köhnen, Ferdinand sucht seinen Ton

Kopiervorlage 30.1   Gebärdenkarten „Kernvokabular"

gehen	stehen
laufen	haben
geben/bringen	holen

Kopiervorlage 30.2   Gebärdenkarten „Kernvokabular"

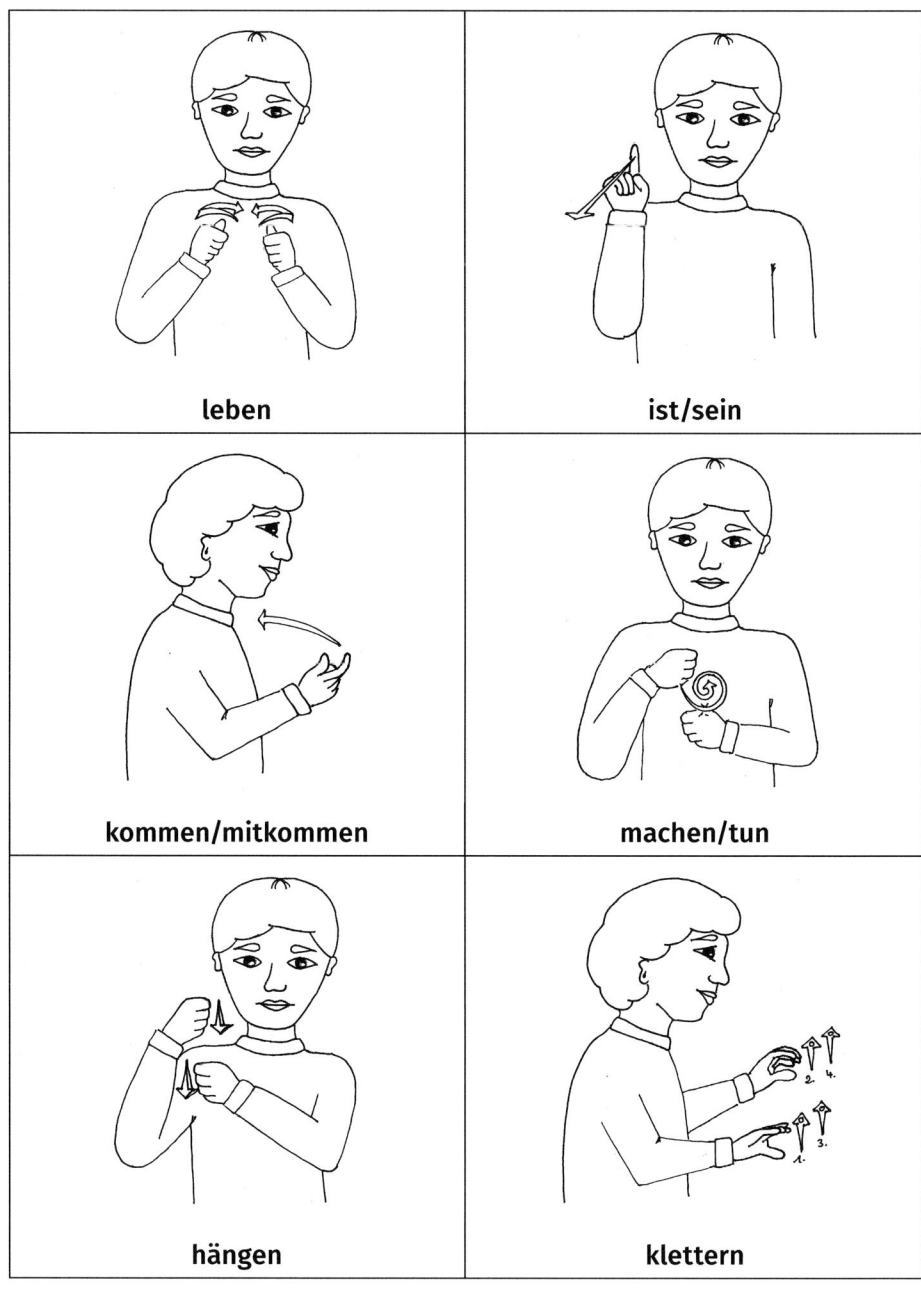

Kopiervorlage 30.3   Gebärdenkarten „Kernvokabular"

hören	sehen
riechen	fühlen
schmecken	suchen/Suche

Kopiervorlage 30.4   Gebärdenkarten „Kernvokabular"

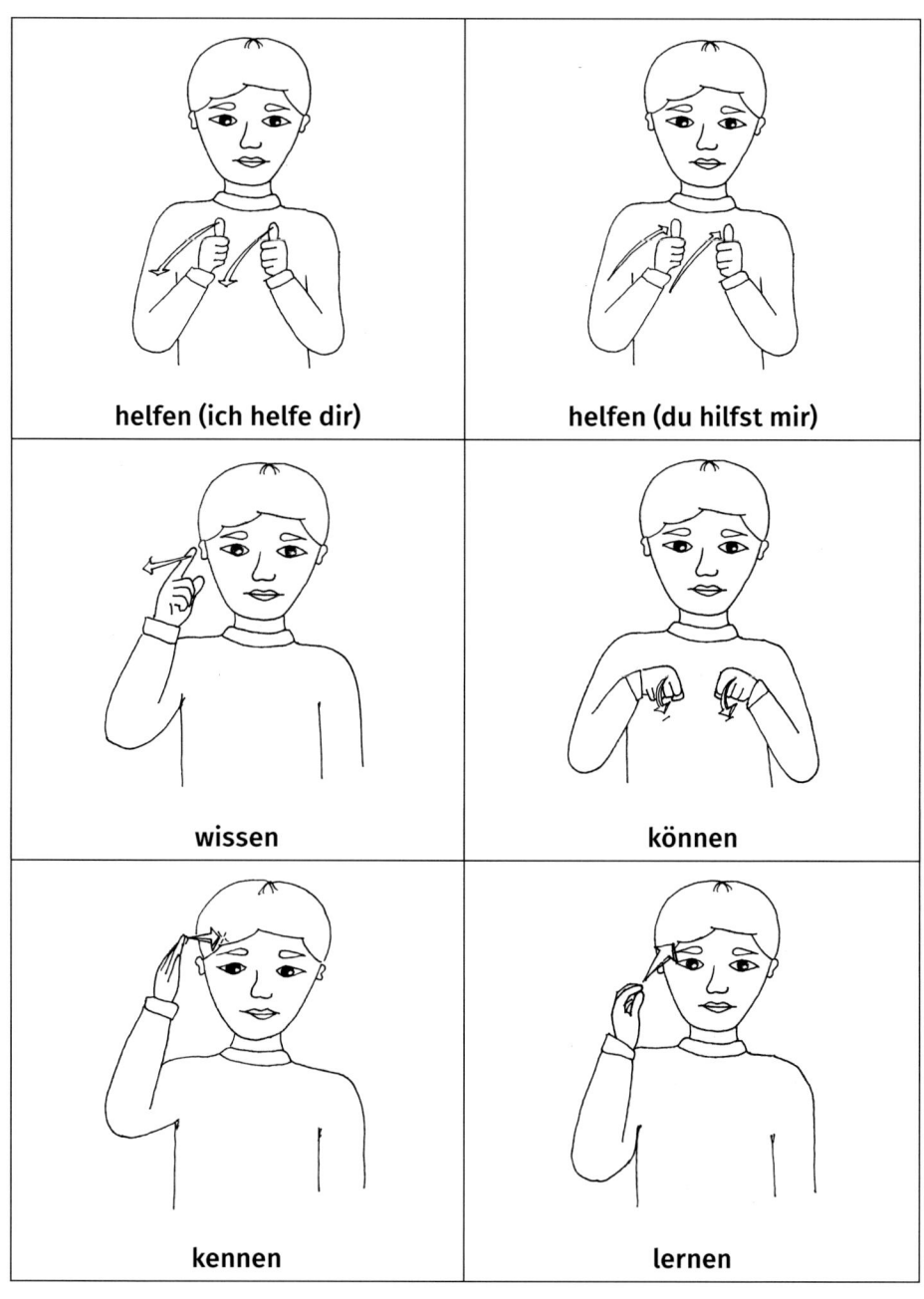

Kopiervorlage 30.5   Gebärdenkarten „Kernvokabular"

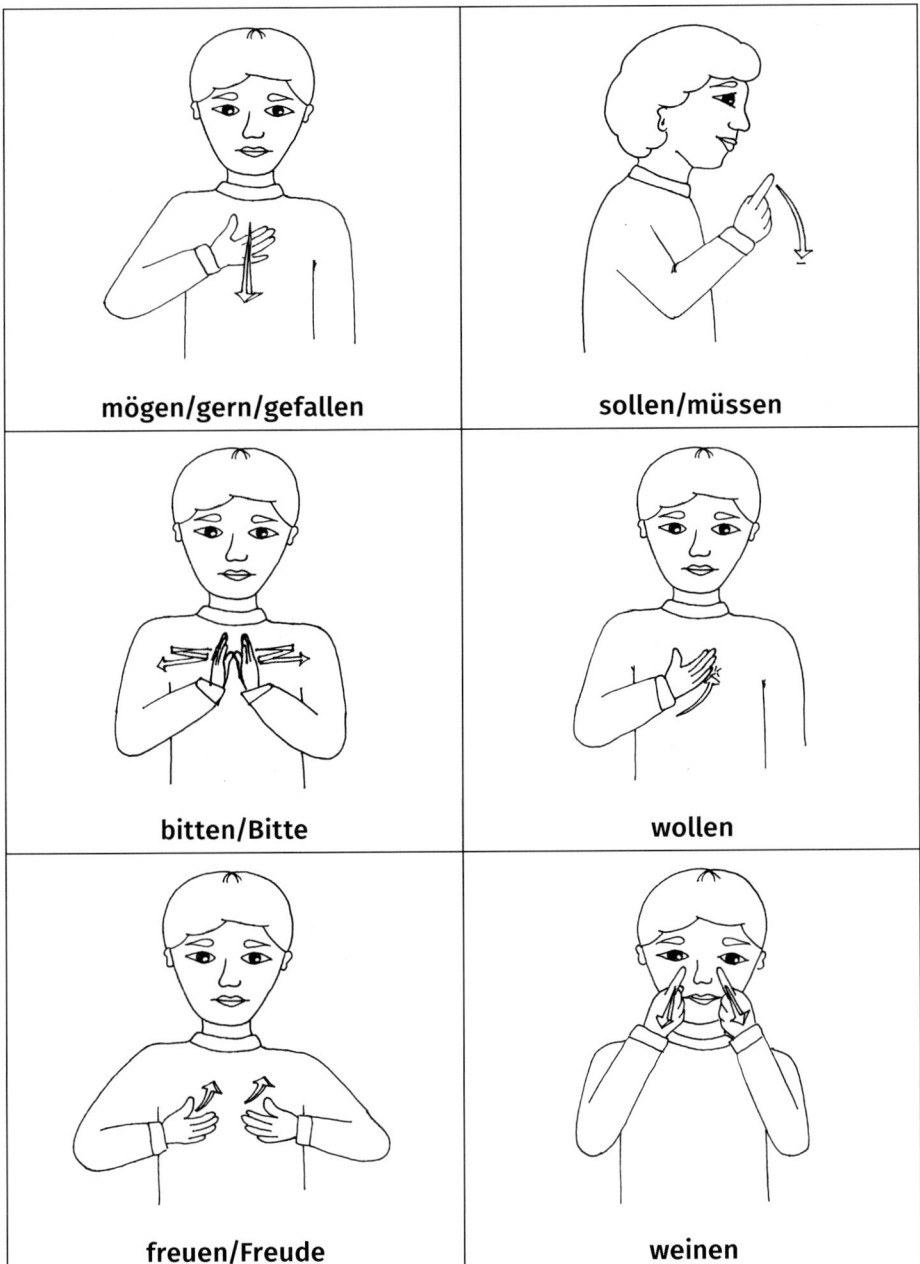

Kopiervorlage 30.6   Gebärdenkarten „Kernvokabular"

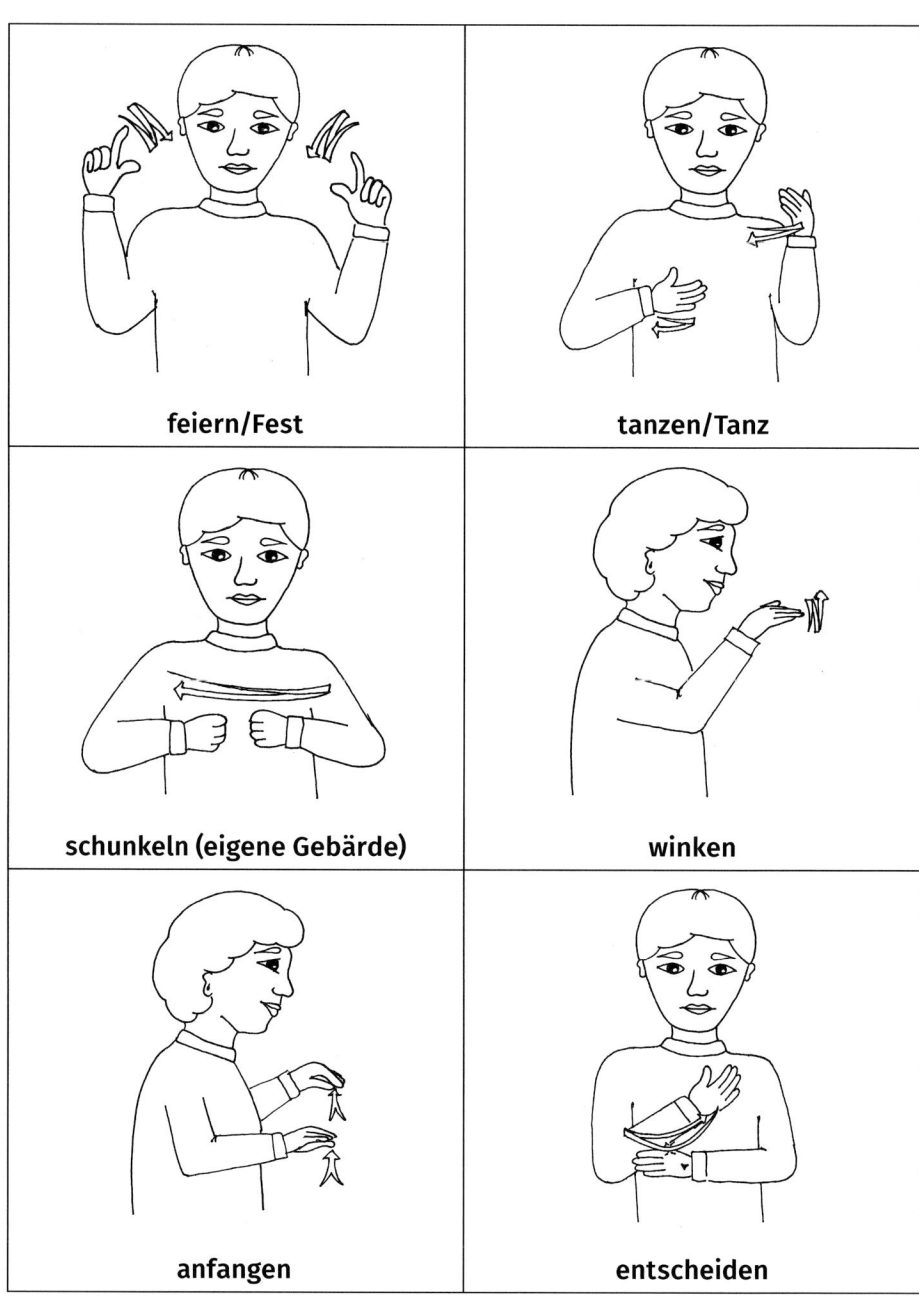

Kopiervorlage 30.7   Gebärdenkarten „Kernvokabular"

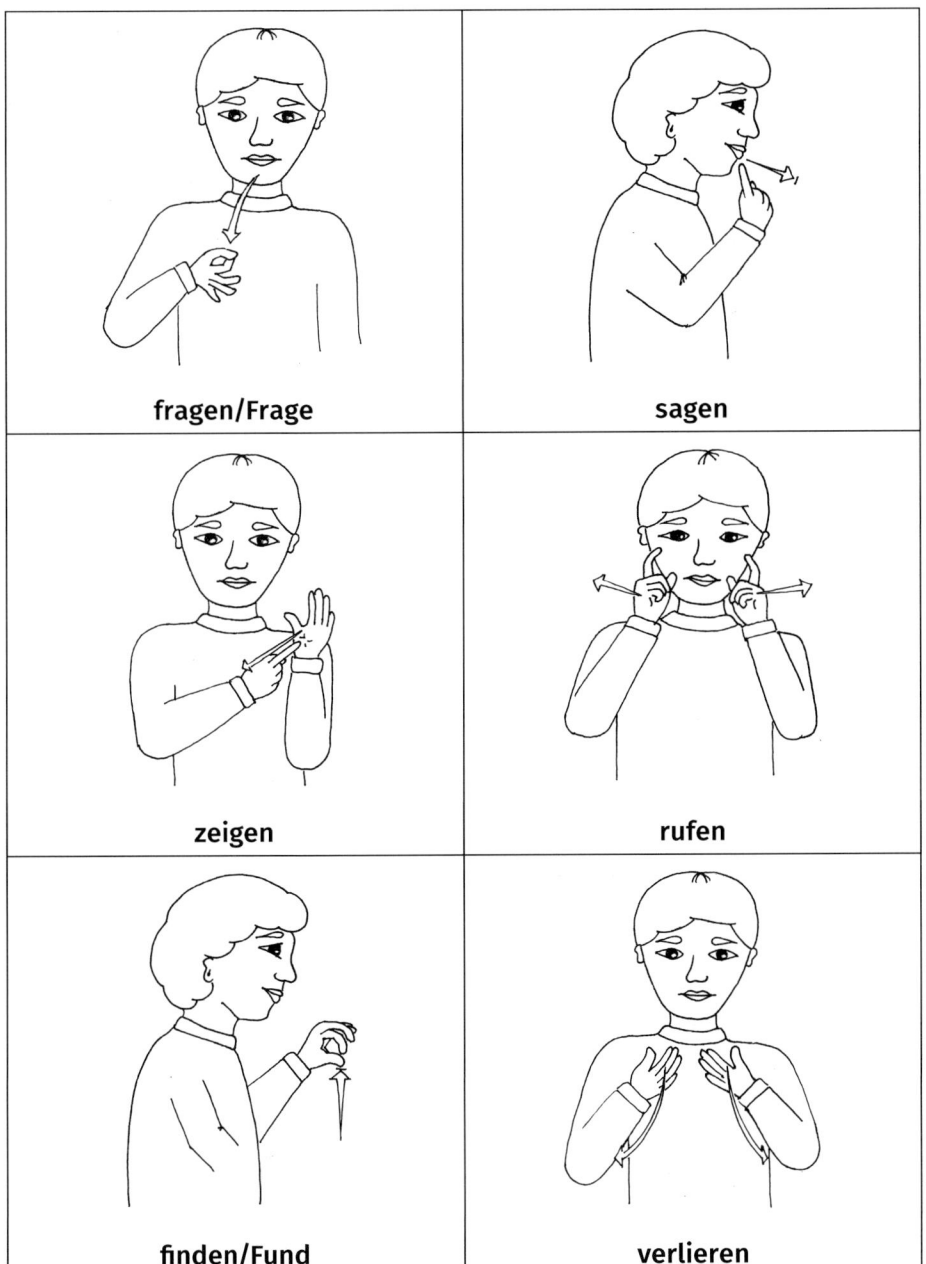

Kopiervorlage 30.8 Gebärdenkarten „Kernvokabular"

essen/Essen	trinken
leer	voll
schnell	langsam

Kopiervorlage 30.9   Gebärdenkarten „Kernvokabular"

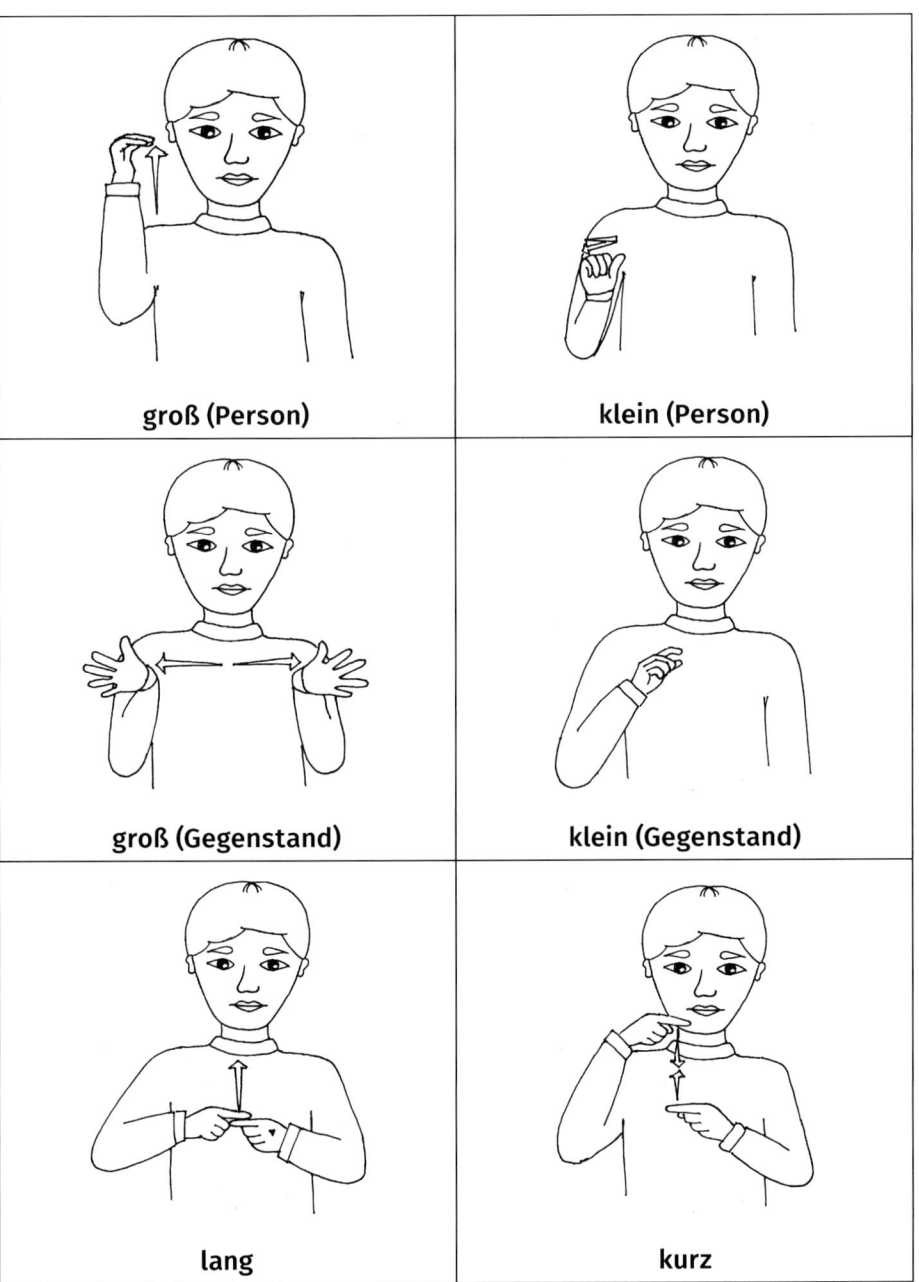

Kopiervorlage 30.10 Gebärdenkarten „Kernvokabular"

dick (Person)	dünn (Person)
dick (Gegenstand)	dünn (Gegenstand)
laut	leise

Kopiervorlage 30.11 Gebärdenkarten „Kernvokabular"

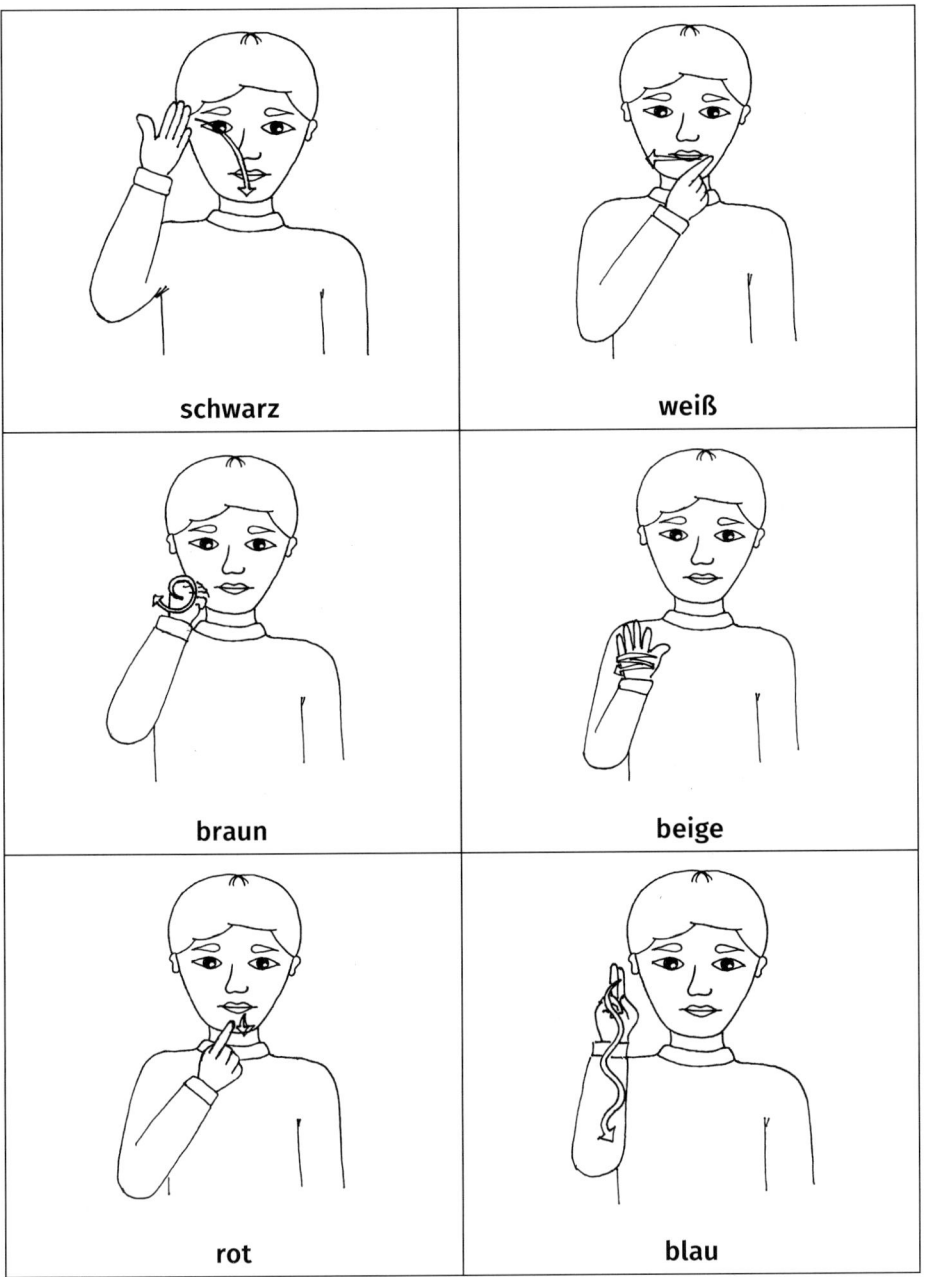

Kopiervorlage 30.12   Gebärdenkarten „Kernvokabular"

gelb	grün
blond	ocker
grau	orange/Orange

Kopiervorlage 30.13   Gebärdenkarten „Kernvokabular"

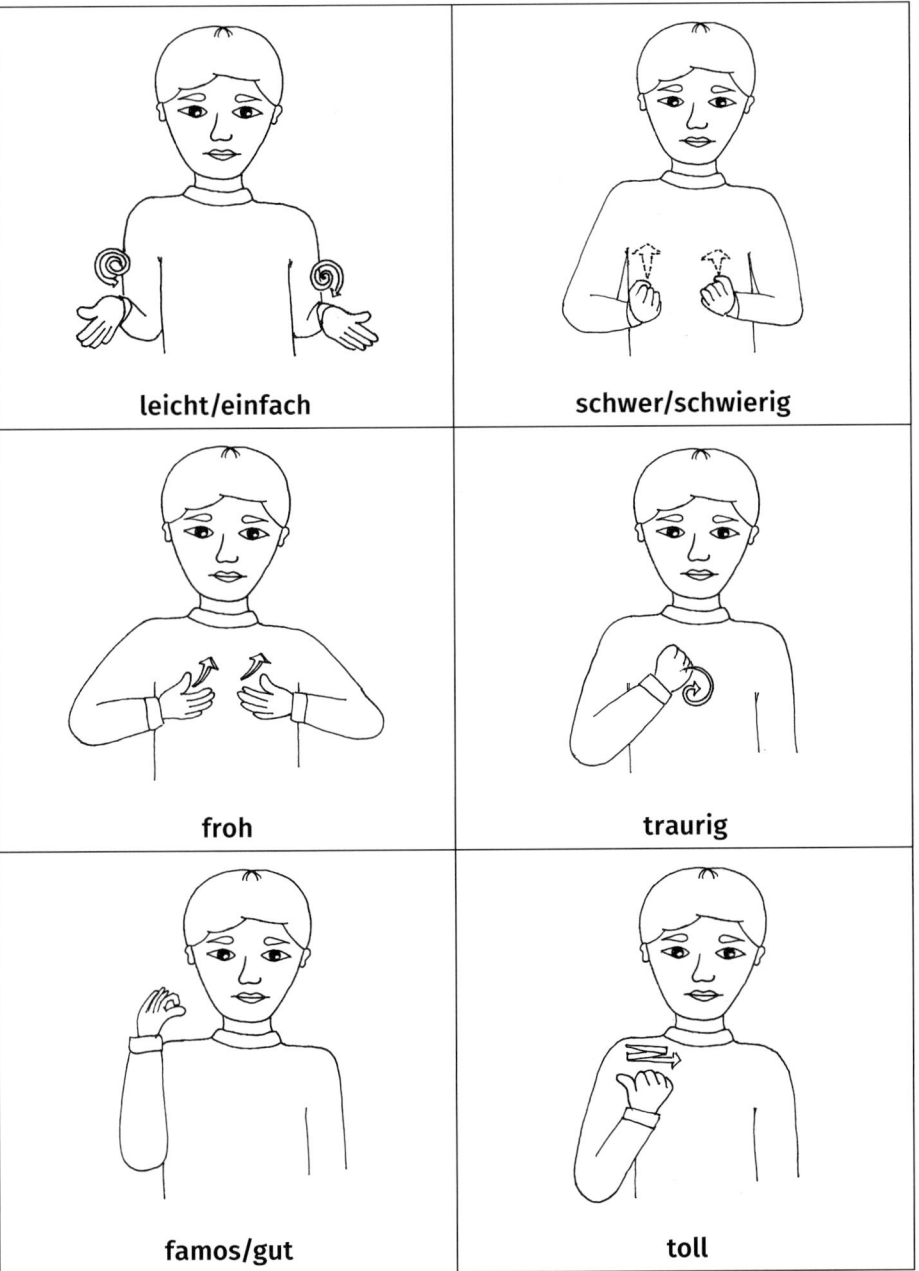

Kopiervorlage 30.14   Gebärdenkarten „Kernvokabular"

zärtlich	angenehm
lecker	still
fertig	nochmal

Kopiervorlage 30.15   Gebärdenkarten „Kernvokabular"

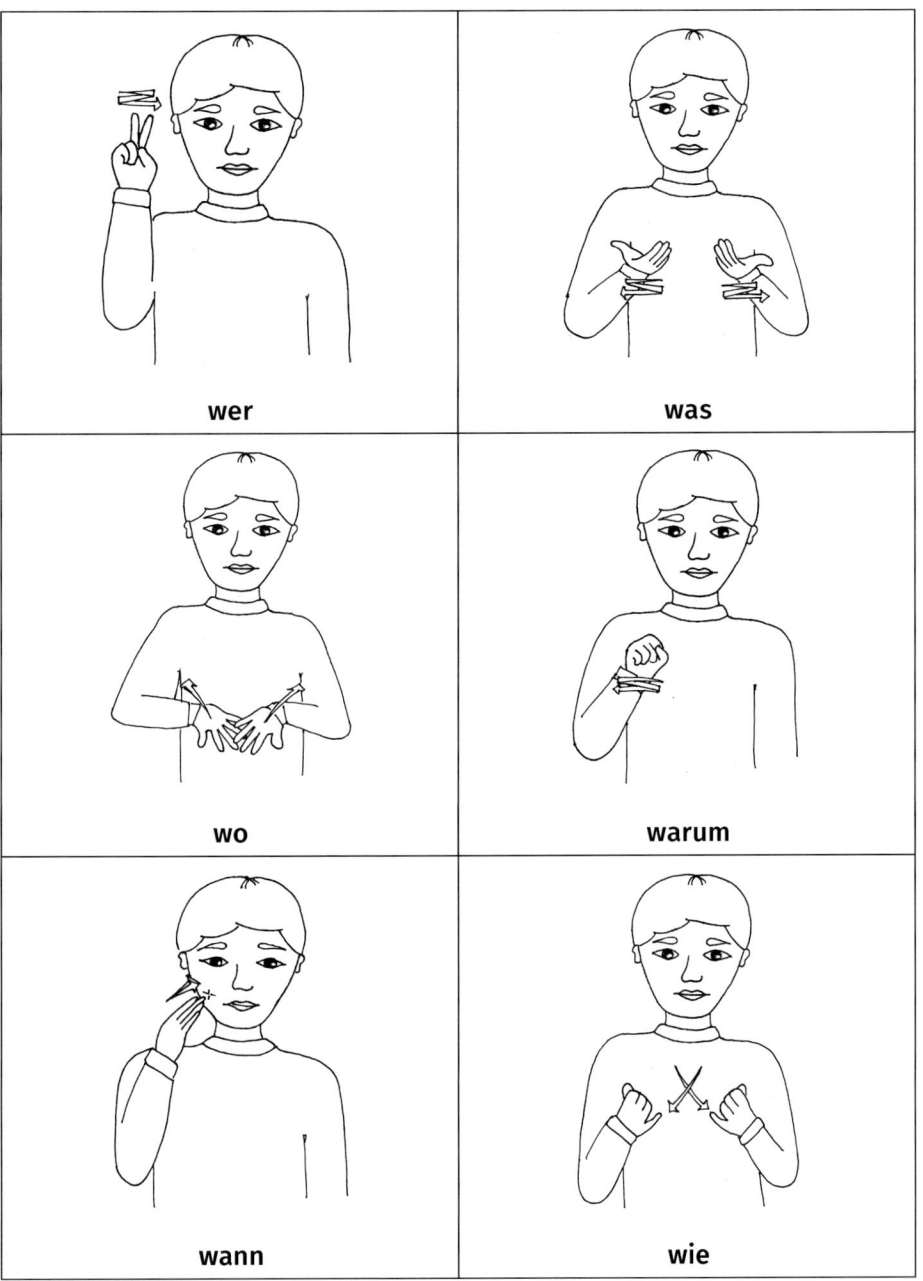

Kopiervorlage 30.16 Gebärdenkarten „Kernvokabular"

der	die
das	den/dem
ich	du

Kopiervorlage 30.17 Gebärdenkarten „Kernvokabular"

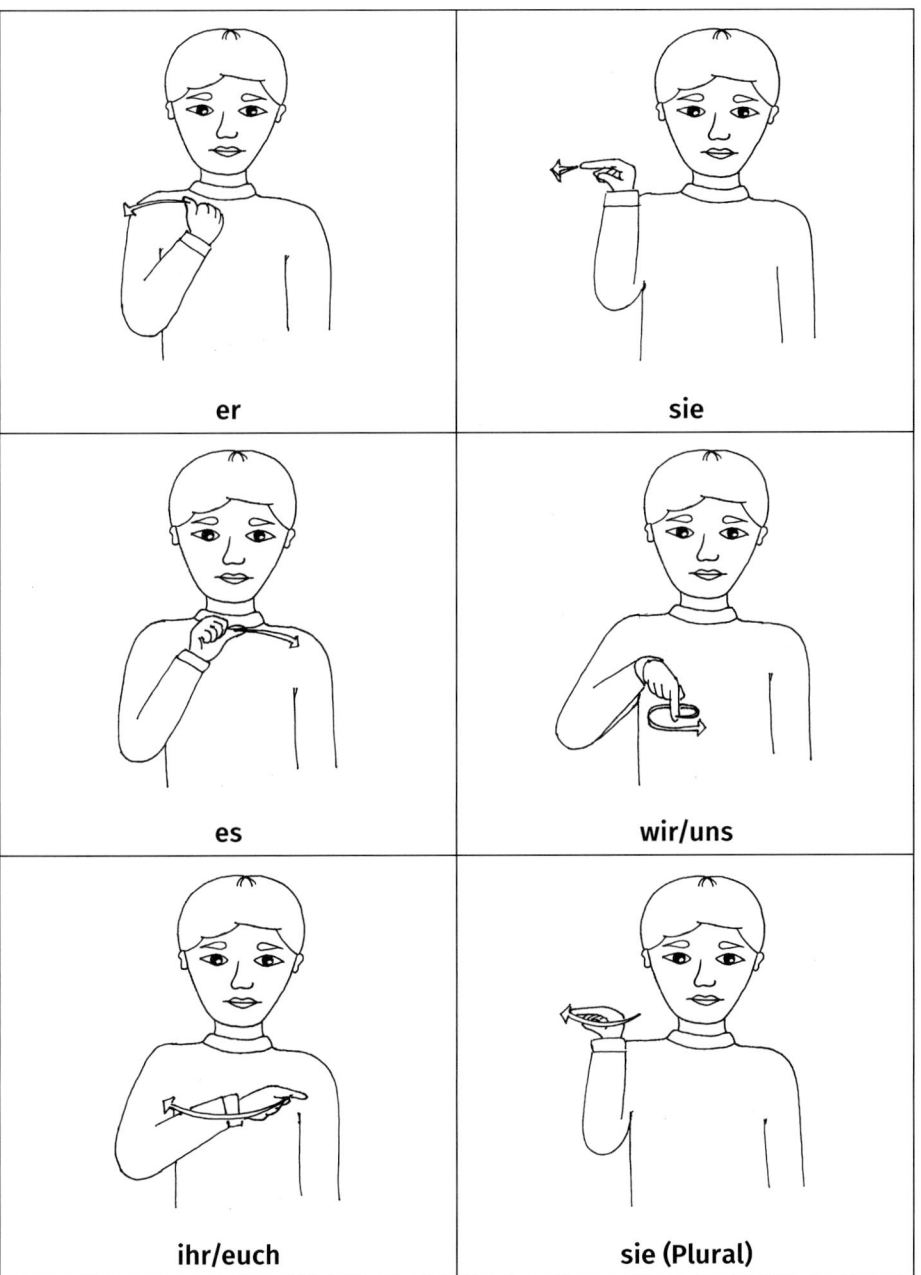

Kopiervorlage 30.18 Gebärdenkarten „Kernvokabular"

da	weg
auch	nicht
für	hin/nach

Kopiervorlage 30.19 Gebärdenkarten „Kernvokabular"

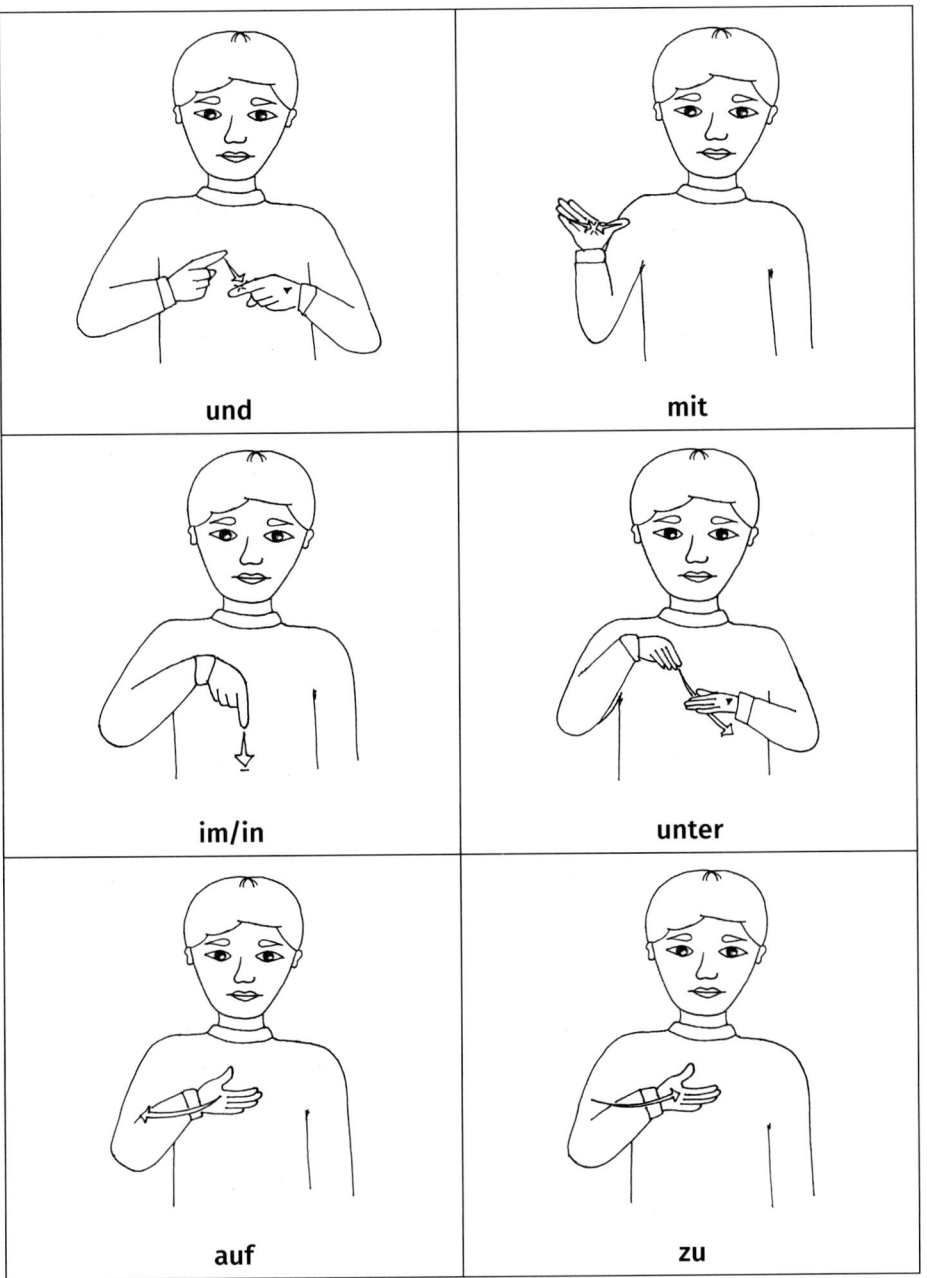

Kopiervorlage 30.20 Gebärdenkarten „Kernvokabular"

viele	wieder
niemand	alles
alle	schon

Kopiervorlage 30.21 Gebärdenkarten „Kernvokabular"

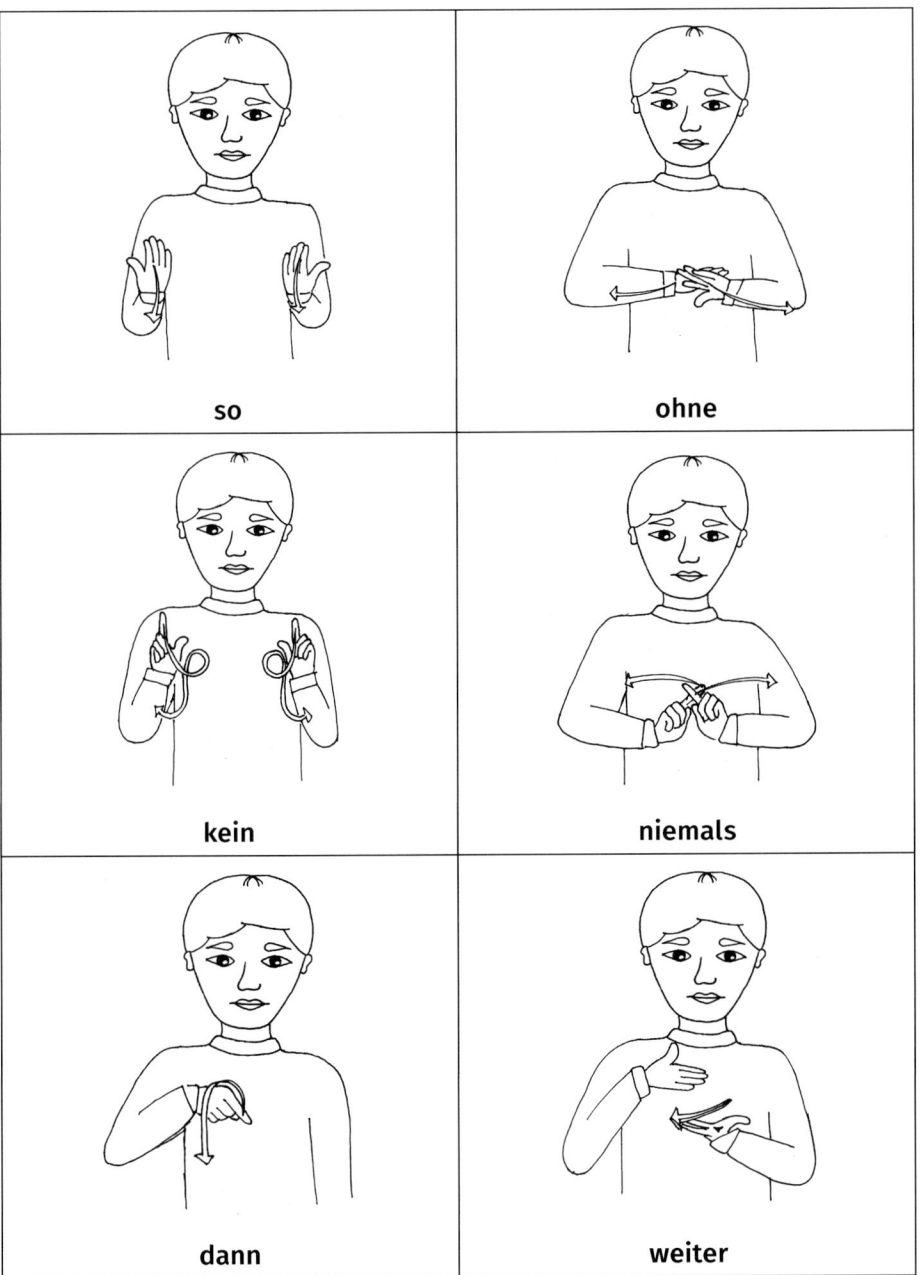

Kopiervorlage 31.1   Legetafel

Anhang 2
Alphabetisches Wörterverzeichnis

A

Abend siehe Heiligabend 19.3
abhören/abhorchen 10.2
abräumen 3.1
abschnallen (eigene Gebärde) 11.6
abtrocknen (Geschirr) 3.4
abtrocknen (sich) 9.9
abwaschen 3.4
Advent siehe Adventskalender 19.1
Adventskalender 19.1
Adventskranz 19.2
Adventsteller = Advent + Teller
Affe 20.3
Afrika 20.1
Akku/aufladen 7.1
allein/alleine 26.8
alle 30.20
alles 30.20
Ampel 11.3
anfangen 30.6
angenehm 30.14
anhalten (Auto) 11.2
anhören siehe hören 30.3
anmelden(sich)/Anmeldung 10.1
anschalten 6.3
anschnallen 11.6
anziehen 8.4
Apfel 20.11
Apotheke 10.5
April 14.2
Arbeitszimmer 2.2
Arm 9.3
Arzt 10.1
Ast 20.7
auch 30.18
acht nehmen(sich in)/aufpassen 11.3
auf 30.19
aufgeregt 26.11
aufhängen 8.5
aufladen/Akku 7.1
aufpassen/sich in acht nehmen 11.3
aufräumen 5.2

aufstehen 5.4
Auge 9.1
Augenbraue 9.1
August 14.3
ausatmen 10.2
ausprobieren/probieren 26.5
ausruhen 20.6
ausschalten 6.3
ausstechen 19.1
aussteigen 11.6
ausziehen 8.4
Auto/ (Auto)fahren 11.2

B

backen/Bäckerei 12.5
Backofen 3.6
Bad/baden 2.1
Badeanzug 8.3
Badehose/Unterhose 8.3
Badewanne 4.1
Bahnhof 13.1
bald/später 26.12
Balkon 1.1
Banane 20.9
Bank 13.1
Bär 26.1
Bauch 9.4
Bauchschmerzen=Bauch+Schmerzen
Baum siehe Laubbaum 20.10
Bausteine/bauen/Lego 5.1
Begabung/Talent 26.10
Behandlungszimmer 10.1
beige 30.11
Bein 9.6
bequem 20.8
Besen/kehren 3.4
Bett siehe
Bettdecke 5.3
Beute 20.7
bezahlen 12.2
Biene 16.3
Bikini 8.3

Bild 6.1
billig 12.2
Binde 9.5
bitten/Bitte 30.5
blasen (eigene Gebärde) 26.5
Blatt 17.2
blau 30.11
Blitz 16.4
blond 30.12
Bluse/Hemd 8.2
Blut/bluten 10.6
Blutabnahme/Blut abnehmen 10.3
Boden/Terrasse 1.1
Bordstein 11.2
brauchen 8.5
braun 30.11
Brei 20.13
bremsen 11.3
bringen/geben 30.1
brummen 26.6
Brunnen 20.11
Brust 9.4
Brust/Busen 9.4
Bügeleisen/bügeln 3.7
bunt 17.2
Büro/Computer 7.1
Bürste 4.3
Bus 11.6
Bushaltestelle 11.5

C

Cent 12.2
Chor 26.10
Christkind 19.4
Computer/Büro 7.1
Creme 4.4

D

da 30.18
Dach 1.1
dann 30.21
Darm 9.7
das 30.16
Dattel 20.11
Daumen 9.3
davon machen/sich entfernen 26.8
decken 3.1
dem/den 30.16
der 30.16
Dezember/Tannenbaum 14.2
dick (Gegenstand) 30.10
dick (Person) 30.10
die 30.16
Donner 16.4
Drachen 17.2
Drucker 7.1
Dschungel/Regenwald 20.1
du 30.16
Duett/zwei/zweit 26.9
dunkel/Nacht 26.12
dünn (Gegenstand) 30.10
dünn (Person) 30.10
Dusche/duschen 4.2
DVD 7.2

E

Ei 15.1
Eile/eilig 26.12
eine/eins 20.13
einatmen 10.2
eindeutig/klar 26.4
einfach/leicht 30.13
einkaufen/kaufen siehe Einkaufsliste
Einkaufsliste 12.4
Einkaufswagen 12.4
einnehmen/Medikament 10.5
einsteigen 11.6
Eis siehe Eisdiele
Eisdiele (eigene Gebärde) 12.5
Elefant/Rüssel 20.3
Ellenbogen 9.3
Engel 19.4
entfernen/sich davon machen 26.8
entscheiden 30.6

Entzündung 10.6
er 30.17
Erde/Globus 20.1
ergründen siehe finden 30.7
ermutigen 26.11
ernten 17.2
Erkältung 10.4
erreichen 20.8
erwähnen siehe sagen 30.7
es 30.17
Esel 19.6
essen/Essen 30.8
euch/ihr 30.17
Euro 12.2
Europa 20.1

F
fahren (Auto) 11.2
fahren (allgemein) siehe Fahrplan
Fahrkarte 11.6
Fahrplan 11.5
Fahrrad siehe
Fahrradweg 11.1
fallen (Blätter) 17.2
falten 8.5
famos/gut 30.13
fasten 20.5
Fastnacht/Karneval 18.3
Fastnachtsumzug 18.3
fauchen 26.6
faul siehe Faultier 26.1
Faultier 26.1
Februar 14.2
feiern/Fest 30.6
Fell 20.4
Fenster 1.2
Ferdinand (Gebärde für Musik) 26.1
Ferien/Urlaub 16.1
Fernbedienung 6.3
Fernseher 6.3
Ferse 9.6
fertig 30.14

Feuchtigkeit 20.2
Feuerstelle/Lagerfeuer 20.10
Feuerwehr 13.3
Feuerwerk/Silvester 18.3
Fieber 10.4
finden/Fund 30.7
Finger 9.3
Fingernagel 9.4
Flasche 3.3
Flecken/fleckig 20.4
Fleisch 20.4
Flur 1.2
Fluss/Nil 20.2
Fön 4.4
fragen/Frage 30.7
Frau 26.8
fressen/Schmaus 20.4
freuen/Freude 30.5
Friedhof 13.3
frieren/Winter/kalt 14.4
Friseur 13.2
froh 30.13
Frühling 14.4
fühlen 30.3
Fund/finden 30.7
für 30.18
Fuß 9.6
Fußgänger 11.2

G
Gabel 3.2
gähnen 26.6
Gardine 6.2
Garten 1.1
Gäste-WC 2.2
Gebäude/Haus 1.1
geben/bringen 30.1
Geburtstag 26.7
Geburtstagsfest = Geburtstag + Fest
gefallen/gern/mögen 30.5
Gefrierschrank 3.5
gehen 30.1

Gehweg 11.1
gelb 30.12
Geld 12.3
Geldbeutel 12.4
Gelenk 9.4
Genuss = lecker 30.14
gern/gefallen/mögen 30.5
Geschäft 12.1
Geschenk 19.4
Geschirr 3.3
Geschirrtuch 3.3
geschlossen 12.1
geschnitten 20.13
Gesicht waschen 9.9
gesund/Gesundheit 10.5
Gewitter 16.4
Gips 10.3
Giraffe 20.4
Glas 3.2
Glatteis 18.1
gleich/sofort 26.12
Globus/Erde 20.1
Gras 20.4
gratulieren 26.7
grau 30.12
grillen 16.3
Grippe 10.4
groß (Gegenstand) 30.9
groß (Person) 30.9
grün 30.12
grunzen 26.6
Gürtel 8.3
gut/famos 30.13

H

Haare 9.1
Haare waschen 4.4
haben 30.1
Hagel 16.4
Halloween 17.3
Hals 9.2
Halsschmerzen = Hals + Schmerzen

halt/stopp 11.3
Hand 9.3
Hände waschen 9.9
Handschuh 8.1
Handtuch 4.3
Handy 7.1
hängen 30.2
Haus/Gebäude 1.1
Haut 9.8
helfen (ich dir) 30.4
helfen (du mir) 30.4
Heiligabend 19.3
Heilige 3 Könige 19.6
hell 26.5
Hemd/Bluse 8.2
Herbst 14.4
Herd 3.6
Herde 20.6
Herz 9.7
hin/nach 30.18
Hirse 20.12
Hirte 19.6
Hit 20.5
Hitze 20.2
hoch 26.4
Höcker 20.3
Hoden 9.5
holen 30.1
hören 30.3
Horn/Tenorhorn 26.3
Hose 8.2
hundert/einhundert 26.7
Husten 10.4
Hut 16.1
Hütte/Tukul 20.10

I

ich 30.16
ihr/euch 30.17
impfen/Spritze 10.3
in/im 30.19
Instrument 26.3

ist/sein 30.2

J
Jacke/Mantel 8.1
jagen/Jagd/verfolgen 20.7
Jahr siehe Jahresuhr
Jahresuhr/Jahreszeit 14.1
Januar 14.2
Josef (Gebärde für Schreiner) 19.5
Juli 14.3
Juni 14.3

K
Kabel 7.2
Käfer 20.8
Kaffeemaschine 3.6
Kalender 14.1
kalt/frieren/Winter 14.4
Kamel 20.3
Karneval/Fastnacht 18.3
Kasse 12.3
Kastanie 17.3
kaufen/einkaufen siehe Einkaufsliste
Kaufhaus = kaufen + Haus
kehren/Besen 3.4
kein 30.21
Keller 1.2
kennen 30.4
Kerze 19.2
Kind siehe Kinderzimmer 2.2
Kindergarten = Kind + Garten
Kinderzimmer 2.2
Kino 13.2
Kirche 13.1
klar/eindeutig 26.4
Klarinette 26.2
Kleid 8.2
Kleidung siehe Kleiderbügel
Kleiderbügel 8.6
klein (Gegenstand) 30.9
klein (Person) 30.9
klettern 30.2

klingen 26.4
Klopapier 4.2
Knie 9.6
Knöchel 9.6
Knochen 9.8
kochen 3.4
Kokosflocken 20.12
Kokosnuss 20.12
kommen/mitkommen 30.2
Konfetti 18.3
können 30.4
Kopf 9.1
Kopfhörer 7.2
Kopfkissen 5.3
Kopfschmerzen= Kopf + Schmerzen
Körper 9.8
krank/Krankheit 10.4
Krankenhaus 10.6
Krankenwagen 11.4
Kreuzung 11.3
Krippe 19.5
Krokodil 20.2
Küche 2.1
Kugel 19.4
Kühlschrank 3.5
Kürbis 17.3
kurz 30.9
Kuscheltier 5.2

L
lachen 26.6.
Lagerfeuer/Feuerstelle 20.10
Lampe 6.2
Land 26.9
lang 30.9
Langeweile/langweilig 26.12
langsam 30.8
Laptop 7.1
lassen 26.8
Lastwagen 11.4
Laterne 18.2
Laub siehe Laubbaum

Laubbaum 20.10
laufen 30.1
laut 30.10
leben 30.2
Lebenslust 14.1
Lebensmittel 12.1
lecker 30.14
leer 30.8
leeren (Eimer) 3.7
Lego/Bausteine 5.1
Lehm/Ton/nass 20.9
leicht/einfach 30.13
leise 30.10
lernen 30.4
Leute 26.7
Lianenwald = Regenwald 20.1
Licht an (eigene Gebärde) 6.2
Licht aus (eigene Gebärde) 6.2
Lichterkette (eigene Gebärde) 19.3
Lieblingslied 26.10
Lied siehe Lieblingslied 26.10
liegen (Pers.) 5.4
Lippe 9.2
Löffel 3.2
Löwe/Mähne 20.3
Luft siehe Luftröhre 9.7
Luftröhre/Speiseröhre 9.7
Lunge 9.7

M

machen/tun 30.2
Mai 14.2
Mama/Mutter 26.8
März 14.2
Magen 9.7
Mähne/Löwe 20.3
Mantel/Jacke 8.1
Maria 19.5
Matratze 5.3
Matte (eigene Gebärde) 20.9
Maus (Computer) 7.2
Medikament/einnehmen 10.5

Melodie 26.11
Messer 3.2
Metzgerei 12.5
Minute 20.13
mit 30.19
mitkommen/kommen 30.2
Mixer 3.6
Möbel 6.1
mögen/gern/gefallen 30.5
Monat 14.1
Motorrad 11.5
Mücke 16.3
müde 5.2
Mühe 26.9
Mülleimer 3.7
Mund 9.2
Museum 13.1
Musik 26.1
Muskeln/stark 9.8
müssen/sollen 30.5
Mut 26.10
Mutter/Mama 26.8
Mütze 8.1

N

Nabel 9.4
nach/hin 30.18
Nacht/dunkel 26.12
Nase 9.2
Nase putzen/Taschentuch 10.4
nass/Lehm/Ton 20.9
Natur 18.2
Nebel 17.1
Nerven 9.8
Nest 15.1
nett 26.9
neu 8.5
nicht 30.18
niemals 30.21
niemand 30.20
Nikolaus 18.2
Nil/Fluss 20.2

Nilpferd 26.1
nochmal 30.14
November 14.4
Nuss siehe Kokosnuss 20.12

O

Ochse 19.5
ocker 30.12
offen 12.1
ohne 30.21
Ohr 9.1
Oktober 14.4
Oma 26.7
orange/Orange 30.12
Osterhase/Hase 15.1
Ostern 15.1

P

Palme 20.10
Papa/Vater 20.7
parken 11.7
Parkplatz 11.7
Parkuhr 11.7
passen 8.5
Penis 9.5
Pfanne 3.3
Pferd 20.6
Pflanze 20.6
Pflaster 10.3
Pflege 9.9
piepsen 26.6
Plätzchen siehe Plätzchendose
Plätzchendose (eigene Geb.) 19.1
Po 9.5
Polizei 13.3
Polizeiauto = Polizei + Auto
Posaune 26.2
Post 13.3
Preis 12.2
probieren/ausprobieren 26.5
Problem 20.8
Pullover 8.1

Puppe 5.1
putzen 3.4
Puzzle 5.1

Q

Querflöte 26.2

R

Radio 7.2
rasen 11.4
Rast 20.7
Rathaus 13.2
Regal 6.1
Regen siehe Regenschirm 17.1
Regenbogen 16.4
Regenschirm 17.1
Regenwald/Dschungel 20.1
Reise 20.5
Reptil 20.8
Restaurant 12.5
Rezept 10.5
riechen 30.3
Rock 8.2
rot 30.11
Rudel 20.6
rufen 30.7
Rüssel/Elefant 20.3

S

sagen 30.7
Salz 20.12
Sand 20.9
Sandale 8.4
sauber/Sauberkeit 8.6
sauer 17.3
Savanne 20.1
Saxofon 26.3
Schaf 19.6
Schal 8.1
Schale/Schüssel 20.11
Schatten 16.1
schauen siehe sehen 30.3

Scheide 9.5
schief/schräg 26.4
Schildkröte 26.7
Schildkrötensong = Schildkröte + Lied
Schlafanzug 8.3
schlafen 5.4
Schlafzimmer 2.1
schleppen/tragen (Lasten) 20.5
Schlitten 18.2
Schmaus/fressen 20.4
schmecken 30.3
Schmerzen 10.6
Schmetterling 16.3
schmücken 19.2
schmutzig/Schmutz 8.6
Schnee siehe
Schneeball 18.1
Schneemann 18.1
schnell 30.8
schon 30.20
Schöpfkelle 20.9
Schornstein
schräg/schief 26.4
Schrank 6.1
Schuh/Stiefel = Turnschuh 8.4
Schule 13.1
Schulbus = Schule + Bus
Schulter 9.3
schunkeln (eigene Gebärde) 30.6
Schüssel/Schale 20.11
schütten 20.13
schwarz 30.11
schwer/schwierig 30.13
Schwimmbad 16.2
schwimmen siehe Schwimmbad
schwingen 20.7
schwitzen 16.1
sechs 26.9
sehen 30.3
Seife 4.3
sein/ist 30.2
September 14.3

Sessel 6.1
Shampoo/Haare waschen 4.4
sie (Singular) 30.17
sie (Plural) 30.17
Silvester/Feuerwerk 18.3
singen 26.5
Skelett 9.8
so 30.21
Socke/Strumpf 8.4
Sofa 6.1
sofort/gleich 26.12
sollen/müssen 30.5
Sommer 14.4
Sommerfest = Sommer + Fest
Sonne 16.1
Sonnenbrille 16.2
Sonnencreme 16.2
Sonnenhut = Sonne + Hut
sortieren 5.2
später/bald 26.12
Speiseröhre/Luftröhre 9.7
Spielzeug/spielen 5.1
spielen (Instrument, Ton) 26.3
Spiegel 4.4
Spritze/impfen 10.3
Spülmaschine 3.5
Spülung (Toilette) 4.2
Stall 19.5
stark/Muskeln 9.8
Stau 11.3
Staubsauger 3.7
stehen 30.1
Stern 19.4
still 30.14
Stirn 9.1
St. Martin (eigene Gebärde) 18.2
Straße 11.1
Straßenverkehr = Straße + Verkehr
Stroh 19.5
Strumpf/Socke 8.4
stopp/halt 11.3
Stuhl 3.1

Sturm 17.1
suchen/Suche 30.3
Supermarkt 12.3
süß 17.3
Süßigkeiten 19.1

T

Tablette 10.5
Talent/Begabung 26.10
Tannenbaum/Dezember 14.2
Tante 26.11
tanzen/Tanz 30.6
Taschentuch/Nase putzen 10.4
Tasse 3.2
Taxi 11.5
Teddy (Kuscheltier) 5.1
Teller 3.2
Tenorhorn/Horn 26.3
Teppich 6.3
Termin 10.1
Terrasse/Boden 1.1
teuer 12.2
Theater 13.1
tief 26.4
Tier 20.5
Tisch 3.1
Tischdecke 3.1
Toilette (eigene Gebärde) 4.2
toll 30.13
Ton 26.3
Ton/Lehm/nass 20.9
Topf 3.3
tragen (Kleidung) 8.5
tragen/schleppen (Lasten) 20.5.
Tränen 26.12
träumen 5.4
traurig 30.13
Treppe 1.2
trinken 30.8
Trockenheit/trocken 20.2
Trommel/trommeln 20.9
Trompete 26.2

T-Shirt 8.2
Tuba (eigene Gebärde) 26.2
Tuch/Umhang 20.10
Tukul/Hütte 20.10
Tulpe 15.1
tun/machen 30.2
Tür 1.2
Turnschuh 8.4

U

üben 26.5
überqueren 11.7
Uhr 6.3
Umhang/Tuch 20.10
umrühren 20.13
umtauschen 12.3
und 30.19
Unfall/zusammenstoßen 11.4
uns/wir 30.17
unter 30.19
Unterhemd 8.1
Unterhose/Badehose 8.3
Untersuchung/untersuchen 10.2
Urlaub/Ferien 16.1

V

Vater/Papa 20.7
Verband 10.3
Verdauung/verdauen 9.7
verfolgen/jagen 20.7
verkaufen 12.1
Verkehr 11.1
verkleiden 18.3
verletzt/Wunde 10.6
verlieren 30.7
verschlafen 5.4
verstecken/Versteck 15.1
viele 30.20
vier 19.2
Vogel 26.2
voll 30.8
vorlesen 5.1

Volksfest 16.3

W

wach 5.2
Wache halten 20.8
Wand 1.1
wann 30.15
warm 16.1
warten 10.1
warum 30.15
was 30.15
Waschbecken 4.1
Wäscheklammer 8.6
Wäscheleine 8.6
waschen (sich) 9.9
waschen(Wäsche) s. Waschmaschine
Waschlappen 4.3
Waschmaschine 4.2
Wasser siehe Wasserkrug 20.11
Wasserhahn 4.1
Wasserkrug 20.11
wechseln 12.3
Wecker/wecken 5.3
weg 30.18
Weg siehe Gehweg 11.1
weich 26.4
Weihnachten/Dezember 14.2
Weihnachtslieder 19.3
weinen 30.5
weiß 30.11
weiter 30.21
Welt 26.9
wer 30.15
Wetter 16.4
wie 30.15
wieder 30.20
wild 20.5
Wind 17.1
Windel 9.5
winken 30.6
Winter/frieren/kalt 14.4
wir/uns 30.17

wischen 3.4
wissen 30.4
wo 30.15
wohnen = Wohnung siehe Wohnzimmer 2.1
Wolken 17.1
wollen 30.5
Wort 26.8
Wunde/verletzt 10.6
Wüste 20.2

X/Y

Z

Zahn 9.2
Zahnbürste 4.4
Zähne putzen 9.9
Zahnpasta 4.4
Zahnschmerzen = Zahn + Schmerzen
zärtlich 30.14
Zebra 20.3
Zebrastreifen (Straßenverkehr) 11.2
Zeh 9.6
zeigen 30.7
ziehen (Töne) 26.5
Zoo 13.3
zu 30.19
zuhören siehe hören 30.3
Zunge 9.2
zusammen 26.11
zusammenstoßen/Unfall 11.4
zwei/zweit/Duett 26.9